DCプランナー
（企業年金総合プランナー）
合格対策問題集 2級

年金問題研究会 編著

経営企画出版

はじめに

　本書は、DCプランナー認定試験2級の受験者のために、問題演習と過去問演習による実力養成を目的としてまとめられた演習用問題集である。

　DCプランナー（企業年金総合プランナー）とは、わが国に確定拠出年金制度(日本版401k)が導入されたのに伴って誕生した公的資格であり、日本商工会議所(日商)と一般社団法人金融財政事情研究会(金財)が共催している。資格は1級と2級があり、2級は毎年9月、1級は翌1月に認定試験が実施されている。なかでも、2級はDCプランナーの基本となる知識を要求されるレベルであり、受験者数が最も多い。

　資格試験に共通する王道は、テキストで知識を整理して覚えると同時に問題演習を徹底的に繰り返すことによって、知識を頭に定着させることである。本書では、主催者から公表されている認定試験2級のガイドラインの出題範囲構成に沿って問題が作成されており、知識の確認を出題範囲全体にわたって行うことができる。さらに、過去3回の実際の試験問題を解答と解説付きで掲載しているので、実践トレーニングとしても活用できる。

　演習問題は、年金問題研究会のメンバーを中心に試験問題を独自に分析し、できるだけ実際の試験に合わせた内容となっている。また、問題の形式も実際の試験問題と同じにしているので、実際の問題を解く訓練としても有効である。問題演習は1回だけでなく何回も繰り返して行うことによって学習効果が上がるものである。本書を十二分に活用されて、一人でも多くの方が合格の栄冠を手にすることを願ってやまない。

　なお、よりいっそうの効果をあげるために、本書とともに姉妹書(テキスト)である『DCプランナー2級合格対策テキスト』で基本知識の学習を行うことをお勧めする。

2018年5月

年金問題研究会

本書の使い方

　本書は、Part 1 から Part 4 までの4部構成になっており、DC プランナー認定試験の概要と過去の試験データ、演習問題、過去問という内容になっている。演習問題は、すべて実際の試験と同じ形式(四答択一、基礎編・応用編)となっており、実践訓練としても活用してほしい。また、問題ごとにチェック欄を設けたので、回数や苦手問題の確認などに活用していただきたい。

　なお、演習問題、過去問とも簡単な解説が付いているが、より深く理解するためには、本書のテキストとして発刊された姉妹書である『DC プランナー2級合格対策テキスト』の解説と併せて活用すると効果的である。

《Part 1》DC プランナー認定試験の概要と受験データ

　2級の受験案内と過去の試験データ(受験者数、合格率、配点等)が紹介されているので、受験手続きの確認や受験対策の参考に活用していただきたい。出題傾向の分析は、問題演習の理解度チェックの重点に反映させるとよい。

《Part 2》基礎編に対応した問題演習

　本番の試験と同じ四答択一形式の演習問題を分野別に、ほぼ認定試験2級ガイドラインの出題範囲の構成順に掲載している。1問ごとに解答・解説がついているので、問題を解くごとにチェックできるのが特徴である。

　使い方は、自分なりにいろいろ工夫してほしい。例えば、姉妹書のテキストで学習をした部分の理解の確認として問題を解きながら学習を進めていく方法がある。この場合、分野単位では長すぎるので、テーマ単位くらいで区切っていくとよいだろう。また、ひととおりテキストを読み終えてから、問題集で理解度の確認と弱点克服をしていくという方法もある。

　いずれにしても、内容を完全にマスターするためには、最低3回以上繰り返していただきたい。再受験者であれば、逆に問題集の問題を解くことから始めて、弱点を重点的に克服するという使い方も効果的である。

《Part 3》応用編に対応した問題演習

　本番試験の応用編と同じ形式で、文章による設例問題に小問が数問付くという構成になっている。試験問題を独自に分析したうえで、各分野をバランスよく組み合わせた複合問題で10題の設例問題を精選して掲載した。

　設例ごとに解答・解説の冒頭には、「設例のねらいと解答のポイント」が掲載されており、学習上の重点や組み合わされている分野の確認ができるようになっている。答え合わせの際や再学習の参考として活用してほしい。

《Part 4》過去問と解答・解説

　実際の認定試験2級の試験問題（直近3回分）を掲載している。本番の実力チェックと受験対策の指針として活用していただきたい。少なくとも1回は、本番と同じ時間制限で解答してみるとよい。2級の場合、時間が不足するということはないだろうが、自分なりのペース配分を確かめておくと安心である。計算問題に関しては毎回類題が出題されているので、過去問を徹底的に繰り返して、完全にマスターしておくことが大切である。特に、投資が苦手な受験者は、過去問の計算問題を重点的にやっておくと効果があるだろう。

　なお、解答は主催者の発表によるものだが、解説は本書執筆陣が独自に付加したものである。

◆本書で用いた法令名等の略称表記

　本書では、法令名等を以下のように略称表記している。

　　　法…………確定拠出年金法
　　　施行令………確定拠出年金法施行令
　　　施行規則………確定拠出年金法施行規則
　　　主務省令………確定拠出年金運営管理機関に関する命令
　　　確給法…………確定給付企業年金法
　　　国年法…………国民年金法
　　　厚年法…………厚生年金保険法
　　　法令解釈………厚生労働省通達平成13年8月21日年発第213号
　　　Q＆A…………確定拠出年金Q＆A

◆目　次◆

はじめに　*3*
本書の使い方　*4*

Part 1　DCプランナー認定試験2級の概要　*9*

1. DCプランナー認定試験の実施要領　*10*
2. 認定試験2級の実施状況と学習のポイント　*18*

Part 2　基礎編（基本知識の理解）　*25*

分野A	わが国の年金制度・退職給付制度	*26*
分野B	確定拠出年金制度	*71*
分野C	投資に関する知識	*138*
分野D	ライフプランニングとリタイアメントプランニング	*175*

Part 3　応用編（設例問題による演習）　*193*

【設例1】公的年金の支給開始年齢と夫婦の年金　*194*
【設例2】60歳以降の働き方と在職老齢年金　*197*
【設例3】確定拠出年金による資産形成と税制　*200*
【設例4】退職者の厚生年金基金資産の移換　*203*
【設例5】厚生年金基金から他制度への移行　*205*
【設例6】企業型年金加入者の退職後の選択　*209*
【設例7】分散投資と資産組入れ比率　*212*
【設例8】シャープレシオとインフォメーションレシオ　*215*
【設例9】退職時・退職後の資産把握　*218*

【設例10】老後資金計画と不足資金の把握　　　　　　　　*222*

Part 4　過去問題編（第21回～第23回）　　*227*

〈第21回〉　試験問題　*228*
　　　　　　解答と解説　*254*
〈第22回〉　試験問題　*275*
　　　　　　解答と解説　*303*
〈第23回〉　試験問題　*324*
　　　　　　解答と解説　*353*

係数表　　　　　　　　　　　　　　　　　　　　　　*373*

　　　　〔1〕終価係数表　　　　　　　　　*373*
　　　　〔2〕現価係数表　　　　　　　　　*373*
　　　　〔3〕年金終価係数表（期首払い）　　*374*
　　　　〔4〕年金現価係数表（期首払い）　　*374*

PART 1

DCプランナー認定試験2級の概要

1. DCプランナー認定試験の実施要領

■認定試験2級の実施は9月

　DCプランナー（企業年金総合プランナー）認定試験の受験要項は、図表1-1のとおりである。2級は毎年9月、1級は翌1月に年1回の試験が実施される。2級は特に受験資格に制限を設けていないので誰でも受験可能だが、1級は2級合格者だけに受験資格がある。受験方法の個人申込みの場合は、金財ホームページなどで受験申請書を入手できる。受験料は2級では6,480円となっている。受験料を指定の銀行口座に振り込んだ（ATMでの振込み可）うえで、振込金受取書（コピーでよい。ATM振込みの場合は「ご利用明細」）を必要事項を記入した受験申請書と一緒に金財検定センターに送付して申し込む。なお、金財ホームページからの直接の受験申請も可能である。受験申請書は試験日の約3カ月前から請求でき、申込締切りは試験日の約1カ月半前である。受験票は試験日の約2週間前に発送される。

■2級は四答択一の筆記試験で7割以上正解すれば合格

　受験会場は、各級とも全国各地の主要都市約130カ所（図表1-2）に設置され、受験者は申込時に受験会場を指定できる。認定試験2級の形式は、マークシート方式による四答択一式問題が45問程度出されることになっている。

　2級の試験時間は、150分（10時～12時30分）なので午前中に終了する。試験の出題範囲は、図表1-3のように主催者側からガイドラインとして公表されている。基本的な内容は変わらないが、日商のホームページ等で最新のものを確認しておくとよい。なお、法令は特に断りのない限り、試験実施日の年度の4月1日（第24回は平成30年4月1日）現在施行の法令等に基づくことになっている。ただし、非常に重要な改正や大改正の場合は出題されることもあるので、未施行でも成立した法令の概要は押さえておきたい。

Part1 DCプランナー認定試験2級の概要

図表1-1 DCプランナー認定試験の受験要項

	1級	2級
試験実施時期	毎年度1回(2級9月、1級翌1月)	
受験資格	2級合格者	特に制限なし(年齢・学歴などに関係なく誰でも受験可)
受験申請書入手方法	団体申込み…金財検定センターから取り寄せ 個人申込み…金財検定センター宛に請求、金財ホームページからダウンロード、「きんざい」発刊の問題集等の巻末に受験申請書が添付 ※試験日の約3カ月前から配布開始 ※受験申請書ではなく、金財ホームページから直接受験申請を行うことも可能(スマートフォンサイト〈https://kentei.kinzai.or.jp/mobile〉もあり)	
受験料(税込)	10,800円	6,480円
受験地	全国約130カ所で実施(次ページ図表1-2参照)	
試験方式	・マークシート方式による四答択一式問題50問程度と記述式問題5題(各3問)程度	・マークシート方式による四答択一式問題45問(基礎30問、応用5題〈各3問〉)程度
試験時間	基礎編150分(10:00〜12:30) 応用編120分(13:30〜15:30)	150分(2時間半) ※10:00〜12:30
出題範囲	2級の全範囲+専門部分	13ページ参照(図表1-3)
合格基準	7割以上正解 ※200点満点で140点以上	7割以上正解 ※100点満点で70点以上
合格発表	1級・2級とも試験日より約1カ月半後(試験のつど日を発表) ※受験者全員に合否通知書を送付するほか、金財のホームページ上で受験番号の入力により合否の確認ができる ※試験日の当日夕方に金財のホームページに模範解答を発表	
認定試験に関する申込み・問い合わせ先	一般社団法人金融財政事情研究会 検定センター第二分室事務局 〒171-0014 東京都豊島区池袋2-65-18 電話:03-4334-1263	
参照ホームページ	日商 https://www.kentei.ne.jp/planner/ 金財 http://www.kinzai.or.jp/dc	

(注)1. 平成30(2018)年度は2級が9月9日(日)、1級が翌1月27日(日)に認定試験を実施予定
　　 2. 毎年9月に金財が単独実施していた3級は2017年度から廃止された

1. DCプランナー認定試験の実施要領

　認定試験の合格基準は、各級とも全体の7割以上正解で合格とされている。合格者数の調整などの操作は一切行わないので、7割以上の得点をした人は全員合格となる。2級の場合は、100点満点中70点以上であれば無条件で合格する。問題は持ち帰ることができ、試験日の当日夕方に金財のホームページで模範解答が配点とともに公表されるので、自己採点できる。特に、2級は四答択一式問題だけなので、自己採点すれば自分の合否がわかる。正式な合格発表は、2級の場合は試験日より約1カ月半後で、受験者全員に合否通知（得点と全体順位も記載）が送付される。

図表1-2　DCプランナー認定試験（2級）の受験地

（北海道地区）　札幌市、旭川市、釧路市、函館市、室蘭市、苫小牧市、帯広市、北見市
（東北地区）　青森市、八戸市、弘前市、盛岡市、一関市、釜石市、仙台市、石巻市、気仙沼市、秋田市、横手市、山形市、鶴岡・酒田、米沢市、福島市、いわき市、郡山市、会津若松市、南相馬市
（関東地区）　水戸市、土浦市、日立市、宇都宮市、小山市、前橋・高崎、桐生市、さいたま市、川越市、千葉市、柏市、都内中央、都内北、都内南、武蔵野、町田・相模原、横浜市、藤沢市、川崎市
（中部地区）　新潟市、長岡市、上越市、富山市、高岡市、金沢市、福井市、甲府市、長野市、松本市、飯田市、岐阜市、高山市、静岡市、沼津・三島、浜松市、名古屋市、岡崎市
（近畿地区）　津市、松阪・伊勢、四日市市、大津・草津、彦根市、京都市、福知山市、大阪府北、大阪府南、神戸市、尼崎市、姫路市、豊岡市、奈良市、橿原市、和歌山市
（中国地区）　鳥取市、米子市、松江市、浜田市、隠岐、岡山市、津山市、広島市、福山市、尾道市、呉市、三次市、三原市、下関市、周南市、岩国市、山口市
（四国地区）　徳島市、高松市、松山市、新居浜市、宇和島市、高知市
（九州・沖縄地区）　福岡市、久留米市、飯塚市、北九州市、大牟田市、佐賀市、長崎市、佐世保市、諫早市、壱岐市、対馬市、新上五島町、五島市、熊本市、大分市、宮崎市、都城市、延岡市、鹿児島市、鹿屋市、薩摩川内市、種子島、奄美市、那覇市、名護市
（注）若干変更になる場合もあるので、試験のつど受験願書、金財ホームページ等で確認が必要

図表1-3　DCプランナー認定試験2級の到達レベルと出題範囲

（DCプランナー認定試験2級ガイドラインより。平成14年6月改定）

● 2級の到達レベル

> 確定拠出年金やその他の年金制度全般に関する基本的事項を理解し、金融商品や投資等に関する一般的な知識を有し、確定拠出年金の加入者・受給者、確定拠出年金制度を実施する企業の福利厚生担当者などに対し説明できる

● 2級の出題範囲

分野	テーマおよび出題の内容と狙い	出題項目
〈分野A〉 わが国の年金制度・退職給付制度	1. 公的年金制度 　確定拠出年金制度は、私的年金制度における新たな選択肢として、公的年金を補完する役割を担います。その公的年金は、急速に少子高齢化が進むなか、年金支給開始年齢や支給額の見直しなど、様々な改正が行われています。 　したがって、確定拠出年金制度の役割を理解するうえで、わが国の年金制度の骨格を形成する公的年金制度の現状（体系、各公的年金の仕組み）と課題を理解することが求められます。	・公的年金制度の概要 ・国民年金の仕組み ・厚生年金保険の仕組み ・共済年金の仕組み ・公的年金制度の改革動向
	2. 私的年金制度 　税制適格退職年金制度・厚生年金基金制度に代表される企業年金や個人年金などの私的年金制度は、現在、公的年金制度を補完する重要な役割を担っており、今後も引続き同様の役割を担っていくことが期待されています。また、税制適格退職年金制度や厚生年金基金制度は、退職一時金とともに一定の条件の下、確定拠出年金制度へ移行することができます。 　したがって、各私的年金制度の仕組みや特徴、そして現在抱えている制度上の課題と解決の方向性を十分理解し、確定拠出年金制度と比較しうる知識が求められます。	・私的年金制度の概要 ・企業年金と退職金制度 ・国民年金基金の仕組み ・厚生年金基金の仕組み ・税制適格退職年金の仕組み ・中小企業退職金共済制度 ・特定退職金共済制度 ・財形年金制度 ・各種個人年金とその仕組み

図表1-3（続き）

〈分野A〉わが国の年金制度・退職給付制度	3. 新しい私的年金制度 　わが国の確定拠出年金制度は、厚生年金基金や国民年金基金等とともに、私的年金制度における新たな選択肢として公的年金を補完する役割を担います。このため、現状の公的年金・私的年金との関係を整理・対比し、さらにその導入に至った背景を理解することが求められます。また、わが国の確定拠出年金制度は、日本版401(k)ともいわれるように米国の確定拠出年金制度を参考にしていますが、制度内容の異なる部分も少なくありません。したがって、米国の制度とわが国の制度とを比較しうる知識も必要です。 　なお、新たに導入された確定給付企業年金法に基づく制度およびハイブリッド型年金制度についても、企業にとっての選択肢の一つという観点から、その概要を踏まえておく必要があります。	・確定拠出年金制度導入の背景 ・確定拠出年金制度の位置付け ・米国確定拠出型年金の概要とわが国制度との比較 ・確定給付企業年金法に基づく制度 ・ハイブリッド型年金制度
〈分野B〉確定拠出年金制度	1. 確定拠出年金制度の仕組み 　確定拠出年金制度について、加入者や企業の担当者に対し、正しく分かりやすく説明するためには、本制度の概要や仕組みの十分な理解が何よりも求められます。企業型年金、個人型年金ともに、制度発足・加入時から加入者が給付を受けるまでの手続き、制度運営に関わる各機関の役割、税制上の措置など、幅広く基礎的な知識が必要とされます。また、本制度の加入者や企業型年金を実施する企業のメリット・デメリットを理解し、的確に説明しうる知識も求められます。	・確定拠出年金制度の概要 ・企業型年金の仕組み（企業、運営管理機関、資産管理機関、運用商品提供機関の役割） ・個人型年金の仕組み（国民年金基金連合会、企業、運営管理機関、事務委託先金融機関の役割） ・加入対象者 ・掛金と拠出限度額 ・運用 ・受給権と給付 ・離・転職時の取扱い

〈分野B〉 確定拠出年金制度		・税制上の措置 ・確定拠出年金規約 ・加入者のメリット・デメリット ・企業のメリット・デメリット ・既存の退職給付制度からの移行
	2. コンプライアンス 　確定拠出年金制度は、個人または事業主が拠出した資金を個人が自己の責任において運用し、高齢期においてその運用結果に基づいた給付を受ける仕組みになっています。個人の自己責任を求める点、また加入者の受給権保護の観点等から、制度運営関係者に行為準則を定める等の措置が講じられています。 　したがって、制度運営関係者の行為準則や運用商品提供機関の法令に基づく留意点等を、従来の年金制度における受託者責任の考え方および関係法令、ならびに米国の法令等も踏まえ、理解することが求められます。	・事業主の責務と行為準則 ・運営管理機関・資産管理機関の行為準則 ・投資情報提供・運用商品説明上の留意点 ・受託者責任とは ・エリサ法とプルーデントマン・ルール
〈分野C〉 投資に関する知識	1. 投資の基本 　わが国の個人金融資産残高をみると、貯蓄の構成比が非常に高い状況にありますが、運用実績に応じた年金給付となる確定拠出年金制度では加入者に自己責任に基づく投資判断が求められることになるため、貯蓄とは異なる投資の考え方を学び、理解することが不可欠となります。そのため、投資理論の中で使用されるリスクの意味、リスク・リターンの関係を正しく理解し、加入者等に適切にわかりやすく説明することが求められます。	・リスクの定義と計算 ・リターンの計算 ・リスクとリターンの関係 ・貨幣の時間価値（現在価値と将来価値） ・終価と現価の考え方 ・分散投資の目的と効果 ・ドルコスト平均法

図表 1-3（続き）

〈分野 C〉 投資に関する 知識	また、確定拠出年金は老後資金の一部を構成するため、一般にその運用は長期にわたります。投資における時間的な概念を把握し、インフレの影響や複利効果、さらには分散投資効果の理解が求められます。	
	2. 運用商品の理解 　加入者が運用商品を選択する確定拠出年金制度では、各運用商品提供機関がどのような運用商品を提供するのか、また各運用商品の特徴は何かを理解することが非常に重要となります。とくに、確定拠出年金において代表的な運用商品である投資信託については、さまざまな種類がありますので、その仕組みや特徴などについて十分に理解することが必要です。	・預貯金の特徴と留意点 ・債券投資の特徴と留意点 ・株式投資の特徴と留意点 ・投資信託の特徴と留意点 ・保険商品の特徴と留意点 ・外貨建商品の特徴と留意点
	3. アセットアロケーションの考え方 　分散投資の効果に基づいて投資判断を行うためには、加入者が自分自身のリスク許容度を知り、それを明確に意識することも重要になります。加入者それぞれのライフステージは異なっており、またリスクに対する考え方も異なるからです。結果として、それらの違いは運用方針の決定を通して、運用商品の組合せに反映されることとなるので、アセットアロケーションの正しい理解が求められます。	・相関係数 ・リスク許容度 ・運用方針の決定 ・アセットアロケーションとは ・有効フロンティアの考え方
	4. 投資判断のための評価指標 　加入者が運用商品を選択するうえで、投資に関する的確な情報を入手することが重要です。そのため、投資判断の参考となる投資指標・投資分析情報の種類、入手方法を把握することが求められます。さらに代表的なベンチマークや個別銘柄	・投資指標・投資分析情報 ・ベンチマーク ・格付け ・投信評価 ・パフォーマンス評価

〈分野C〉投資に関する知識	の価格指標、企業格付機関とその評価方法、投資信託の評価機関とその評価方法なども正確に理解する必要があります。 また、加入者がこれらの指標を理解し、運用商品を選択したり乗り換える場合など、実際の投資にあたって活用できるよう、情報を提供する能力も求められます。	
〈分野D〉ライフプランニングとリタイアメントプランニング	1. ライフプランニングの基本的な考え方 　確定拠出年金では加入者が自身の判断で運用を行わなければなりません。加入者が自ら運用判断や目標額の設定を行うためには、ライフプランを策定し、アセットアロケーションや拠出額を決定するようアドバイスすることも求められます。 　加入者に適切なアドバイスを行うには、ライフプランニングの手順、実際の立て方を習得し、キャッシュフロー表の作成・分析を通して、キャッシュフロー・マネジメントと資産積立プランについて理解することが求められます。	・ライフプランニングに必要な知識 ・ライフプランの立て方 ・キャッシュフロー表の作成法 ・キャッシュフロー・マネジメントと資産積立プラン
	2. リタイアメントプランニングと確定拠出年金 　老後の生活設計を行うリタイアメントプランニングは、ライフプランニングの一部を構成すると考えられますが、確定拠出年金の導入により、リタイアメントプランを支える資金準備の選択肢が広がることになります。 　リタイアメントプランの基礎をなす公的年金を確定拠出年金でいかに補完するか、長期運用の視点からのアセットアロケーションのあり方、また退職時や年金受給時における税制上の取扱いなど、退職後の生活を設計し実現するための総合的なプランニング能力が要求されます。	・ライフプランとリタイアメントプランの関係 ・リタイアメントプランの作成 ・公的年金の受給額計算 ・退職一時金・年金に係る税金 ・リタイアメントプランニングにおけるアセットアロケーション ・リタイアメントプランニングと確定拠出年金

2. 認定試験2級の実施状況と学習のポイント

■全受験者平均点は6割以上、合格率は平均40%台

　第14回から第23回(DCプランナー認定試験2級)までの実施状況は図表1-4のようになっている。正答率7割以上の合格基準に対し、受験者の平均点はほぼ毎回6割から7割(過去10回の単純平均で67.2点)と非常に高い。これは、もう少し頑張れば合格できる受験者が多いということである。

図表1-4
2級の受験者数と
合格者の状況
(過去10回)

		第14回			第15回		
		団体	個人	合計	団体	個人	合計
申込者数		1,519	2,341	3,860	1,280	2,133	3,413
受験者数 (受験率)		1,162 (76.5)	1,930 (82.4)	3,092 (80.1)	992 (77.5)	1,757 (82.4)	2,749 (80.5)
合格者数 (合格率)		364 (31.3)	802 (41.6)	1,166 (37.7)	488 (49.2)	1,107 (63.0)	1,595 (58.0)
平均点		60.6点	64.8点	63.2点	66.2点	72.2点	70.0点
分野別 平均点	分野A (配点)	14.7点	15.9点	15.4点	13.1点	14.9点	14.2点
		(26点)			(24点)		
	分野B (配点)	17.9点	19.4点	18.9点	24.1点	26.3点	25.5点
		(36点)			(36点)		
	分野C (配点)	14.4点	15.2点	14.9点	17.1点	18.1点	17.7点
		(22点)			(24点)		
	分野D (配点)	13.6点	14.3点	14.0点	11.9点	12.9点	12.5点
		(16点)			(16点)		

		第19回			第20回		
		団体	個人	合計	団体	個人	合計
申込者数		730	1,383	2,113	664	1,331	1,995
受験者数 (受験率)		608 (83.3)	1,167 (84.4)	1,775 (84.0)	558 (84.0)	1,098 (82.5)	1,656 (83.0)
合格者数 (合格率)		295 (48.5)	716 (61.4)	1,011 (57.0)	312 (55.9)	726 (66.1)	1,038 (62.7)
平均点		67.1点	71.7点	70.1点	69.8点	73.8点	72.4点
分野別 平均点	分野A (配点)	12.0点	13.0点	12.7点	8.5点	9.7点	9.3点
		(23点)			(18点)		
	分野B (配点)	21.9点	23.2点	22.8点	23.3点	25.2点	24.6点
		(31点)			(35点)		
	分野C (配点)	17.3点	18.3点	18.0点	19.4点	19.7点	19.6点
		(24点)			(24点)		
	分野D (配点)	15.9点	17.1点	16.7点	18.6点	19.3点	19.0点
		(22点)			(23点)		

(注)
1. 団体は金融機関(銀行、保険会社、証券会社)による団体申込者数
2. 個人には金融機関以外の団体申込者数を含む
(出所)日商ホームページのデータより作成

分野別の配点は、分野B(確定拠出年金制度)が最もウエイトが大きいことが多いが、分野A(公的年金他)と逆転するときもある。分野C(投資)は24点、分野D(ライフプラン他)は16点の配点がここ最近続いていたが、第19回以降、分野Dは20点台が多くなっている。投資が苦手とする声をよく聞くが、分野別の平均点で見る限り、分野Cに特別な傾向は出ていない。

合格率はばらつきが大きいが、過去10回の平均で49.7%となっている。団体受験と個人受験では、個人受験者の合格率がかなり上回っている。やはり、個人受験者は自分の意志で受験するので意識が高いということだろう。逆にいえば、意欲を持ってチャレンジすれば4割以上の確率で合格できるということだ。

(人数の単位:人/率:%)

		第16回			第17回			第18回		
		団体	個人	合計	団体	個人	合計	団体	個人	合計
申込者数		1,226	1,928	3,154	912	1,659	2,571	854	1,494	2,348
受験者数 (受験率)		944 (77.0)	1,557 (80.8)	2,501 (79.3)	738 (80.9)	1,389 (83.7)	2,127 (82.7)	702 (82.2)	1,257 (84.1)	1,959 (83.4)
合格者数 (合格率)		320 (33.9)	691 (44.4)	1,011 (40.4)	234 (31.7)	638 (45.9)	872 (41.0)	290 (41.3)	720 (57.3)	1,010 (51.6)
平均点		61.8点	65.3点	64.0点	60.0点	65.1点	63.3点	64.5点	69.9点	68.0点
分野別 平均点	分野A (配点)	12.2点	13.9点	13.2点 (24点)	13.0点	14.7点	14.1点 (26点)	17.7点	20.3点	19.4点 (34点)
	分野B (配点)	21.9点	23.2点	22.7点 (36点)	20.2点	21.8点	21.2点 (34点)	19.3点	20.6点	20.1点 (26点)
	分野C (配点)	15.6点	15.6点	15.6点 (24点)	14.5点	15.6点	15.2点 (24点)	17.0点	17.6点	17.4点 (24点)
	分野D (配点)	12.1点	12.5点	12.3点 (16点)	12.3点	13.1点	12.8点 (16点)	10.5点	11.4点	11.1点 (16点)

		第21回			第22回			第23回		
		団体	個人	合計	団体	個人	合計	団体	個人	合計
申込者数		769	1,441	2,210	1,293	1,708	3,001	1,307	2,073	3,380
受験者数 (受験率)		654 (85.0)	1,185 (82.2)	1,839 (83.2)	1,128 (87.2)	1,371 (80.3)	2,499 (83.3)	1,126 (86.2)	1,677 (80.9)	2,803 (82.9)
合格者数 (合格率)		374 (57.2)	823 (69.5)	1,197 (65.1)	358 (31.7)	603 (44.0)	961 (38.5)	420 (37.3)	831 (49.6)	1,251 (44.6)
平均点		70.4点	75.9点	73.9点	59.6点	64.8点	62.5点	62.3点	67.0点	65.0点
分野別 平均点	分野A (配点)	15.2点	17.8点	16.9点 (28点)	14.0点	15.8点	15.0点 (29点)	14.6点	16.3点	15.6点 (29点)
	分野B (配点)	22.6点	24.1点	23.6点 (30点)	18.1点	19.2点	18.7点 (27点)	24.6点	26.5点	25.7点 (37点)
	分野C (配点)	18.0点	18.5点	18.3点 (24点)	13.3点	14.3点	13.9点 (24点)	16.6点	17.1点	16.9点 (24点)
	分野D (配点)	14.6点	15.4点	15.2点 (18点)	14.2点	15.4点	14.9点 (20点)	6.4点	7.0点	6.8点 (10点)

2. 認定試験2級の実施状況と学習のポイント

■ **社会保険労務士とFPは受験に有利**

受験者を職種別にみるとかなりはっきりした傾向が出ている（図表1-5）。特に注目されるのは、社会保険労務士とFP（ファイナンシャル・プランナー）の2つの職種で受験者数が多く、しかも合格率が高いことである。DCプランナーの領域の半分が、これら既存資格と重なっていることが大きく影響しているからだろう。

社会保険労務士は投資やライフプラン、FPは年金制度というように自分たちの領域外の部分を補強すればよいので、勉強の効率面からいっても有利である。合格率も5割～8割と非常に高くなっている。なお、金融機関職員が多いのは、団体受験のほとんどが金融機関によるものとなっているためである。

図表1-5
2級受験者の職種別状況
（過去10回）

職　種	第14回 受験者数	第14回 合格者数(合格率)	第15回 受験者数	第15回 合格者数(合格率)
会社員（金融機関）	2,075	731(35.2%)	1,856	1,043(56.2%)
会社員（一般事業会社）	459	189(41.2%)	439	251(57.2%)
税理士・公認会計士	7	3(42.9%)	9	6(66.7%)
社会保険労務士	53	40(75.5%)	43	39(90.7%)
FP（ファイナンシャルプランナー）	122	54(44.3%)	88	58(65.9%)
年金基金職員	24	14(58.3%)	29	21(72.4%)
学生	45	17(37.8%)	159	101(63.5%)
その他・無回答	307	118(38.4%)	126	76(60.3%)

職　種	第19回 受験者数	第19回 合格者数(合格率)	第20回 受験者数	第20回 合格者数(合格率)
会社員（金融機関）	1,090	622(57.1%)	987	605(61.3%)
会社員（一般事業会社）	278	147(52.9%)	269	154(57.2%)
税理士・公認会計士	7	5(71.4%)	5	4(80.0%)
社会保険労務士	23	22(95.7%)	27	25(92.6%)
FP（ファイナンシャルプランナー）	88	59(67.0%)	72	52(72.2%)
年金基金職員	33	24(72.7%)	29	20(69.0%)
学生	8	2(25.0%)	10	5(50.0%)
その他・無回答	248	130(52.4%)	257	173(67.3%)

（注）複数回答あり。
（出所）日商ホームページのデータより作成

■2級の試験対策は基本をマスターすれば十分合格可能

DCプランナー認定試験は各級とも、
分野A　わが国の年金制度・退職給付制度
分野B　確定拠出年金制度
分野C　投資に関する知識
分野D　ライフプランニングとリタイアメントプランニング
の4つの分野から出題される。

2級で出題される問題は、すべて四答択一（4つの選択肢から1つを選んで解答する）である。これまでのところ、基礎編30問・応用編15問の計45問で毎回同じ構成である。応用編は、毎回5題の設例が出され、各設例3問の小問という形式である。

（単位：人）

職　種	第16回		第17回		第18回	
	受験者数	合格者数（合格率）	受験者数	合格者数（合格率）	受験者数	合格者数（合格率）
会社員（金融機関）	1,608	617（38.4％）	1,288	497（38.6％）	1,155	567（49.1％）
会社員（一般事業会社）	475	195（41.1％）	344	144（41.9％）	333	174（52.3％）
税理士・公認会計士	2	2（100.0％）	4	2（50.0％）	4	4（100.0％）
社会保険労務士	36	29（80.6％）	32	26（81.3％）	24	21（87.5％）
FP（ファイナンシャルプランナー）	86	42（48.8％）	90	46（51.1％）	95	57（60.0％）
年金基金職員	25	14（56.0％）	38	23（60.5％）	41	34（82.9％）
学生	158	68（43.0％）	12	7（58.3％）	12	8（66.7％）
その他・無回答	111	44（39.6％）	319	127（39.8％）	295	145（49.2％）

職　種	第21回		第22回		第23回	
	受験者数	合格者数（合格率）	受験者数	合格者数（合格率）	受験者数	合格者数（合格率）
会社員（金融機関）	1,104	683（61.9％）	1,635	599（36.6％）	1,785	784（43.9％）
会社員（一般事業会社）	288	204（70.8％）	246	100（40.7％）	330	165（50.0％）
税理士・公認会計士	4	3（75.0％）	6	5（83.3％）	2	0（0.0％）
社会保険労務士	32	31（96.9％）	36	28（77.8％）	35	28（80.0％）
FP（ファイナンシャルプランナー）	71	59（83.1％）	102	54（52.9％）	102	55（53.9％）
年金基金職員	27	20（74.1％）	20	14（70.0％）	30	15（50.0％）
学生	2	1（50.0％）	15	2（13.3％）	17	5（29.4％）
その他・無回答	311	196（63.0％）	439	159（36.2％）	502	199（39.6％）

2. 認定試験2級の実施状況と学習のポイント

　また、2級の試験では、4つの分野の出題ウエイトが変動しており、分野別に比率が固定されているわけではない。

　出題内容は、基本を問う素直な問題がほとんどである。なかには難解な問題やひねったような問題もあるが、各種受験向けテキストや問題集で基本をマスターすれば十分合格可能である。

　学習の進め方としては、分野別に出題範囲の基本をひととおりテキストで勉強し、練習問題や過去問を繰り返して覚え込むとよい。毎回類題が多いので、過去問の学習が特に有効なのがDCプランナー試験の特徴である。

　分野別に学習のポイントを示すと以下のようになる。

〈分野Aは改正動向をしっかり押さえる〉

　分野A（わが国の年金制度・退職給付制度）は、全体の2割5分程度の配点だが、第18回のように34点（100点満点）というときもある。内容的には非常に膨大な量なので、すべてを細かく覚えようとしても無理がある。

　まず、公的年金の基本的な仕組みをしっかり頭に入れることが最も重要である。そのうえで、平成16年以降の改正事項を重点的に確認していくのが学習としては効率的だろう。私的年金制度は、制度の概要を押さえておけば十分だが、確定拠出年金との関連性や比較を整理しておくと理解しやすい。

　公的年金の改正動向は毎回出題され、しかも比較的細かい知識が要求される。特に直近1年に施行された改正と試験年度4月1日の数字（年金額など）の改定の確認は必須である。その他、重要な改正として平成16年の大改正、同23年（年金確保支援法）、24年（年金機能強化法）の改正がある。さらに、平成27年10月施行の被用者年金一元化は、厚生年金と共済年金の比較で改正部分を押さえておいてほしい。

　直近の改正事項では、平成28年10月の短時間労働者への社会保険適用拡大の内容を確認しておきたい。同内容で平成29年4月から労使合意を条件に500人以下の企業でも可能となったことも合わせて覚えたい。平成29年8月の年金受給資格期間10年への短縮は、障害年金や遺族年金で25年のまま残る部分などがポイントである。

また、施行済みの改正で試験年度前後に関係する項目も注意したい。例えば、厚生年金保険料が平成29年9月で18.30％の上限到達、国民年金保険料の5年後納は平成30年9月で終了、平成30年度より女性の報酬比例部分支給開始が61歳へ（女性も空白期間が生じる）などがある。最近の話題性ということでは、年金の繰下げ支給も整理しておくとよい。

　私的年金では、国民年金基金の海外居住者の加入、中小企業退職金共済の平成28年4月の改正、小規模企業共済の平成28年4月の改正などが重要である。最近注目の新ハイブリッド型年金である「リスク分担型企業年金」は概要だけでよいので知っておきたい。

〈分野Bは基本チェックと条文の確認〉

　分野B（確定拠出年金制度）は、4分野のうち出題ウエイトが最も高い。平均的には3割5分程度だが、最も低い第18回でも26点（100点満点）が配点されている。やはり、確定拠出年金制度の知識をしっかり身につけておくのが合格への最大のポイントということになる。

　確定拠出年金制度の導入から給付までの流れに沿って、必要な事項を学習していくとよい。解説の根拠を確定拠出年金法の条文で確認することも大切である。出題は本法だけでなく政省令や通達レベルからも出されるので、主要な項目については、政省令にもあたる必要がある。

　また、厚生労働省ホームページの「法令解釈」や「確定拠出年金Q＆A」などの指針からもよく出題されるので、必ずチェックしておいてほしい。

　改正については、平成28年6月3日公布の確定拠出年金改正法が当分の間、試験の最大の目玉となる。個人型年金の加入者拡大の内容と掛金限度額の関係を特に押さえておきたい。また、掛金限度額の年単位化に伴う改正もポイントの確認は必須である。なお、平成30年5月1日施行の個人型DCへの中小事業主掛金納付制度、簡易型DC制度、DCからDBへの資産移換可能に、運用商品数の上限〈35本〉、元本確保型商品の提示義務廃止、指定運用方法の規定などは本年度試験範囲外であるが、重要な改正なので概要だけしっかり押さえておく必要がある。

〈分野Cは基本パターンを問題演習で徹底的に繰り返す〉

　分野C（投資に関する知識）は最近24点で推移しており、分野B、Aに次ぐ配点となっている。投資になじみのない受験者にとっては、とっつきにくい分野であるが、基本をいくつかに絞ることと計算を問題演習の繰り返しで覚え込むことで学習効果が上がる。コツは、特に計算問題はあれもこれもやろうとせず割り切って絞り込んだ問題を何度も繰り返すことである。

　計算問題は、一見難しそうだが毎回の出題は基本的な計算の類題が出ているだけなので、いくつかの計算問題のパターンを覚え込んでおけば十分対応できるレベルである。過去問の演習は、計算問題では特に有効である。押さえておきたい計算としては、リスクとリターンの計算、ポートフォリオのリスク計算（2資産間）、シャープ・レシオとインフォメーション・レシオの計算、終価・現価・年金終価・年金現価を使った計算などが必須である。

　計算問題以外では、リスクとリターンの定義や正規分布の性質、分散投資、投資商品、アセットアロケーションなど項目別にポイントを押さえておく。あまり細部の知識まで深入りせず、ポイントだけをしっかり理解しておくことが大切である。

〈分野Dはシミュレーションで覚える〉

　分野D（ライフプランニングとリタイアメントプランニング）は、配点は最も低いが、学習範囲の量も少なく学習しておけば比較的得点に結びつきやすい。ここでのポイントは、キャッシュフロー表や資金目標額、年金受取額などを自分で数字を入れながらシミュレーションしてみることである。テキストの事例や問題集などを利用して実際に作業してみるとよい。

　計算問題では、目標積立額、毎年の積立額、退職後の不足資金額、受け取る年金額、税額計算など必要な計算方法を個別にマスターするとともに、これらを組み合わせて手順に沿って解けるようにしておくことが大切である。

　計算に必要な4つの係数（終価係数、現価係数、年金終価係数、年金現価係数）を使った公式、退職所得控除額の計算式などは自在に使いこなせるように問題演習で訓練しておく必要がある。

PART 2

基礎編
(基本知識の理解)

※解答にあたって必要な場合は、373・374ページの係数表を使用すること

分野 A　わが国の年金制度・退職給付制度

《問 1》　わが国の公的年金制度に関する次の記述のうち、不適切なものはどれか。

---
1)　国民年金の考え方に基づき、日本に住む 20 歳以上 60 歳未満の人は、原則としてすべて公的年金（国民年金）の強制加入者とされている。
2)　公的年金の保険料は、厚生年金保険は本人と事業主の折半負担、国民年金は 2 分の 1 を国が負担している。
3)　公的年金は一人一年金の原則により、原則として支給事由の異なる年金は併給されない。
4)　年金額は、通常の場合、1 人当たりの賃金や物価の伸びに応じて増えていくが、年金額の調整を行っている期間は、年金を支える力の減少や平均余命の延びを年金額の改定に反映させ、その伸びを 1 人当たりの賃金や物価の伸びよりも抑えることとされている。

■ 解答・解説

1)　適切
2)　不適切。国民年金の保険料は全額本人負担である（国年法 87 条）。老齢基礎年金の支給額については 2 分の 1 が国庫負担となる。
3)　適切。支給事由とは「老齢、障害、死亡」であり、老齢基礎年金と老齢厚生年金は支給事由が同じなので併給（どちらも支給）される。
4)　適切。このような給付抑制の仕組みをマクロ経済スライドという。（国年法 16 条の 2）

正解 ⇨ 2

《問2》 国民年金の被保険者に関する次の記述のうち、適切なものはどれか。

1) 第1号被保険者のみの場合、20歳の誕生日の前日に国民年金の資格を取得し、60歳の誕生日に資格を喪失する。
2) 退職して国民年金の第1号被保険者に該当することになったときは、原則として20日以内に市区町村長に届け出なければならない。
3) 第3号被保険者である専業主婦が、住所を外国に移した場合でも、国民年金の被保険者である。
4) 20歳未満の厚生年金保険の被保険者は、国民年金の第2号被保険者にはならない。

■ 解答・解説

1) 不適切。60歳の誕生日の前日に資格を喪失する。法律上の年齢に達する日は誕生日の前日である。（国年法8条、9条）
2) 不適切。被保険者の種別変更の届出は「20日以内」ではなく14日以内である。（国年法12条、同施行規則6条の2）
3) 適切。第3号被保険者には国内居住要件はない。国内居住要件が必要になるのは、第1号被保険者である。（国年法7条）
4) 不適切。厚生年金保険の被保険者には年齢要件はないので、20歳未満や60歳以上であっても国民年金の第2号被保険者となる。ただし、65歳以上で、老齢または退職を支給事由とする年金給付の受給権を有する人は、第2号被保険者とならない。（国年法7条、国年法附則3条）。また、20歳未満や60歳以上の第2号被保険者期間は老齢基礎年金の計算期間からは除かれる。しかし、老齢基礎年金が満額（480カ月）に達していなければ、厚生年金の定額部分の経過的加算として支給されるので年金額としては確保される（定額部分のない者でも経過的加算になる）。

正解 ⇨ 3

《問3》 国民年金の任意加入に関する次の記述のうち、適切なものはどれか。

1) 20歳未満の自営業者は申し出ることにより国民年金に任意加入することができる。
2) 国内に住所を有し、国民年金の受給資格期間を満たしていない人は、60歳以上75歳未満の間であれば、受給資格期間を満たすまで国民年金に任意加入することができる。
3) 60歳以降の任意加入で保険料を納められなかった場合、年金額には計算されないが受給資格期間のカラ期間にはなる。
4) 65歳以降の任意加入では、付加保険料の納付はできない。

■ 解答・解説

1) 不適切。20歳前に任意加入することはできない。（国年法附則5条）
2) 不適切。「60歳以上75歳未満の間」ではなく「60歳以上70歳未満の間」で、受給資格期間を満たすまで任意加入することができる。（平成6年改正法附則11条、平成16年改正法附則23条）
3) 不適切。海外在住者や昭和61年3月以前のサラリーマンの妻などは、国民年金の任意加入者でなければカラ期間の扱いだが、国民年金の任意加入者となって保険料を納めなかった場合、未納扱いとなっていた。しかし、法改正により平成26（2014）年4月からはカラ期間の扱いとなった。ただし、60歳以上の任意加入者は対象外なので未納期間をカラ期間として受給資格期間に算入することはできない。（国年法平24改正法附則11条）
4) 適切。64歳までの任意加入では増額目的の付加保険料の納付ができるが、65歳以降は受給資格獲得のための措置であるため付加保険料の納付はできない。

正解 ⇨ 4

《問4》 国民年金の保険料に関する次の記述のうち、適切なものはどれか。

チェック欄 □□□

1) 第1号被保険者の保険料は16,340円（平成30年度）であるが、専業主婦などの第3号被保険者は半額の8,170円である。
2) 国民年金の付加保険料は、国民年金保険料と同様に「納期限から過去2年間」遡って納付できる。
3) 国民年金の保険料は翌月末が納付期限だが、最大1年まで前納ができ、前納には保険料の割引が適用される。
4) 第2号被保険者の国民年金保険料は厚生年金保険料に含まれており、本人の毎月の厚生年金保険料から当年度分の月額国民年金保険料を差し引いたものが本人の厚生年金保険料分に当てられる。

■ 解答・解説

1) 不適切。第3号被保険者の保険料は配偶者が加入している厚生年金保険から拠出されるため、自分で保険料を納めることはない。
2) 適切。年金機能強化法による改正により、平成26年4月から2年間（納期限は翌月末なので最大2年1カ月前まで）の遡及納付が可能になった。従来は、国民年金保険料本体は2年間遡及できるが、付加保険料は納期限（翌月末）を過ぎると納めることができなかった。
3) 不適切。「最大1年」ではなく最大2年である。保険料の前納には当月末振替（早割）、6カ月前納、1年前納、2年前納の4種類があり、2年前納の割引率が最も大きい。
4) 不適切。第2号被保険者（サラリーマン）の国民年金保険料は第3号被保険者分も含めて厚生年金保険被保険者全体の人数分を厚生年金保険から国民年金に拠出している。そのため、第1号被保険者の定額保険料額が第2号被保険者個人の厚生年金保険料に含まれているわけではない。

正解 ⇨ 2

分野 A　わが国の年金制度・退職給付制度

《問5》　国民年金の保険料の免除に関する次の記述のうち、適切なものはどれか。

---チェック欄---

1) 国民年金の保険料免除のうち学生納付特例と納付猶予制度は老齢基礎年金の年金額にまったく反映されない。
2) 国民年金保険料の申請免除では本人、世帯主、配偶者の前年所得等が審査対象になるが、全額免除だけは、本人所得のみが対象である。
3) 3級の障害厚生年金の受給権者は、国民年金保険料の法定免除を受けることができる。
4) 国民年金保険料の免除は直近7月（学生納付特例は4月）に遡って適用される。

■ 解答・解説

1) 適切。ただし、受給資格期間としては反映され、遺族基礎年金や障害基礎年金は満額支給となる。なお、10年以内に追納すれば通常の保険料納付済期間に復帰する。追納は3年目以降は追納加算額が上乗せされる。（国年法27条、90条の3）
2) 不適切。全額免除、一部免除（4分の3、半額、4分の1）とも本人、世帯主、配偶者の前年所得（1月から6月までの申請の場合は前々年所得）が審査対象になる。なお、納付猶予制度は本人と配偶者、学生納付特例は本人の所得のみが審査対象である。
3) 不適切。1級、2級に該当する障害基礎（厚生）年金の受給権者については、国民年金保険料は法定免除となるが、3級の障害厚生年金の場合は、法定免除には該当しない。（国年法89条、国年法施行令6条の5）
4) 不適切。年金機能強化法による改正により、平成26年4月から申請時から2年間（納期限は翌月末なので最大2年1カ月前まで）遡って適用されるようになった。従来は、問題文のとおり直近7月までの最大1年間の遡及だった。

正解 ⇒ 1

《問6》 老齢基礎年金の受給資格期間に関する次の記述のうち、適切なものはどれか。

1) 原則として保険料納付済期間・免除期間・合算対象期間の合計が25年以上ある場合に受給資格期間を満たし老齢基礎年金を受給できる。
2) 第2号被保険者の夫が退職して自営業になった第3号被保険者の妻は、夫の退職後の期間は保険料を納めなくても合算対象期間になる。
3) 平成17年4月1日より前の第3号被保険者の未届期間は、所定の届出を行うことにより、保険料納付済期間として算入できる。
4) 国民年金保険料の半額免除期間は2分の1が老齢基礎年金の受給資格期間として算入される。

■ 解答・解説

1) 不適切。受給資格期間は従来25年だったが、平成29（2017）年8月1日から10年とする法改正が行われた。（国年法26条）
2) 不適切。夫が第1号被保険者になれば、妻も市区町村に種別変更届を提出し第1号被保険者となる。保険料を納めないと単なる未納期間となる。（国年法12条、5条2項・3項、国年法附則7条）
3) 適切。届出を行うことにより、当該届出が行われた日以後、当該届出にかかる期間を保険料納付済期間としてカウントする。（平成16年改正法附則21条）
4) 不適切。保険料免除期間は免除の種類や段階（全額免除、4分の3免除、半額免除、4分の1免除）には関係なく全部の期間が受給資格期間として算入される。年金額への反映（全額免除は2分の1、半額免除は4分の3など）と混同しないようにする。（国年法26条）

正解 ⇨ 3

《問7》 老齢基礎年金の年金額等に関する次の記述のうち、適切なものはどれか。

― チェック欄 □□□ ―

1) 平成30年度は、物価変動率が＋0.5％、賃金変動率が－0.4％であり、年金額は賃金に合わせて0.4％引き下げとなった。
2) 老齢基礎年金の年金額計算の結果、721,592.5円になった場合、1円未満を四捨五入して721,593円が年金額となる。
3) 平成30年度の老齢基礎年金は満額(40年加入)が779,300円で、40年に満たなければ60歳以降の任意加入期間や20歳未満・60歳以上の国民年金第2号被保険者期間も含めて計算する。
4) 老齢基礎年金は、毎年1月、3月、5月、7月、9月及び11月の6期に、それぞれの前月までの分が支給される。

■ 解答・解説

1) 不適切。年金額は原則として新規裁定者は賃金、既裁定者(68歳以上)は物価によって改定される。ただし、<u>物価がプラスで賃金がマイナスの場合</u>は、新規裁定者・既裁定者とも<u>年金額は据え置き</u>となる。なお、法改正により平成33(2021)年度からは賃金が物価を下回る場合は<u>プラスマイナスに関係なく賃金により年金額が改定される</u>。
2) 適切。被用者年金一元化法施行後は、年金額が1円未満四捨五入に変更された。なお、満額の老齢基礎年金など従来どおり100円単位のものもある。(国年法17条、厚年法35条)
3) 不適切。60歳以降の任意加入期間は含めて計算されるが、第2号被保険者(サラリーマン)期間は20歳以上60歳未満の期間だけが計算対象である。なお、この期間は老齢基礎年金の計算対象にはならないが、定額部分または経過的加算として厚生年金に上乗せされる。
4) 不適切。支給月は、2月、4月、6月、8月、10月、12月の<u>偶数月</u>である。それぞれ、前月と前々月の2カ月分ずつ支給される。(国年法18条)

正解 ⇨ 2

《問8》 国民年金の第1号被保険者に対する独自給付に関する次の記述のうち、適切なものはどれか。

チェック欄 ☐☐☐

1) 付加年金の年金額は、400円に付加年金保険料納付済期間の月数を乗じて算出された金額である。
2) 寡婦年金は、夫の死亡当時夫によって生計を維持し、かつ夫との婚姻関係が10年以上ある65歳未満の妻が支給対象である。
3) 寡婦年金の金額は、亡くなった夫が受給できるはずであった老齢基礎年金の4分の3に相当する額で、妻が55歳から65歳になるまでの有期年金である。
4) 死亡一時金は第1号被保険者としての保険料納付済期間（一部免除期間は免除期間に応じて換算）が5年以上ある人が死亡して一定の要件を満たす場合に該当する遺族が受給できる。

■ 解答・解説

1) 不適切。付加年金の年金額は、400円ではなく、200円に付加年金保険料納付済期間の月数を乗じて算出された金額である（国年法44条）。400円は付加保険料額である。
2) 適切（国年法49条）
3) 不適切。妻が「55歳から65歳になるまで」ではなく「60歳から65歳になるまで」である。（国年法49条、50条）
4) 不適切。「5年以上」ではなく<u>3年(36カ月)以上</u>である。死亡一時金は死亡した人が何も給付を受けず、遺族が遺族基礎年金を受けられないときの給付である。一部免除期間については、半額免除期間は1カ月につき2分の1カ月など保険料納付率に応じた月数に換算する。なお、寡婦年金の受給権があるときは死亡一時金との選択になる。（国年法52条の2）

正解 ⇨ 2

《問9》厚生年金保険の被保険者に関する次の記述のうち、適切なものはどれか。

1) 従業員5人以下の法人は厚生年金保険の加入は任意である。
2) 70歳に達すると厚生年金保険から脱退となるが、老齢給付の受給資格期間を満たしていない場合は、受給資格期間を満たすまで厚生年金保険に任意加入でき、事業主は保険料の半分を負担する必要がある。
3) 厚生年金保険の適用事業所以外で働く70歳未満の者は、事業主の同意を得れば個人で厚生年金保険の被保険者となれる。保険料は全額自己負担しなければならない。
4) 月末に退職すると退職した月まで厚生年金保険の被保険者となり、退職月は厚生年金保険の加入期間となる。

■ 解答・解説

1) 不適切。法人は1人以上で厚生年金保険に加入しなければならない。代表者（社長）も被保険者となる。個人事業所は一部を除き従業員5人未満であれば厚生年金保険への加入は任意である。なお、任意加入した場合でも個人事業主は厚生年金保険の被保険者にはなれない。（厚年法6条）
2) 不適切。このような者を高齢任意加入被保険者という。事業主の同意を得れば保険料を折半負担にできるが、同意が得られなければ全額自己負担となる。（厚年法附則4条の3）
3) 不適切。このような者を任意単独被保険者といい、事業主の同意が条件である。事業主は保険料の半分を負担しなければならない。（厚年法10条）
4) 適切。厚生年金保険は入社した日に資格を取得し、退職日の翌日に資格を喪失する。被保険者期間（加入期間）は資格を取得した月から資格を喪失した前月までである。（厚年法13条、16条、19条）　　正解 ⇨ 4

《問 10》 厚生年金保険の保険料に関する次の記述のうち、適切なものはどれか。

1) 厚生年金保険料の標準報酬月額の下限は第 1 等級 98,000 円である。
2) 厚生年金保険料は標準報酬月額にも標準賞与額にも同率の保険料率を乗じるが、標準賞与額は 1 回につき 200 万円が上限となる。
3) 育児介護休業法に基づく介護休業をしている被保険者の事業主が所定の申出をしたときは、被保険者負担分の厚生年金保険料は免除されるが、事業主負担分は免除されない。
4) 育児休業を理由とする厚生年金保険料免除期間は、育児休業等を開始した日の属する月から、育児休業等が終了する日の翌日の属する月の前月までである。

■ 解答・解説

1) 不適切。短時間労働者への社会保険適用拡大に伴う法改正により、平成 28（2016）年 10 月以降は標準報酬月額の下限が 98,000 円から引き下げられ第 1 等級は 88,000 円（報酬月額 93,000 円未満）となった。等級区分も 30 等級から 31 等級となったが、第 2 等級から第 31 等級は従来の第 1 等級～第 30 等級がそのままスライドした。（厚年法 20 条）

2) 不適切。標準賞与額の上限は「200 万円」ではなく 150 万円（1 カ月に 2 回以上支給の場合は合算して 1 回とする）である。また、標準賞与額は 1,000 円未満切捨てで計算する。なお、支給が年間 4 回以上の賞与は標準報酬月額の対象となる。（厚年法 3 条 3 項、4 項、24 条の 4）

3) 不適切。介護休業の場合には、被保険者および事業主とも厚生年金保険料は免除されない。なお、育児休業等期間中と産前産後休業期間中については、被保険者・事業主とも厚生年金保険料が免除される。（厚年法 81 条の 2、2 の 2）

4) 適切。なお、育児休業は最長 2 歳までだが、保険料免除は子が 3 歳に達する休業まで可能である。（厚年法 81 条の 2）

正解 ⇨ 4

《問11》 特別支給の老齢厚生年金に関する次の記述のうち、適切なものはどれか。

- チェック欄 □□□

1) 昭和32年4月2日生まれの男性の特別支給の老齢厚生年金の報酬比例部分の支給開始年齢は62歳からになる。
2) 特別支給の老齢厚生年金は老齢基礎年金の受給資格期間を満たしていれば受給できる。
3) 加給年金は65歳以降の老齢厚生年金に加算されるが、特別支給の老齢厚生年金でも定額部分があれば加算される。
4) 厚生年金保険被保険者期間44年以上の者や障害等級3級以上の者は、在職して厚生年金保険被保険者であれば特別支給の老齢厚生年金の報酬比例部分受給開始年齢から定額部分も併せて受給できる。

■ 解答・解説

1) 不適切。生年月日が昭和32年4月2日〜昭和34年4月1日の男性の支給開始は「63歳」である。（厚年法附則8条の2）
2) 不適切。特別支給の老齢厚生年金（65歳前の老齢厚生年金）を受給するためには、老齢基礎年金の受給資格を満たしたうえで1年以上の被保険者期間が必要である。1カ月以上1年未満の場合は65歳から老齢厚生年金の受給となる。（厚年法附則8条）
3) 適切。定額部分を受給できる場合には、加給年金の要件を満たしていれば定額部分の支給開始時から加算される。
4) 不適切。厚生年金保険被保険者期間44年（共済年金期間とは合算できない）以上の者は長期加入者の特例、障害等級3級以上の者は障害者の特例により、生年月日にかかわらず受給開始年齢から報酬比例部分と定額部分、要件を満たせば加給年金を受給できる。ただし退職（厚生年金被保険者でなくなる）が要件で、厚生年金被保険者として在職中は適用されない。（厚年法附則9条の2、9条の3）

正解 ⇨ 3

《問12》 老齢厚生年金に関する次の記述のうち、不適切なものはどれか。

チェック欄 ☐☐☐

1) 65歳前に定額部分がなく報酬比例部分のみだった場合でも老齢厚生年金に経過的加算が発生することがある。
2) 老齢厚生年金額は在職中は改定されないが、70歳以降も在職する場合は退職していなくても70歳で改定される。
3) 65歳以降は障害基礎年金と老齢厚生年金の併給を受けることができる。
4) 配偶者が年上の場合は受給者に加給年金は支給されないが、配偶者が65歳になった時点から配偶者に振替加算が支給される。

■ 解答・解説

1) 適切。特別支給の老齢厚生年金（65歳前の老齢厚生年金）で定額部分が支給されなくても、計算上の定額部分との差額がある場合は65歳からの老齢厚生年金に経過的加算として支給される。また、20歳前や60歳以降の老齢基礎年金に反映されない期間も経過的加算の対象となる。
2) 適切。在職していても70歳になると厚生年金保険から脱退するので老齢厚生年金額も改定となる。
3) 適切。1人1年金の原則により、原則として事由（老齢、障害、遺族）の異なる年金は併給されない。例えば、65歳前は「障害基礎年金と特別支給の老齢厚生年金」「遺族厚生年金と特別支給の老齢厚生年金」などはどちらかの選択になる。しかし、65歳以降は併給調整の例外がいくつかあり障害基礎年金受給者の場合、「障害基礎年金＋老齢厚生年金」「障害基礎年金＋遺族厚生年金」などの併給が可能になる。
4) 不適切。「配偶者」ではなく受給者が65歳になった時点から振替加算が支給開始となる。

正解 ⇨ 4

分野 A　わが国の年金制度・退職給付制度

《問 13》　繰上げ支給に関する次の記述のうち、最も適切なものはどれか。

　　　　　　　　　　　　　　　　　　　　　　　　　チェック欄 ☐☐☐
1) 昭和 16 年 4 月 2 日以降生まれの人の老齢基礎年金の繰上げ支給の減額率は、1 カ月につき 0.7％刻みである。
2) 老齢基礎年金の繰上げ支給を受けた場合、原則として障害年金が受給できなくなる。
3) 特別支給の老齢厚生年金の支給開始が 61 歳以降になる者は、老齢厚生年金単独での繰り上げをすることができる。
4) 老齢基礎年金や老齢厚生年金の繰上げ支給では、付加年金や加給年金が加算される場合は本体と同率で減額されて支給開始になる。

■ 解答・解説
1) 不適切。1 カ月につき 0.7％刻みではなく、0.5％刻みで年金額が減額される。（国年法附則 9 条の 2 等）
2) 最も適切。老齢基礎年金の繰上げ支給には減額以外にもさまざまなデメリットがある（他に任意加入ができなくなる、寡婦年金が受給できなくなるなど）。（国年法附則 9 条の 2）
3) 不適切。老齢厚生年金と一緒に老齢基礎年金も繰り上げなければならない。その場合、老齢厚生年金は報酬比例部分支給開始年齢からの減額率だが、老齢基礎年金は 65 歳からの減額率になる。なお、報酬比例部分の支給開始年齢以降の場合は、老齢基礎年金の繰上げは任意の時期から請求可能である。（国年法附則 9 条の 2 の 2）
4) 不適切。繰上げ支給や繰下げ支給では、付加年金は老齢基礎年金の減額率と同率で減額・増額されて支給開始になる。一方、加給年金や振替加算は本来の支給開始時期から支給開始（繰下げ支給では受給開始時期まで支給停止）となり減額・増額はない。（国年法 46 条、附則 9 条の 2）

正解 ⇨ 2

Part2 基礎編（基本知識の理解）

《問14》 繰下げ支給に関する次の記述のうち、不適切なものはどれか。

チェック欄 ☐☐☐

1) 昭和28年9月10日生まれの者が68歳2カ月で老齢基礎年金の繰下げ支給を請求した場合、増額率は26.6％である。
2) 老齢厚生年金と老齢基礎年金は別々に繰り下げることができ、両方繰り下げる場合でも支給開始を別々とすることが可能である。
3) 老齢厚生年金の繰下げ支給の場合、支給開始前の待機期間中は加給年金は支給停止になる。
4) 繰下げ支給の支給開始前の待機期間中に遺族厚生年金の受給権が発生した場合は、本来の受給開始時期にさかのぼって増額がなくなる。

■ 解答・解説

1) 適切。繰下げ支給の増額率は老齢基礎年金・老齢厚生年金とも共通で、1カ月につき0.7％である。68歳2カ月（38カ月）では、「0.7％ × 38カ月 = 26.6％」の増額となる。（国年法28条、施行令4条の5）
2) 適切。繰上げ請求は同時に行うことが必要だが、繰下げ請求は切り離して行うことができる。したがって、老齢厚生年金は68歳、老齢基礎年金は70歳で支給開始というように支給開始時期をずらすことも可能である。
3) 適切。繰下げ支給の支給前の待機期間中とは、受給権発生時（一般的には65歳）から繰下げ請求時までの期間である。なお、老齢基礎年金のみ繰下げ待機している場合は、老齢厚生年金の加給年金は支給停止にならない。
4) 不適切。他の年金の受給権があるときは繰下げ支給を請求できない。他の年金の受給権が発生した場合は繰下げ待機は終了になるが、その時点までの増額開始はできる。他の年金とは、老齢給付（老齢基礎年金など）を除く障害厚生年金や遺族厚生年金などである。ただし、障害基礎年金の場合は老齢基礎年金の繰下げ請求はできないが、老齢厚生年金の繰下げ請求はできる。（国年法28条、厚年法44条の3）

正解 ⇨ 4

《問 15》 65 歳前の在職老齢年金に関する次の記述のうち、不適切なものはどれか。

---- チェック欄 □□□ ----

1) 60 歳台前半の在職老齢年金について、年金月額と総報酬月額相当額を足して 28 万円以内の場合、年金はカットなしに支給される。
2) 60 歳台前半の在職老齢年金について、年金月額 10 万円、総報酬月額相当額 24 万円の場合、年金は 7 万円支給される。
3) 高年齢雇用継続給付は最大で賃金月額の 15 ％が支給されるが、同時支給の在職老齢年金は最大で標準報酬月額の 5 ％が減額される。
4) 在職老齢年金の年金額は在職中は改定されないが、退職しなくても 65 歳に達すると改定される。

■ 解答・解説

1) 適切。28 万円は「支給停止調整開始額」と呼ばれる。総報酬月額相当額は、標準報酬月額に当月以前の直近 1 年間の標準賞与額（1 回につき上限 150 万円）の 12 分の 1 を加えた額である。つまり、賞与も加えた月額給与という考え方である。
2) 適切。60 歳台前半の在職老齢年金の計算では、年金月額と総報酬月額相当額の合計額が 28 万円を超えた場合、超えた額の年金額の半額が年金よりカットされる。設問の場合、「（10 万円 + 24 万円）− 28 万円 = 6 万円」。よって 6 万円の半額の 3 万円が年金月額 10 万円よりカットされ、年金は月額 7 万円の支給となる。
3) 不適切。在職老齢年金は最大 6 ％の減額となる。なお、高年齢雇用継続給付は賃金を基準にするのに対し、在職老齢年金の減額基準は標準報酬月額であることに注意。（厚年法附則 11 条の 6）
4) 適切。在職老齢年金の年金額改定時期は退職時、65 歳時、70 歳時の 3 つのケースがある。（厚年法 43 条）

正解 ⇨ 3

《問 16》 65歳以降の在職老齢年金に関する次の記述のうち、最も不適切なものはどれか。

― チェック欄 ☐☐☐ ―

1) 60歳台後半の在職老齢年金について、年金月額と総報酬月額相当額を足して46万円以内の場合、年金はカットなしで支給される。
2) 在職老齢年金が全額支給停止でなければ加給年金は支給される。
3) 在職老齢年金で支給停止がある場合、繰下げ支給による増額をすることはできない。
4) 70歳に達すると在職していても厚生年金保険被保険者の資格を喪失するので厚生年金保険料の徴収はなくなる。ただし、支給停止の仕組みはそのまま継続する。

■ 解答・解説

1) 適切。年金月額と総報酬月額相当額の合計額が46万円を超えた場合、超えた額の半額が年金よりカットされる。46万円は「支給停止調整額」と呼ばれ、平成29年度より47万円から46万円に変更された。なお、在職老齢年金は老齢厚生年金額だけで支給停止の判定を行うので、老齢基礎年金額は年金月額には算入されない。（厚年法46条）
2) 適切。年金が若干でも支給されれば加給年金は全額支給される。（厚年法46条）
3) 最も不適切。在職老齢年金の支給部分（支給停止額を差し引いた額）は繰下げ支給で受給することができる。例えば、老齢厚生年金額が月額12万円で支給停止額が8万円の場合、支給される4万円部分のみ増額となる。（厚年法44条の3、46条）
4) 適切。70歳以降は保険料の徴収がなくなるので退職しても年金額は増えない。在職中の支給停止は60歳台後半の在職老齢年金と同じ仕組みである。（厚年法46条）

正解 ⇨ 3

《問 17》 離婚による年金分割に関する次の記述のうち、不適切なものはどれか。

チェック欄 □□□

1) 離婚時の年金分割の対象は、国民年金および厚生年金である。
2) 分割を受けた納付記録にかかる被保険者期間は、60歳台前半の老齢厚生年金の支給要件である被保険者期間にはならない。
3) 合意分割の分割割合は第1号改定者(分割する側)を第2号改定者より少なくすることはできない。
4) 3号分割では、国民年金第3号被保険者または被保険者であった人の請求のみで分割が可能である。

■ 解答・解説

1) 不適切。分割対象は厚生年金（報酬比例部分）のみである。（厚年法78条の13）
2) 適切。分割を受けた被保険者期間のみが1年以上あっても、60歳台前半の老齢厚生年金は支給されない。（厚年法附則17条の12）
3) 適切。分割する側(年金額が多い側で、多くは夫)を「第1号改定者」、分割を受ける側(多くは妻)を「第2号改定者」という。合意分割の分割割合は合計最大2分の1で、第2号改定者に2分の1を超えた分割をすることはできない。（厚年法78条の2、3）
4) 適切。3号分割の請求には、配偶者(相手となる第2号被保険者)の同意は不要で、分割割合は2分の1のみである。対象期間は平成20(2008)年4月以降の第3号被保険者期間のみであり、平成20年3月以前の第3号被保険者期間は合意分割の対象となる。（厚年法78条の14）

正解 ⇨ 1

《問 18》 障害基礎年金に関する次の記述のうち、適切なものはどれか。

チェック欄 ☐☐☐

1) 障害認定日（初診日から1年6カ月を経過した日または1年6カ月以内に治った場合はその日）において、1級、2級または3級の障害状態であれば、障害基礎年金を受給できる（他の条件はすべて満たしているものとする）。
2) 20歳前に初診日がある場合の障害基礎年金は、受給権者が外国に住所を有している間でも、支給される。
3) 初診日の前日において、初診日の属する月の前々月までに被保険者期間があり、保険料納付済期間と保険料免除期間とを合算した期間が、当該被保険者期間の3分の2以上ある場合は、障害基礎年金を受給できる（他の条件はすべて満たしているものとする）。
4) 障害基礎年金の受給権を取得した当時、その人によって生計を維持されている配偶者および一定要件を満たす子がある場合には、所定の加算が行われる。

■ 解答・解説

1) 不適切。障害等級1級または2級の場合に障害基礎年金を受給できる。3級の障害状態では受給できない。なお、障害厚生年金では障害等級3級も年金の支給対象である。（国年法30条）
2) 不適切。20歳前（国民年金加入前）に初診日がある場合にも、障害等級1級または2級であれば障害基礎年金が支給される。しかし、日本国内に住所を有していない間は、支給停止となる。（国年法36条の2）
3) 適切（国年法30条）
4) 不適切。配偶者は障害基礎年金の加算の対象にはならない（国年法33条の2）。また、平成23年4月より受給権発生後に子を有することになった場合にも加算されるようになった（平成22年法律第27号〈国年法等の一部を改正する法律〉）。なお、障害厚生年金では配偶者を対象とした加算が行われる。

正解 ⇨ 3

《問 19》 障害厚生年金に関する次の記述のうち、適切なものはどれか。

チェック欄 ☐☐☐

1) 障害厚生年金を受給している人の障害の程度が増進しても、必ず1年以上経過しなければ、年金額の改定の請求はできない。
2) 1級または2級の障害厚生年金の受給権者が受給権を取得した当時、生計を維持していた配偶者については、加給年金額の加算対象となる。
3) 厚生年金保険の被保険者月数が120カ月未満のときは120カ月とみなして障害厚生年金の年金額を計算する。
4) 65歳の在職中に初診日のある厚生年金保険被保険者が2級の障害となった場合は障害基礎年金と障害厚生年金を受けられる。

■ 解答・解説

1) 不適切。法改正により、平成26年4月から障害の程度の増進（悪化）が明らかである場合（省令で定められた22のケースに限る）は、1年の待機期間を待たずに即時額改定が請求できるように緩和された。
2) 適切。また、平成23年4月より受給権発生後に結婚して配偶者を有することになった場合にも加算されるようになった（平成22年法律第27号〈国年法等の一部を改正する法律〉）。なお、1級と2級では障害基礎年金も同時受給できるので一定要件を満たす子も加算対象になる。
3) 不適切。「120カ月（10年）」ではなく300カ月（25年）である。平成29(2017)年8月の受給資格期間10年への改正後も変更されていない。
4) 不適切。65歳以降の厚生年金保険被保険者は国民年金第2号被保険者ではなくなるので障害基礎年金は受けられない。障害厚生年金のみの受給になる。なお、初診日が65歳前であれば、障害認定日が65歳を過ぎていても障害認定日に2級認定されれば障害基礎年金も併せて受給できる。（国年法30条）

正解 ⇨ 2

Part2　基礎編（基本知識の理解）

《問20》　遺族基礎年金に関する次の記述のうち、不適切なものはどれか。

―――― チェック欄 ☐☐☐ ――――

1) 遺族基礎年金を受給できる遺族とは、死亡した被保険者の子のある配偶者（内縁関係を含む）および子である。
2) 父親の死亡により遺族基礎年金を受給できる子とは、①父親の死亡当時、父親によって生計を維持され、②18歳到達年度末までに達してない、または20歳未満で障害等級の1級もしくは2級に該当して、③現に結婚をしていないの3つを満たす必要がある。
3) 夫の死亡により遺族基礎年金の受給権者となった妻が、夫の父と養子縁組をした場合は、当該遺族基礎年金の受給権は消滅しない。
4) 子が1人いる配偶者が受給する遺族基礎年金の平成30年度の金額は、基本額779,300円に子の加算額74,800円を加えた854,100円である。

■ 解答・解説
1) 適切。従来は、子のある妻および子であった。年金機能強化法による改正により、平成26年4月から子のある夫も遺族の対象となった。なお、死亡した妻が第3号被保険者であっても、夫が年収850万円未満の生計維持要件を満たしていれば遺族基礎年金が受給できる。
2) 適切（国年法37条の2）
3) 適切。夫の父は直系姻族との養子縁組となるため、受給権は消滅しない。（国年法40条）
4) 不適切。子の加算額は、2人までは1人につき224,300円、3人目以降は1人につき74,800円である（平成30年度額）。したがって、子が1人いる配偶者の受給額は1,003,600円である。（国年法38条、39条等）

正解 ⇨ 4

《問21》 遺族厚生年金に関する次の記述のうち、適切なものはどれか。

1) 遺族厚生年金の受給対象者となる遺族とは、被保険者の死亡当時、その人によって生計を維持されていたなど一定の条件を満たす配偶者、子、父母、孫、祖父母または兄弟姉妹である。
2) 平成19年4月以降に支給事由が生じた遺族厚生年金のうち、夫の死亡時に30歳未満で子を養育しない妻に対する遺族厚生年金は、10年間の有期年金となる。
3) 65歳以降に遺族厚生年金より自身の老齢厚生年金のほうが少ない場合は遺族厚生年金の選択を継続できる。
4) 遺族基礎年金と遺族厚生年金を受給中の10歳の子がいる32歳の妻は、遺族基礎年金の終了後、中高齢寡婦加算を受給できる。

■ 解答・解説
1) 不適切。兄弟姉妹は遺族厚生年金の受給対象者にはならない。（厚年法59条）
2) 不適切。10年間の有期年金ではなく、5年間の有期年金である。（平成19年改正後の厚年法63条）
3) 不適切。65歳前はどちらかの選択だが、65歳以降はまず自身の老齢厚生年金を受給し、遺族厚生年金のほうが多い場合は差額分だけが遺族厚生年金として支給される。（厚年法64条の2）
4) 適切。中高齢寡婦加算は夫の死亡時40歳以上65歳未満の妻で遺族基礎年金を受給できない場合に遺族厚生年金に加算される。しかし40歳未満の妻でも、遺族基礎年金の失権（終了）時点で40歳を超えている場合は中高齢寡婦加算が受給できる。（厚年法62条）

正解 ⇨ 4

《問22》 被用者年金一元化に関する次の記述のうち、適切なものはどれか。

──── チェック欄 ☐☐☐ ────
1) ワンストップサービスにより、複数制度の加入者も年金請求時に加入期間確認通知書を添付する必要はなくなった。
2) 一元化後は、在職しているときの障害厚生年金は高在老による支給停止がかかるようになった。
3) 一元化後はすべての障害厚生年金に保険料納付要件が求められるようになったが、遺族厚生年金の短期要件については第2号から第4号の厚年被保険者(旧共済年金の加入者)にかぎり保険料納付要件は不要である。
4) 夫が死亡し、平成27年9月から遺族共済年金を受給開始した妻が平成30年4月に死亡した場合、夫の母に受給が引き継がれる。

■ 解答・解説

1) 適切。一元化前は厚生年金と共済年金に加入期間がある場合、年金事務所と共済組合の両方に年金請求書を提出し、それぞれに加入期間通知書を添付する必要があった。
2) 不適切。一元化前の障害厚生年金には在職中の支給停止の規定がなく、一元化後は旧厚生年金に合わせて在職中の障害厚生年金の支給停止はなくなった。
3) 不適切。一元化後は障害年金にも遺族年金(短期要件)にも例外なく保険料納付要件が求められる。
4) 不適切。一元化(平成27年10月1日)前に遺族共済年金を受給していた場合、一元化後も遺族共済年金(遺族厚生年金には変わらない)を受給できるが、一元化後に死亡した場合は次順位者への転給は行われない。

正解 ⇨ 1

分野A　わが国の年金制度・退職給付制度

《問23》　被用者年金一元化に関する次の記述のうち、不適切なものはどれか。

―――――――――――――――――――― チェック欄 □□□ ――
1) 会社員が平成27年9月30日に退職した場合、在職支給停止は11月に解除となる。
2) 平成28年4月1日に入社し、4月20日に退職して5月1日に別の会社に入社した場合、4月は国民年金第2号被保険者期間となる。
3) 一元化前の厚生年金では、年金額（年額）と年間の支払額の合計額には6円未満の差額が生じることがあった。
4) 国家公務員の女性は一元化後の在職部分（第2号厚年）も支給開始年齢は男性と同じで5年遅れにならない。

■ 解答・解説
1) 適切。一元化前なので退職改定および在職支給停止解除は資格喪失日（10月1日）の属する月の翌月からとなる（厚生年金のルール）。
2) 不適切。同月得喪（入社した月に退職すること）の月は、一元化前も一元化後も国民年金は第1号被保険者期間である。一元化前の厚生年金では厚生年金の資格期間（保険料納付）であるにもかかわらず国民年金は第2号ではなく第1号被保険者期間となっていた。そのため、国民年金保険料を納めないと未納期間となる。一元化後は共済年金のルールに合わせて厚生年金の資格期間とはならず（保険料は納付しない）、国民年金第1号被保険者期間のみとなった。
3) 適切。一元化前の厚生年金は支払額に1円未満の端数があるときは切り捨てていたので「1円×6回＝6円」未満の差額が生じることがあった。一元化後は年度最終支払期の2月分に差額を加算することになった（共済年金のルール）。
4) 適切。なお、再任用で短時間勤務（第1号厚年）となった期間については、通算1年以上（民間の厚生年金被保険者期間含む）あれば一元化前の厚生年金の女性と同じ5年遅れが適用される。

正解 ⇨ 2

Part2 基礎編（基本知識の理解）

《問24》 被用者年金一元化に伴う年金額変更と加入期間の合算に関する次の記述のうち、不適切なものはどれか。

チェック欄 ☐☐☐

1) 一元化後も加給年金と振替加算は100円単位のままである。
2) 加給年金と振替加算はともに加入期間の合算対象である。
3) 共済年金に42年加入した人が民間会社に再就職して厚生年金被保険者となり、通算44年になっても長期加入者の特例は受けられない。
4) 元公務員が転職して民間会社に在職中に初診日（一元化後）がある場合の障害厚生年金は、2つの期間を合算して年金額を計算する。

■ 解答・解説

1) 不適切。一元化に伴い年金額（年額）の支給単位が原則として1円単位（50銭未満切り捨て、50銭以上切り上げ）に変更になった。ただし、老齢基礎年金の満額や加給年金など100円単位のままのものもある。100円単位のものでもそれをもとに計算したものは1円単位になる。そのため老齢基礎年金も満額以外は計算結果を1円単位で年金額とする。振替加算も加給年金に加算率を乗じて計算するので1円単位となる。
2) 適切
3) 適切。長期加入者の特例とは44年以上の加入期間がある場合、65歳前の老齢厚生年金（退職共済年金）の報酬比例部分支給開始年齢（ただし44年到達以降）から退職を条件に定額部分も支給される制度である。厚生年金と共済年金の加入期間は通算されない。
4) 適切。一元化前は、初診日に加入していた制度の期間のみが障害厚生年金あるいは障害共済年金の計算期間だった。公務員5年、会社員10年とすると本問の場合、会社員10年だけで計算する（実際には300カ月で計算）。一元化後は公務員と会社員の期間それぞれで計算し合算したものが年金額となる（300カ月みなしの場合は合算額から計算）。遺族厚生年金の短期要件も基本的に同じ考え方となる。

正解 ⇒ 1

分野 A　わが国の年金制度・退職給付制度

《問 25》　被用者年金一元化と在職老齢年金に関する次の記述のうち、最も不適切なものはどれか。

チェック欄 ☐☐☐

1) 一元化前に共済年金を受給していても、一元化後は厚生年金の在職支給停止基準となる。
2) 厚生年金と共済年金を受給している場合の一元化後の在職支給停止額は、基本月額を合算して計算し、厚生年金と共済年金で按分する。
3) 一元化前に受給権が発生していれば、一元化後の再就職でも激変緩和措置が適用される。
4) 激変緩和措置では、65歳未満で一元化前に支給停止がない場合、基本月額と総報酬月額相当額の合計額35万円までは支給停止されない。

■ 解答・解説

1) 適切。一元化後は既に共済年金を受給している場合でも、厚生年金の停止ルール（65歳未満は低在老による28万円の停止基準額、65歳以上は高在老による46万円の停止基準額）が適用される。

2) 適切。65歳未満で厚生年金10万円、共済年金2万円、総報酬月額相当額22万円の場合、以下のように計算する。

〔{(10万円＋2万円)＋22万円} －28万円〕÷2＝3万円
厚生年金支給停止額＝3万円×(10万円／12万円)＝2万5,000円
共済年金支給停止額＝3万円×(2万円／12万円)＝5,000円

3) 最も不適切。激変緩和措置は、一元化（平成27年10月1日）をまたがって在職している受給者に限り適用される。

4) 適切。一元化前に支給停止がない場合の65歳未満の激変緩和措置では、①総報酬月額と基本月額（年金月額）の合計額の10%、②同じく合計額から35万円を控除した額、③低在老による本来の計算額の3つのうち最も低い金額が支給停止額となる。

正解 ⇨ 3

《問26》 年金払い退職給付に関する次の記述のうち、不適切なものはどれか。

チェック欄 ☐☐☐

1) 年金払い退職給付には終身年金と有期年金がある。
2) 年金払い退職給付は、在職中は支給停止となる。
3) 私学共済(第4号厚年)の年金払い退職給付は、在職していれば70歳以降も加入となる。
4) 年金払い退職給付では、厚生年金保険料とは別に上限1.5％の保険料を労使折半で負担する。

■ 解答・解説

　年金払い退職給付(退職等年金給付)とは、被用者年金一元化前の共済年金の職域年金に相当する3階部分として新設されたものである。共済組合に1年以上継続して加入した場合に一元化後の部分について退職後に支給される。職域年金は公的年金の一部だったのに対し、年金払い退職給付は民間企業の企業年金の扱いに相当する。なお、一元化前の共済組合加入期間部分は経過的職域加算額(従来の職域年金と同じ)が支給される。

1) 適切。職域年金は終身年金のみだが、年金払い退職給付では、半分が終身年金、半分が有期年金という構成になっている。有期年金は20年と10年があり、一時金受給も選択できる。
2) 適切。65歳から支給開始だが、在職中(第1号厚年を除く)は支給停止となる。また、60歳までの繰上げ受給(減額あり)や70歳になるまでの繰下げ受給(増額あり)もできる。
3) 不適切。公務員共済(国共済と地共済)の年金払い退職給付は70歳以降も加入になるが、私学共済は70歳で資格喪失となる。
4) 適切。職域年金には掛金負担はなかったが、年金払い退職給付では、労使折半の別途保険料を積立方式で個人別に積み立てていく。なお、保険料とは、組合員の掛金と使用者の負担金の合計のことをいう。

正解 ⇨ 3

《問27》 公的年金の最近の改正に関する次の記述のうち、適切なものはどれか。

1) 平成30年9月までは後納制度で10年前まで保険料が納付できる。
2) 501人以上の企業では平成28年10月より短時間労働者への社会保険の適用拡大が義務づけられたが学生（夜間含む）は除外される。
3) 平成29年4月からは、従業員500人以下の企業でも労使合意があれば、短時間労働者への社会保険の適用拡大ができるようになった。
4) 会社員の妻が死亡したとき16歳の子がいる55歳の夫は遺族基礎年金を受け取れるが遺族厚生年金は60歳になるまで支給停止となる。

■ 解答・解説

1) 不適切。後納制度は、平成24（2012）年10月から平成27年9月まで実施され、本来2年前までしか納めることのできない国民年金保険料を10年前まで納められる措置である。終了後の平成27年10月より縮小されて5年前までとなり、平成30年9月まで延長されることになった。
2) 不適切。短時間労働者への社会保険（健康保険、厚生年金保険）の適用要件は、「①週20時間以上の労働時間、②月額賃金8.8万円以上（年収106万円以上）、③1年以上の雇用見込み、④学生を除く」のすべてを満たすことである。なお、学生の適用除外は昼間部学生のみである。
3) 適切。501人以上の①～④の要件と内容は同じである。なお、国と地方公共団体は規模にかかわらず適用となった。
4) 不適切。夫が遺族厚生年金を受けられるのは、妻の死亡時に夫が55歳以上で生計維持要件（年収850万円未満）を満たす場合であるが、60歳になるまでは支給停止である。ただし、夫が遺族基礎年金を受給中は遺族厚生年金も支給停止とならない。設問の場合、子が18歳年度末に達して遺族基礎年金が支給停止になるまで遺族厚生年金を受給し、いったん支給停止になった後、60歳から再び受給できる。

正解 ⇨ 3

《問28》 私的年金に関する次の記述のうち、最も不適切なものはどれか。

1) 年金を受け取る際に5年、10年といった一定の期間が決まっていて、年金を受け取る期間中に死亡した時点で年金の支払いが終わるのを有期年金という。
2) 厚生年金基金、確定給付企業年金、自社年金（社内年金）のうち、厚生年金基金、確定給付企業年金の企業の拠出金は全額損金扱いにできる。
3) 企業年金である厚生年金基金、確定給付企業年金の主務官庁は厚生労働省である。
4) 個人年金の保険型は10年以上の払込期間など一定の要件を満たすと一般の生命保険料控除とは別枠で最大5万円の個人年金保険料控除がある。

■ 解答・解説

1) 適切。有期年金に対し5年、10年といった一定の決まった期間を受給者の生死にかかわらず受け取る年金を確定年金という。
2) 適切。企業年金は、法令に基づいた税制優遇のあるものと税制優遇のないものがある。自社年金は企業の拠出する掛金が全額損金扱いになるといったメリットはない。
3) 適切
4) 最も不適切。税制改正により、平成24年1月以降の契約から最大4万円に改定された。

区分	旧制度控除限度額		新制度控除限度額	
	所得税	住民税	所得税	住民税
一般生命保険料	5万円	35,000円	4万円	28,000円
介護医療保険料	——	——	4万円	28,000円
個人年金保険料	5万円	35,000円	4万円	28,000円
計	10万円	7万円	12万円	7万円

（注）住民税の合計は7万円が限度額

正解 ⇨ 4

《問29》 国民年金基金に関する次の記述のうち、適切なものはどれか。

> 1) 国民年金基金には、地域型と職能型があり、同じ人が両方に加入することはできない。
> 2) 国民年金の第2号被保険者のうち、企業年金のない企業に勤めている者は、国民年金基金に加入することができる。
> 3) 国民年金の掛金を全額免除されている者は国民年金基金に加入することができないが、一部免除されている者は国民年金基金に加入することができる。
> 4) 国民年金を繰り上げると65歳支給開始の国民年金基金も繰上げ支給となり国民年金と同率で減額されて支給開始となる。

■ 解答・解説

1) 適切。どちらか一方しか加入できない。なお、平成31（2019）年4月から職能型3基金を除いて地域型・職能型の全基金が「全国国民年金基金」に統合される。
2) 不適切。第2号被保険者は加入できない。確定拠出年金の個人型年金は、企業従業員も加入できることと対比して覚えておくとよい。
3) 不適切。国民年金の掛金を全額免除、一部免除（4分の3免除、半額免除、4分の1免除）されている者は国民年金基金に加入することはできない。なお、法改正により平成26年4月より法定免除期間に保険料を納めることができるようになったため、法定免除該当者（障害基礎年金受給権者や生活保護など）の場合は保険料を納めていれば国民年金基金に加入できるようになった。
4) 不適切。国民年金基金は、繰上げができない。ただし、国民年金基金には国民年金の付加年金部分が含まれており、国民年金を繰り上げて受給すると基金の付加年金相当額のみ国民年金と同率で減額されて支給開始となる。本体部分は65歳支給開始となるが、「本体額＋減額のままの付加年金額」の支給となる。

正解 ⇨ 1

《問 30》 国民年金基金に関する次の記述のうち、適切なものはどれか。

― チェック欄 ☐☐☐ ―

1) 国民年金基金の種類は終身年金A型、B型、確定年金のⅠ型、Ⅱ型、Ⅲ型、Ⅳ型、Ⅴ型があるが7種類とも65歳支給開始である。
2) 終身年金A型、B型、確定年金のⅠ型、Ⅱ型、Ⅲ型、Ⅳ型、Ⅴ型の掛金は男女ごと、年金の種類ごとに1歳刻みで設定されていて女性の掛金のほうが男性よりやや高くなっている。
3) 国民年金基金に加入する場合、最低1口からの加入で、1口目は終身年金A型かB型か、どちらかの選択である。
4) 国民年金基金は、年金額にかかわらず年6回に分けて支給される。

■ 解答・解説

1) 不適切。終身年金A型、B型、確定年金のⅠ型、Ⅱ型は65歳支給開始であるが、確定年金Ⅲ型、Ⅳ型、Ⅴ型は60歳支給開始である。

※平成21年4月より、確定年金に以下のⅣ型とⅤ型が増えて、給付の種類は終身年金2種類、確定年金5種類の計7種類となった。

タイプ	種類	支給開始	支給期間	保証期間
確定年金	Ⅳ型	60歳	10年	10年
	Ⅴ型	60歳	5年	5年

2) 不適切。終身年金は長生きする女性の掛金のほうが男性よりやや高くなっている。しかし、確定年金の掛金は、加入時年齢による違いがあるだけで、男女とも同額である。

3) 適切。2口目は終身年金2種類、確定年金5種類の計7種類から選択できる。

4) 不適切。年金額が12万円以上の場合は年6回の支給だが、12万円未満の場合は年1回の支給となる。

正解 ⇒ 3

《問31》 国民年金基金に関する次の記述のうち、適切なものはどれか。

1) 国民年金の障害基礎年金を受給したときは、国民年金基金からの障害年金も受けられる。
2) 60歳以上65歳未満で国民年金基金に加入する場合、加入時年齢にかかわらず掛金月額は同額で、受給する年金額は加入時年齢（月単位）に応じて異なる。
3) 国民年金基金は掛金の全額が生命保険料控除の対象であり、給付される年金は公的年金等控除の対象である。
4) 国民年金の第3号被保険者であっても、国民年金に加入しているので国民年金基金に加入できる。

■ 解答・解説

1) 不適切。国民年金基金は老齢年金と遺族一時金のみで障害給付はない。
2) 適切。平成25（2013）年4月より、60歳以上65歳未満の国民年金任意加入被保険者も国民年金基金に加入が可能になった。主なルールは60歳未満と同じだが、年金の種類は終身年金A型、B型、確定年金I型の3種類のみである。掛金月額は、下表のように年金の種類や性別などにより差があるが、加入時年齢による差はない。年金額は、最大5年間（60カ月）のとき年額6万円（1口目）と年額3万円（2口目以降）である。

掛　金 (月額)	1口目		2口目以降		
	終身年金		終身年金		確定年金
	A型	B型	A型	B型	I型
男性	20,300円	18,740円	10,150円	9,370円	7,130円
女性	23,570円	22,890円	11,785円	11,445円	

3) 不適切。国民年金基金の掛金は、全額が社会保険料控除の対象である。生命保険料控除ではない。また、確定拠出年金の個人型年金の掛金は、小規模企業共済等掛金控除となるので注意したい。
4) 不適切。加入対象は第1号被保険者だけである。

正解 ⇨ 2

《問32》 厚生年金基金に関する次の記述のうち、適切なものはどれか。

チェック欄 ☐☐☐

1) 厚生年金保険の被保険者のうち従業員要素のある兼務役員は厚生年金基金の加入者になることができるが、従業員要素のない役員は厚生年金基金の加入者になることができない。
2) 平成26年4月からは厚生年金基金のうち総合型基金は新規設立が認められなくなった。
3) 厚生年金基金を解散するときは、加入員の3分の2以上の同意、全設立事業主の3分の2以上の同意、代議員会で代議員定数の3分の2以上による議決が必要である。
4) 厚生年金基金の存続が認められる健全基金の条件は、最低積立基準額の1.5倍以上の資産を維持しているなどである。

■ 解答・解説

1) 不適切。厚生年金基金は厚生年金保険の被保険者であればすべて加入者になり、役員であっても加入者になれる。
2) 不適切。単独型や連合型も含めて厚生年金基金の新規設立はすべて認められなくなった。
3) 適切。従来は、いずれも「4分の3以上」が要件だったが、法改正により緩和された。
4) 不適切。存続が認められる条件は以下のうちどちらかを満たしていることである。
・最低責任準備金の1.5倍以上の純資産を維持している
・最低積立基準額以上の純資産を維持している
　平成26（2014）年4月の改正法施行後5年を経過後から以上の2つのうちどちらかを満たしていなければ存続が認められなくなる。最低責任準備金とは代行部分の給付に必要な純資産額であり、最低積立基準額とは「代行部分＋上乗せ部分」の全体の給付に必要な純資産額である。

正解 ⇨ 3

分野 A　わが国の年金制度・退職給付制度

《問33》　厚生年金基金に関する次の記述のうち、適切なものはどれか。

1) 厚生年金基金は、確定給付企業年金の基金型に資産を移換することはできるが、確定給付企業年金の規約型に資産を移換することはできない。
2) 厚生年金基金の年金受給資格は、老齢厚生年金の受給資格がないと与えられない。
3) 確定給付企業年金では基準給与がポイント制とする算定が認められているが、厚生年金基金では基準給与がポイント制とする算定は認められていない。
4) 厚生年金基金から確定拠出年金や中小企業退職金共済制度へ資産を移換することは可能である。

■ 解答・解説

1) 不適切。確定給付企業年金の基金型にも規約型にも、資産を移換することができる。
2) 不適切。厚生年金基金は、老齢厚生年金の受給資格（公的年金に原則10年以上加入）がなくとも加入期間が1カ月以上あれば受給資格が与えられ支給される。
3) 不適切。確定給付企業年金と同様、厚生年金基金でも基準給与がポイント制とする算定が認められている。
4) 適切。従来は、厚生年金基金から中退共（中小企業退職金共済制度）への資産移換はできなかったが、平成26（2014）年4月より可能になった。中退共への新規加入だけでなく、既存の中退共がある場合にも資産移換が可能である。

正解 ⇨ 4

《問34》 厚生年金基金に関する次の記述のうち、適切なものはどれか。

---チェック欄 □□□---

1) 厚生年金基金の加算型の基本部分、加算部分の年金は厚生年金の報酬比例部分支給開始年齢から支給しなければならない。
2) 厚生年金基金の掛金の事業主分は全額損金で、本人控除分は生命保険料控除である。
3) 厚生年金基金の加算部分の給付は、必ずしも終身年金にする必要はない。
4) 厚生年金基金の短期の中途脱退者の代行部分の年金資産は、企業年金連合会に移換される。

■ 解答・解説

1) 不適切。加算部分は厚生年金の報酬比例部分支給開始年齢に達しなくても支給することができる。厚生年金の報酬比例部分支給開始年齢は生年月日と性別により60歳から65歳に引き上げ中である。
2) 不適切。本人控除分は社会保険料控除である。なお、確定給付企業年金の本人負担分がある場合は、生命保険料控除となる。
3) 適切。加算部分の給付は、一時金で受け取ることができる。
4) 不適切。従来は、概ね10年未満の短期加入で脱退(退職)した厚生年金基金加入者の代行部分の年金資産は企業年金連合会に移換していた。しかし、平成26(2014)年4月以降は企業年金連合会への代行部分の資産移換はできなくなり、厚生年金基金本体で管理することとなった。

正解 ⇨ 3

《問 35》 確定給付企業年金に関する次の記述のうち、適切なものはどれか。

1) 20年を超える加入者期間を老齢給付金の支給要件としてはならず、年金給付は、原則として終身または5年以上の有期年金でなければならない。
2) 確定給付企業年金（基金型・規約型）では従業員が掛金の一部を拠出することができるが、従業員が拠出した掛金には社会保険料控除が適用される。
3) 確定給付企業年金の規約型は加入者数300人以上の要件がある。
4) 確定給付企業年金の基金型は、母体企業と同じ法人格でなければならない。

■ 解答・解説
1) 適切。20年以上の加入期間があれば老齢給付金（年金）を支給しなければならない。なお、脱退一時金の受ける要件として3年を超える加入者期間を定めることはできない（3年以上の加入期間があれば脱退一時金を支給しなければならない）ことも併せて覚えておきたい。（確給法36条4項、41条3項）
2) 不適切。基金型・規約型とも従業員が掛金の一部を拠出できるが、控除は生命保険料控除が適用される。（確給法55条、所得税法76条5項4号）
3) 不適切。基金型には加入者数300人以上の要件があるが、規約型には加入者数の要件はない。（確給法施行令6条）
4) 不適切。確定給付企業年金の基金型は、母体企業と別の法人格を持った基金を設立しなければならない。

正解 ⇨ 1

《問36》 確定給付企業年金法に関する次の記述のうち、適切なものはどれか。

― チェック欄 ☐☐☐ ―

1) 規約型、基金型の確定給付企業年金では、掛金の事業主拠出分は全額損金に算入でき、加入者拠出分は年4万円を上限に社会保険料控除の対象になる。
2) 確定給付企業年金の基金型は、常時500人以上の加入者数が必要になる。
3) 規約型は労使合意による年金規約を作成し、厚生労働大臣の承認を得る企業年金である。
4) 基金型は労使が基金設立に合意して規約を作成し、厚生労働大臣の認可を得る企業年金であるが代行部分を持つ。

■ 解答・解説
1) 不適切。社会保険料控除ではなく生命保険料控除である。
2) 不適切。基金型の加入者数は常時300人以上である。
3) 適切
4) 不適切。厚生年金基金との主な違いは代行部分を持たないことである。

正解 ⇨ 3

分野 A　わが国の年金制度・退職給付制度

《問37》　確定給付企業年金に関する次の記述のうち、適切なものはどれか。

1) キャッシュバランスプランは、確定給付企業年金で制度設計できるが、厚生年金基金では認められない。
2) キャッシュバランスプランでは、通算利回りがマイナスになることもある。
3) 確定給付企業年金の給付では遺族年金を年金または一時金で支給することもできる。
4) 老齢給付金の支給で退職要件ありとする場合、50歳以上60歳未満で規約に定めることができる。

■ 解答・解説
1) 不適切。厚生年金基金でも認められる。
2) 不適切。単年度・通算とも0以上であることが必要だったが、法改正により、加入者は単年度でマイナスでも通算で0以上であればよくなった（受給者は単年度も0以上）。
3) 適切。確定給付企業年金の遺族給付金は一時金のほか年金で支給することもできる。確定拠出年金の遺族給付は死亡一時金しかない。
4) 不適切。50歳以上65歳未満で規約に定めることができる。年金確保支援法による改正で、平成23年8月10日より可能になった。従来は、支給要件は次のようになっていた。

| ① 退職要件なし | 60歳以上65歳以下の規約で定める年齢に達したとき |
| ② 退職要件あり | 50歳以上60歳未満の規約に定める年齢以降に退職したとき |

　例えば、退職要件なし（本来の支給年齢）で65歳支給開始、退職要件ありで50歳と規約で定めた場合、60歳以上で退職すると65歳まで支給が受けられなかった。改正により定年延長で退職する従業員に退職時に支給可能になった。

正解 ⇨ 3

《問38》 中小企業退職金共済の掛金に関する次の記述のうち、適切なものはどれか。

- チェック欄

1) 中小企業退職金共済に新規加入する場合、掛金金額の2分の1（上限5,000円）を加入後6カ月目から1年間助成する。
2) 中小企業退職金共済の18,000円以下の掛金金額を増額する場合、事業主に増額分の4分の1を増額月から1年間助成する。
3) 中小企業退職金共済の掛金（パートなどの短時間労働者も含む）は2,000円から3万円までの19種類であり、1万円を超える掛金は2,000円刻みになっている。
4) 中小企業退職金共済のパートなどの短時間労働者の掛金は、2,000円、3,000円、4,000円、5,000円の4種類がある。

■ 解答・解説

1) 不適切。上限5,000円で掛金金額の2分の1を加入後4カ月目から1年間助成する。
2) 不適切。増額分の3分の1を増額月から1年間助成する。
3) 適切
4) 不適切。短時間労働者の掛金は、2,000円、3,000円、4,000円の3種類である。

正解 ⇨ 3

《問39》 中小企業退職金共済に関する次の記述のうち、適切なものはどれか。

1) 中小企業退職金共済制度にサービス業が加入する場合、資本金5,000万円以下または従業員が50人以下である必要がある。
2) 中小企業退職金共済の掛金納付月数が3年未満の場合、退職金は支給されない。
3) 中小企業でなくなった場合、中小企業退職金共済制度から資産を移換して確定拠出年金の企業型年金に移行することができる。
4) 中小企業退職金共済の掛金は、事業主と従業員が折半する。

■ 解答・解説

1) 不適切。サービス業が加入する場合、資本金5,000万円以下または従業員が100人以下である。小売業の場合、資本金5,000万円以下または従業員50人以下である。製造業の場合、資本金3億円以下または従業員300人以下である。卸売業の場合、資本金1億円以下または従業員100人以下である。加入できる中小企業の資本金、従業員数を再確認すること。
2) 不適切。掛金納付月数が1年未満の場合、退職金は支給されない。
3) 適切。法改正により、平成28年4月1日から中小企業退職金共済の中小企業の要件を満たさなくなったとき（資本金や従業員の増加）は、従来の確定給付企業年金、特定退職金共済（特退共）に加え、確定拠出年金（新設または既設）への資産移換も可能になった。なお、平成30年5月からは合併等（合併や分割などの事業再編）の結果、加入者が異なる中退共と企業年金（確定給付企業年金または確定拠出年金）が併存した場合、どちらかに資産を移換して制度を一本化することも可能となった。
4) 不適切。掛金は事業主が全額負担して、従業員に負担させることはできない。

正解 ⇨ 3

《問40》 特定退職金共済に関する次の記述のうち、不適切なものはどれか。

― チェック欄 ☐☐☐ ―

1) 特定退職金共済制度の掛金は、1,000円から1,000円刻みで30,000円まで設定できる。
2) 特定退職金共済制度には大企業も加入できる。
3) 特定退職金共済制度は中小企業退職金共済制度と重複して加入することができる。
4) 特定退職金共済制度に加入させなくてもよい従業員は、満65歳以上の者、試用期間中の者、休職中の者、非常勤の者、パートタイマーのように労働時間の短い者などである。

■ 解答・解説

1) 適切。中小企業退職金共済の一般従業員の掛金が5,000円からなのに対し、低い金額の掛金が設定できる。
2) 適切。中小企業退職金共済制度のように資本金、従業員数の要件がない。
3) 適切
4) 不適切。加入できる従業員の年齢要件は、各実施団体の規約で定めることになっており、実施団体によって異なる。

正解 ⇨ 4

《問41》 小規模企業共済に関する次の記述のうち、不適切なものはどれか。

1) 小規模企業共済の掛金は所得がないときなど、掛金を納めることが困難な場合は掛け止めができる。
2) 小規模企業共済の掛金は1,000円から70,000円までの範囲内で、500円単位で自由に選択できる。
3) 小規模企業共済の掛金は全額が小規模企業共済等掛金控除として税額控除の対象となる。
4) 小規模企業共済を任意で解約したとき、掛金払込金額が12カ月以上の場合は解約手当金が支払われる。

■ 解答・解説

1) 適切
2) 適切
3) 不適切。全額が小規模企業共済等掛金控除されるが、税額控除でなく所得控除である。
4) 適切。小規模企業共済の共済金(退職金)は請求事由によって、共済金A、共済金B、準共済金、解約手当金のうち該当するものが支払われる。掛金の納付月数が12カ月未満の場合は、解約手当金と準共済金は支払われない。さらに、納付月数が6カ月未満だとA共済金とB共済金も支払われない。

正解 ⇨ 3

《問42》 退職給付債務に関する次の文章の空欄①～③に入る数の組み合わせのうち、適切なものはどれか。

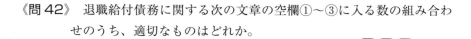

　退職給付債務とは、退職給付見込額に関して、当期までに発生している現在価値のことを指す。この退職給付債務のうち、受給権を取得している、取得していないにかかわらずすべての従業員を対象に勤務に応じた年金額の現在価値が累積給付債務であり、累積給付債務に将来の従業員の（　①　）を加味して計算するのが（　②　）である。このうちわが国に導入されたのは（　③　）である。

1)　①昇給率　　②確定給付債務　　③確定給付債務
2)　①脱退率　　②確定給付債務　　③確定給付債務
3)　①脱退率　　②予測給付債務　　③予測給付債務
4)　①昇給率　　②予測給付債務　　③予測給付債務

■ 解答・解説

　退職給付債務は確定給付債務、累積給付債務、予測給付債務の３種類があり、わが国に導入されたのは予測給付債務である。それぞれの違いを再確認してほしい。

正解 ⇨ 4

《問43》 財形貯蓄に関する次の記述のうち、適切なものはどれか。

1) 財形住宅、財形年金、一般財形の3つの区分があり、一般財形は目的が決まっていないので課税される。
2) 財形年金は、財形住宅との合計で600万円（元利合計）までは非課税になる。
3) 毎月の積立方法は、給与天引きのほか、自身が直接金融機関に振り込む方法もある。
4) 会社員であれば60歳になるまでいつでも新規加入することができる。

■ 解答・解説

1) 適切
2) 不適切。財形年金は、財形住宅との合計で550万円（元利合計）までは非課税になる。
3) 不適切。給与および賞与からの天引きになる。
4) 不適切。財形年金に新規加入できるのは55歳未満の勤労者である。

正解 ⇨ 1

《問44》 米国の401kプランと日本版401k（確定拠出年金）に関する次の記述のうち、適切なものはどれか。

1) 米国の401kプランも日本版401kも借入制度（ローン）がある。
2) 米国の401kプランは、加入者個人の掛金拠出に対して企業が上乗せ（マッチング拠出）するが、日本版401kの企業型年金では、企業の掛金拠出に対して加入者個人が上乗せする。
3) 米国の401kプランはどのような場合でも10％のペナルティ税を支払えば一時金払いが受けられる。日本版401kは原則として60歳になるまで受け取ることができない。
4) わが国で導入されているハイブリッド型企業年金（DBとDCの両面を持つ企業年金）はキャッシュ・バランス・プランのみである。

■ 解答・解説
1) 不適切。日本版401kに借入制度（ローン）はない。
2) 適切。平成24年1月より日本の確定拠出年金（企業型年金）でもマッチング拠出が可能になったが、掛金拠出の主体はあくまで企業である。米国は、逆に従業員個人の掛金拠出が主体で、企業が支援する形なので制度の性格は大きく違っている。
3) 不適切。米国の401kプランで10％のペナルティ税を支払って一時金払いが受けられるのは、住宅の購入費など経済的に困窮な状態のときである。無条件でできるわけではない。
4) 不適切。わが国では従来、確定給付企業年金などの確定給付型の企業年金でキャッシュ・バランス・プランの設計が可能だった。平成29（2017）年1月からは、新たにリスク分担型企業年金が確定給付企業年金制度の中で設計可能となった。通常の掛金とは別にリスク対応掛金を5年～20年で計画的に拠出することで積立不足への対応ができる。確定給付の制度ではあるが、追加掛金が発生しないため退職給付会計上は原則として確定拠出に分類される。

正解 ⇨ 2

《問45》 私的年金の最近の改正に関する次の記述のうち、適切なものはどれか。

1) 海外に居住している国民年金任意加入被保険者は国民年金基金に加入することができない。
2) 中退共に加入していた従業員が転職した場合、転職先に中退共があれば、退職後2年以内に申し出れば中退共の通算ができる。
3) 小規模企業共済の分割共済金（年金）の支給回数は、年4回から公的年金と同じ年6回（偶数月）に変更された。
4) 国民年金基金の2口目以降の掛金の減口や増口は、年度内に何回でも可能である。

■ 解答・解説

1) 不適切。法改正により、平成29（2017）年1月からは海外に居住している65歳未満の者で国民年金任意加入被保険者は国民年金基金に加入できるようになった。なお、個人型確定拠出年金には海外居住の国民年金任意加入被保険者は加入できない。
2) 不適切。従来は中退共の通算申出は退職後2年以内だったが、平成28年4月1日から退職後3年以内に拡充された。
3) 不適切。平成28年度から年6回に変更されたが、奇数月の支給である。これにより公的年金と合わせて毎月の受給が可能になった。
4) 適切。従来は、増口に関しては年度内1回に限られていたが、平成26（2014）年4月からは減口同様に何回でも可能になった。

正解 ⇨ 4

分野 B　確定拠出年金制度

《問 1》　確定拠出年金の概要について述べた次の記述のうち、不適切なものはどれか。

1) 確定拠出年金は将来の年金額が確定している確定給付型の年金とは異なり、最初に拠出額が確定し、受給額が積立期間中の運用結果によって変動する制度である。
2) 確定拠出年金は、高度障害や死亡の場合を除き、60歳到達前に給付を受けることはできない。
3) 企業型年金の場合は、労使合意のうえ定められた拠出額を損金として計上していけば、積立不足が生じることはない。
4) 拠出された掛金が個人ごとに区分され、掛金とその運用収益との合計額をもとに給付額が決定する。

■ 解答・解説

1) 適切
2) 不適切。支給要件に該当すれば脱退一時金を受け取ることができる。なお、個人型年金の加入対象者拡大により脱退一時金が受け取れるケースは、一定の要件を満たした①国民年金保険料免除者（障害事由除く）、②企業型年金資格喪失時（退職時）に資産額1万5,000円以下の2つの場合に限られることになった。（法附則2条の2、3条）
3) 適切。運用責任は加入者（従業員）が負うので、企業側に積立不足は生じない。
4) 適切

正解 ⇨ 2

分野B　確定拠出年金制度

《問2》　確定拠出年金の概要について述べた次の記述のうち、最も不適切なものはどれか。

───── チェック欄 ☐☐☐ ─────

1) 資産管理機関は企業型年金のみであり、個人型年金には設置されていない。
2) 制度の加入対象者は20歳以上60歳未満の者だが、企業型年金の場合は規約に定めれば60歳以上65歳未満の者も加入できる。
3) 企業型年金加入者も個人型年金に同時加入できる。
4) 確定拠出年金は、加入者自らの年金資産(個人別管理資産)の運用を、自らの判断で決めるものである。

■ 解答・解説

1) 適切。企業型年金では、拠出された掛金を年金資産として企業財産から分離・保全を行うために制度上資産管理機関が設置されているが、個人型年金は、加入者が国民年金基金連合会に掛金を払い込む時点で加入者の財産から分離され資産が保全されるので、資産管理機関はない。
2) 最も不適切。被用者(企業従業員、公務員等)は原則60歳未満、自営業者や専業主婦は20歳以上60歳未満である。(法9条、62条)

加入対象者	企業型年金	個人型年金
企業従業員(第1号厚年)、私学共済(第4号厚年)	60歳未満(規約に定めれば60歳以上65歳未満の継続雇用者も可)	60歳未満
公務員(第2号・第3号厚年)	加入不可	60歳未満
自営業者等(第1号国年)	加入不可	20歳以上60歳未満
専業主婦(第3号国年)	加入不可	20歳以上60歳未満

3) 適切。平成29年1月からマッチング拠出のない場合に可能になった。ただし、企業型年金規約で定める必要がある。(法3条3項7の3)
4) 適切

正解 ⇨ 2

《問3》 確定拠出年金の仕組みについて述べた次の記述のうち、不適切なものはどれか。

――――――――――――――― チェック欄 ☐☐☐ ―

1) 確定拠出年金は、掛金を主に企業（事業主）が拠出する企業型年金と自営業者等のように主に本人自らが掛金を拠出する個人型年金の2本立ての制度である。
2) 確定拠出年金は公的年金を補完する役割を担う新たな年金制度として、国民年金基金や従来の企業年金の他に、新しい選択肢が増えたものとして考えられる。
3) 積み立てた資産の運用によって、利子や配当等の運用益が生じるが、それらに対してそのつど所得税が課せられる。
4) 確定拠出年金は、離・転職の際に自分の年金資産を移換することができるポータビリティのよさが大きな特徴の1つである。

■ 解答・解説

1) 適切。企業型年金は、企業が毎月掛金を資産管理機関に拠出し、個人型年金は、国民年金基金連合会に掛金を本人が拠出する。なお、個人型年金に加入する企業の従業員の掛金は、原則として企業が従業員本人の給与から天引きし、国民年金基金連合会に払い込む。

　　また、平成24(2012)年1月より、企業型年金にマッチング拠出（加入者拠出）が解禁となり、規約に定めれば従業員が給与天引きで企業掛金（事業主掛金）に上乗せして拠出できるようになった。

2) 適切。確定拠出年金は、公的年金ではなく公的年金を補完する役割を持っている。いわゆる公的年金の上乗せ部分として、国民年金基金や企業年金（厚生年金基金等）が位置付けられているが、ここに確定拠出年金という年金制度が、新しい選択肢として増えたものとして考えられる。

3) 不適切。積立て段階で発生する運用益に対しては、給付金を受け取るまでの間は非課税である。なお積立資産に対しては、特別法人税が課税されるが、平成32(2020)年3月まで課税が凍結されている。

4) 適切

正解 ⇨ 3

分野B　確定拠出年金制度

《問4》　確定拠出年金における運営管理機関と資産管理機関に関する次の記述のうち、不適切なものはどれか。

チェック欄 □□□

1) 企業型年金を実施する事業主自らが運営管理機関となることができる。
2) 株式会社である年金コンサルティング会社は、主務大臣に登録することにより運営管理機関となることができる。
3) 資産管理契約は、事業主と資産管理機関が契約を締結する。
4) 個人型年金では、企業型年金における資産管理機関に代わるものとして国民年金基金連合会があるが、個人型年金規約の作成や加入者の申込み受付等の一部業務を金融機関に委託することができる。

■ 解答・解説
1) 適切（法3条3項3号）
2) 適切。法人であれば、主務大臣に登録することにより運営管理機関となることができる。
3) 適切
4) 不適切。個人型年金規約の作成は、国民年金基金連合会自身が行わなければならない業務である。（法55条）

正解 ⇨ 4

《問5》 確定拠出年金における業務委託に関する次の記述のうち、適切なものはどれか。

― チェック欄 ☐☐☐

1) 運営管理機関は、事業主より委託を受けた運営管理業務の全部または一部を他の運営管理機関に再委託することができる。
2) 企業型年金の企業の事業主は、社外に委託しなくても、運営管理機関の業務の一部または全部を行うことができる。
3) 国民年金基金連合会から委託を受けた運営管理機関は、当該業務の一部または全部を他の運営管理機関に再委託することができる。
4) 事業主が運営管理業務を運営管理機関に委託する場合は、記録関連運営管理業務および運用関連運営管理業務とも複数の運営管理機関に委託することができる。

■ 解答・解説

1) 不適切。運営管理機関が他の運営管理機関に再委託することができるのは、全部ではなく一部である。なお、再々委託はできないこととされている。（法7条、Q&A95）
2) 適切。企業型年金を実施する事業主は、運営管理機関として、自社の運営管理業務の一部または全部を行うことができる。（法3条）
3) 不適切。一部は再委託できるが、全部を再委託することはできない。（法60条）
4) 不適切。運営管理業務のうち運用関連運営管理業務は複数の運営管理機関に委託することができるが、記録関連運営管理業務は1つの運営管理機関に委託することになる。（法7条、施行令7条）

正解 ⇨ 2

分野 B　確定拠出年金制度

《問 6》　企業型の確定拠出年金における運営管理機関および資産管理機関に関する次の記述のうち、適切なものはどれか。

チェック欄 ☐☐☐

1) 運営管理機関になる者は主務大臣の登録を受けた法人でなければならない。この場合の主務大臣とは厚生労働大臣のことをいう。
2) 運営管理機関の業務には記録関連業務と運用関連業務があるが、このうち加入者等の運用指図の取りまとめは運用関連業務にあたる。
3) 日本に支店がある外国生命保険会社や外国損害保険会社は資産管理機関になることができる。
4) 資産管理機関は、個人別資産残高など年金資産の管理状況を加入者等に通知する。

■ 解答・解説

1) 不適切。この場合の主務大臣は厚生労働大臣および内閣総理大臣である。(法 88 条、主務省令 1 条)
2) 不適切。運用関連業務はなく、記録関連業務である。(法 2 条)

〈運用関連業務〉
・運用方法(運用商品)の選定
・選定した運用方法(運用商品)の加入者等への提示
・それら運用方法に係る情報の提供
〈記録関連業務(レコードキーピング)〉
・加入者等の氏名、住所、資格の取得・喪失年月日、個人別管理資産額その他の加入者等に関する情報の記録・保存及び提供
・加入者等が行った運用指図の取りまとめ及び取りまとめた運用指図の資産管理機関への通知
・受給権(給付を受ける権利)の裁定及び資産管理機関に給付金の支払いの指示

3) 適切。外国の生命保険会社、損害保険会社であっても日本に支店等があって業務を行っていれば資産管理機関になることができる。(法 8 条)
4) 不適切。資産管理機関ではなく運営管理機関が個人別資産残高等年金資産の管理状況を加入者等に通知する。(法 27 条)

正解 ⇨ 3

《問7》 企業型の確定拠出年金における運営管理機関および資産管理機関に関する次の記述のうち、適切なものはどれか。

チェック欄 □□□

1) 資産管理機関は、給付を受ける受給権者からの給付申請を受け付け、給付を受ける権利の裁定を行う。
2) 損害保険会社は、企業から選任を受ければ資産管理機関になることができる。
3) 厚生年金基金や企業年金基金は運営管理機関となることができるが資産管理機関となることはできない。
4) 運営管理機関が運用商品の選定を行うに際しては、資産の運用に関する専門的な知見に基づいて行わなければならないとされ、その専門的な知見については具体的な判断基準が定められている。

■ 解答・解説

1) 不適切。給付裁定は運営管理機関の業務である。
2) 適切
3) 不適切。厚生年金基金、企業年金基金とも、運営管理機関にも資産管理機関にもなれる。
4) 不適切。専門的な知見というだけで、法で明確な判断基準が定められているわけではない。

正解 ⇨ 2

分野B　確定拠出年金制度

《問8》　企業型の確定拠出年金における資産管理機関の業務に関する次の記述のうち、不適切なものはどれか。

チェック欄 ☐☐☐

1) 資産管理機関は、加入者から運営管理機関を通じて運用商品ごとに取りまとめられた運用指図の通知を受けて、運用商品ごとに契約の締結・変更・解除等を行う。
2) 資産管理機関は、運営管理機関からの裁定に基づいて受給権者に給付金を支給する。
3) 資産管理機関は、積立金の管理や積立金運用契約に係る預金通帳・有価証券等の保管を行う。
4) 資産管理機関は、加入者個人ごとの年金資産の管理を行う。

■ 解答・解説
1) 適切
2) 適切
3) 適切
4) 不適切。加入者個人ごとの年金資産の管理は、運営管理機関の業務である。（法2条7項）

正解 ⇨ 4

《問9》 確定拠出年金の運営を行う各機関の業務に関する次の記述のうち、不適切なものはどれか。

チェック欄 □□□

1) 生命保険会社は、企業から資産管理契約の締結の要請があったときは、正当な理由なくこれを拒絶することはできない。
2) 運営管理機関は「金融商品等の販売に関する法律」の適用を受けないので、同法で規定される重要事項に関する情報提供を加入者等に対して行う必要はない。
3) 企業型年金規約の作成は、実施事業所の事業主が行う。
4) 運営管理機関は営業年度ごとにその業務についての報告書を作成し、毎営業年度終了後3カ月以内に主務大臣に提出しなければならない。

■ 解答・解説
1) 適切（法8条）
2) 不適切。確定拠出年金では、加入者等が金融商品を購入する場合には加入者等と金融商品販売業者との間での直接取引がないため金融商品販売法の適用はないが、確定拠出年金の加入者等にも金融商品販売法と同等の保護が図られるよう規定が設けられている。具体的な内容は次のとおり。
   ① 運用関連運営管理機関は情報提供に際し、金融商品販売法3条1項の重要事項に関する情報を加入者等に提供しなければならない。（施行規則20条）
   ② 運用関連運営管理機関は、事業主との間で当該情報提供しなかった場合の損害賠償を負う契約を締結しなければならない。（施行令13条）
   ③ 事業主が情報提供業務を委託している運用関連運営管理機関は、金融商品販売法における勧誘方針を公表しなければならない。（施行令7条）
3) 適切（法3条）
4) 適切（主務省令12条）

正解 ⇨ 2

分野 B　確定拠出年金制度

《問 10》　個人型年金に関する次の記述のうち不適切なものはどれか。

　　1)　企業型年金、厚生年金基金、確定給付企業年金などの企業年金等の対象者となっている企業の従業員も、個人型年金の加入対象者となる。
　　2)　個人型年金の場合は、資産管理機関は設置されていない。
　　3)　個人型年金の加入者が企業従業員の場合、事業主を介して給与天引きにより掛金を国民年金基金連合会に納付することができる。
　　4)　個人型年金の加入者が企業従業員の場合は、掛金を事業主と折半で負担することになっている。

■ 解答・解説
　1)　適切　　　2)　適切
　3)　適切。企業従業員は、毎月の個人型年金掛金をその使用される厚生年金適用事業所の事業主を介して行うことができる。(法70条)
　4)　不適切。個人型年金の掛金は加入者本人が負担する(法70条)。なお、平成30年5月1日からは従業員100人以下の中小企業の場合、事業主の上乗せが可能になった。　　　　　　　　　　　　　　　　正解 ⇨ 4

《問 11》　国民年金基金連合会の役割に関する記述のうち、適切なものはいくつあるか。

　　ア)　個人型年金規約を作成し、厚生労働大臣の承認を受ける。
　　イ)　個人型年金加入者に対して運用商品を選定し、提示する。
　　ウ)　加入者の資格の確認。
　　エ)　加入者の拠出限度額の管理。

　　1)　1つ　　2)　2つ　　3)　3つ　　4)　4つ

■ 解答・解説

ア) 適切（法55条）
イ) 不適切。個人型年金加入者に対して運用商品を選定し、提示するのは、国民年金基金連合会から委託を受けた運営管理機関の中から加入者が指定した運営管理機関が行う。国民年金基金連合会は自ら運営管理業務を行うことができないため運営管理業務を運営管理機関に委託しなければならない。
ウ) 適切（法61条）　　エ) 適切（法61条）

正解 ⇨ 3

《問12》 確定拠出年金法における国民年金基金連合会が備えるべき個人型年金加入者等に関する原簿についての記述のうち、不適切なものはどれか。

1) 個人型年金加入者等の氏名
2) 個人型年金加入者等の住所
3) 個人型年金加入者等の資格の取得及び喪失年月日
4) 個人型年金加入者等の個人別管理資産額

■ 解答・解説

1) 適切（法67条）
2) 適切（法67条）
3) 適切（法67条）
4) 不適切。国民年金基金連合会が備える原簿には、個人別管理資産額についての記録はない。国民年金基金連合会は、個人型年金加入者等に関する原簿を備え、これに個人型年金加入者等の氏名及び住所、資格の取得及び喪失年月日、その他厚生労働省令で定める事項を記録し、保存しなければならない。（法67条）

正解 ⇨ 4

分野 B　確定拠出年金制度

《問 13》　国民年金基金連合会の金融機関への業務委託に関する記述のうち、適切なものはいくつあるか。

ア）　掛金の収納または還付に関する事務
イ）　個人型年金加入者の資格の確認
ウ）　給付金（脱退一時金を含む）の支給に関する事務
エ）　資産管理機関との間の個人別管理資産の移換に関する事務

1）1つ　　2）2つ　　3）3つ　　4）4つ

■ 解答・解説
ア）　適切（施行規則 37 条）
イ）　不適切。加入者の資格の確認は国民年金基金連合会が行わなければならない業務であるので委託することはできない。また、個人型年金規約の作成や拠出限度額の管理も委託できない業務である。（法 61 条）
ウ）　適切（施行規則 37 条）
エ）　適切（施行規則 37 条）

正解 ⇨ 3

《問 14》　国民年金基金連合会の金融機関への業務委託に関する記述のうち、不適切なものはどれか。

1）　個人型年金の加入申出の受理に関する事務
2）　積立金の管理に関する事務
3）　掛金の限度額の管理に関する事務
4）　投資教育に関する事務

■ 解答・解説
1）　適切（施行規則 37 条）

2) 適切(施行規則37条)
3) 不適切。国民年金基金連合会が直接行わなければならない業務である。(法61条)
4) 適切(施行規則37条)

正解 ⇨ 3

《問15》 企業型の確定拠出年金の加入資格に関する次の記述のうち、最も適切なものはどれか。

チェック欄 ☐☐☐

1) 会社の取締役(兼務役員ではない)であれば、厚生年金被保険者であっても、企業型年金に加入することはできない。
2) 企業型年金規約で資格喪失年齢を65歳に定めれば、62歳で転職してきた中途入社の者を企業型年金に加入させることができる。
3) 事務職に属する従業員のみを加入者とすることは、他の職種の従業員に対して不当に差別的な取扱いとなるため認められない。
4) 企業型年金規約に基づく加入資格者のうち、希望者のみを加入者とすることができる。

■ 解答・解説
1) 不適切。厚生年金被保険者であれば加入できる。(法2条6項、8項)
2) 不適切。法改正により平成26(2014)年1月から企業型年金規約に定めれば60歳以上65歳以下の一定年齢まで資格喪失年齢を引き上げることができるようになった。ただし、60歳時点での継続雇用者が対象で、60歳以上の中途入社の者は加入者とすることができない。なお、規約を定めた時点で既に60歳を超えている企業型年金年金運用指図者や年金として受給中の者も在職していれば再加入できる。また、一時金として受給済みの者は再加入できない。
3) 不適切。企業型年金規約に規定すれば、「一定の職種」に属する従業員のみを加入者とすることができる。一定の職種とは、研究職、営業職、

事務職などをいい、就業規則等で給与等の労働条件が他の職種の従業員と別に規定されていることが必要である。(法3条3項6号、法令解釈第1-1(1)①)

4) 最も適切。企業型年金の加入対象者は、企業型年金を導入した企業の厚生年金保険の加入者で、原則60歳未満の全従業員が原則であるが、規約で一定の加入資格(職種、勤続年数、年齢、希望する者)を定めた場合は、その一定の資格を満たした者のみを加入者とすることができる。この場合、加入者とならない者について不当に差別的な取扱いをしてはならない。(法令解釈第1-1)　　　　　　　　　　　　　　　　　正解 ⇨ 4

《問16》 個人型の確定拠出年金の加入資格に関する次の記述のうち、最も不適切なものはどれか。

チェック欄 □□□

1) 自営業者の妻でもサラリーマンの妻でも、専業主婦の者は、個人型年金に加入することができる。
2) 海外居住の国民年金の任意加入被保険者は、20歳以上60歳未満でも個人型年金に加入できない。
3) 確定給付企業年金のある企業に勤める会社員は、個人型年金に加入することができない。
4) 障害基礎年金を受給中で、国民年金保険料が免除されている人は、個人型年金に加入することができる。

■ 解答・解説

1) 適切。平成29(2017)年1月より、サラリーマンの妻(国民年金第3号被保険者)も個人型年金に加入できるようになった。
2) 適切。国民年金の任意加入被保険者は個人型年金に加入できない。
3) 最も不適切。従来、DB(厚生年金基金や確定給付企業年金)の加入者は個人型年金に加入できなかったが、平成29年1月より加入できるようになった。

4) 適切。国民年金保険料を免除されている場合は、生活困窮による全額免除、一部（4分の3、半額、4分の1）免除、学生納付特例、納付猶予に該当する人を除いて個人型年金に加入することができる。そのため、障害を事由とした免除なら個人型年金加入は可能となる。

正解 ⇨ 3

《問17》 個人型の確定拠出年金の加入資格に関する次の記述のうち、不適切なものはどれか。

チェック欄 □□□

1) 企業型年金を実施している企業では、企業型年金規約で定めなければ、個人型年金への同時加入はできない。
2) 確定給付企業年金のみを実施している企業では、企業年金規約で定めれば、個人型年金への同時加入ができる。
3) 国民年金基金に加入する20歳以上60歳未満の自営業者は個人型年金に加入することができる。
4) 海外に居住する20歳以上65歳未満の国民年金任意加入被保険者は、国民年金基金に加入できるが個人型年金には加入できない。

■ 解答・解説

1) 適切。個人型年金の同時加入を認めるには企業型年金の拠出限度額を引き下げなければならない。そのため、企業型年金規約に定めないことによって個人型年金の加入を認めないようにすることができる。
2) 不適切。企業年金規約に特に定める必要はない。
3) 適切。ただし、掛金の限度額が国民年金基金の掛金との合計なので、個人型年金の掛金を拠出できる余地（月額5,000円以上）が残っている必要がある。
4) 適切。平成29（2017）年1月より海外居住の国民年金任意加入被保険者（60歳以上65歳未満含む）も国民年金基金に加入できるようになった。しかし、個人型年金には従来どおり加入できない。

正解 ⇨ 2

分野B　確定拠出年金制度

《問18》　企業型年金加入者資格の取得及び喪失に関する次の記述のうち、最も不適切なものはどれか。

チェック欄 ☐☐☐

1) 企業型年金の加入者の資格を6月1日に取得し6月30日に喪失した場合は、6月については企業型年金に加入していなかったものとみなされる。
2) 日本にある本社が企業型年金を導入することになったので、厚生年金に加入している海外支社勤務の社員も企業型年金加入者となった。
3) 60歳に達したときは企業型年金加入者の資格を喪失する。
4) 企業型年金加入者が38歳で障害給付金の受給を開始したときは、在職中であっても加入者の資格を喪失する。

■ 解答・解説

1) 適切。企業型年金加入者の資格を取得した月にその資格を喪失した者は、その資格を取得した日にさかのぼって、企業型年金加入者でなかった者とみなす（法12条）。なお、設問は「退職日」ではなく「喪失日」であることに注意。月末退職であれば喪失日は翌月1日となるので1ヵ月の加入期間となる。
2) 適切
3) 適切。なお、60歳に達したときとは、60歳に達した日（誕生日の前日）のことをいう。また、法改正により、平成26年1月から企業型年金では規約に定めれば60歳以上65歳未満も加入可能となった。個人型年金は従来どおり60歳到達で加入者資格喪失となる。
4) 最も不適切。企業型年金加入者が60歳未満で障害給付金の受給を開始しても退職しなければ加入者資格は喪失しないため、引き続き企業型年金加入者となる。したがって、在職中は企業型年金加入者なので、事業主は掛金を拠出しなければならない。（法11条、Q&A154）

正解 ⇨ 4

《問19》 確定拠出年金の加入者資格に関する次の記述のうち、最も不適切なものはどれか。

1) パートタイマーであって、第1号厚生年金被保険者であるAさんは、企業型年金に加入することができる。
2) 同時に2つの企業型年金の加入者となる資格を有するBさんは、自らがいずれか1つの加入する企業型年金を選択する。ただし、その選択をしないで、事業主掛金が異なる場合は、掛金の高い額の企業型年金に加入することになる。
3) 個人型年金への同時加入を認めていない企業年金実施事業所において、選択制により自らの意思で企業型年金加入者とならなかったCさんは、個人型年金に加入することができない。
4) 試用期間中の従業員を加入者としない場合は、原則として企業型年金への事業主掛金拠出に代わる措置を講じなければならない。

■ 解答・解説

1) 適切（法3条）。第1号厚生年金被保険者とは民間企業の厚生年金保険被保険者である。国民年金は第2号被保険者となる。
2) 適切（法13条、施行令10条）。事業主掛金が異なる場合は、最も高い事業主掛金の企業型年金を選択したものとみなされる。また、事業主掛金が同額である場合は、企業型年金加入者資格の取得日の早いほうの企業型年金に加入する。取得日も同時である場合は、厚生労働大臣の指定する企業型年金に加入する。
3) 最も不適切。従来は加入できなかったが、平成29年1月より加入可能となった。企業型年金規約に定めていないので個人型年金の単独加入となり、この場合の掛金拠出限度額はDB加入者の場合月額1万2,000円、加入者でない場合月額2万3,000円となる。（Q&A15）
4) 適切（法令解釈第1-1(1)②、Q&A49）

正解 ⇨ 3

分野B　確定拠出年金制度

《問20》　確定拠出年金法において、個人型年金加入者が資格を喪失するケースとして、次の記述のうち最も不適切なものはどれか。

チェック欄 ☐☐☐

1) 国民年金の任意加入被保険者となったとき。
2) 農業者年金の加入者となったとき。
3) 企業型年金の加入者となったとき。
4) 国民年金保険料を滞納し、そのまま2年を経過したとき。

■ 解答・解説
1) 適切。任意加入被保険者は第1号被保険者ではない。
2) 適切（法62条3項）
3) 適切。ただし、企業型年金への同時加入が認められている場合に限り資格喪失せずに個人型年金の継続も選択できる。
4) 最も不適切。国民年金保険料を滞納している間は、個人型年金の掛金を納付することができないが、資格を喪失するわけではない。個人型年金の加入資格を喪失するケースとしては、次のものがあげられる。（法62条3項）
① 死亡したとき
② 60歳に達したとき
③ 国民年金の被保険者の資格を喪失したとき（①②の場合を除く）
④ 企業型年金加入者であった者または個人型年金加入者が、国民年金基金連合会に申し出て個人型年金運用指図者となったとき
⑤ 国民年金保険料の免除を受けることになったとき〈国民年金保険料全額免除（障害事由を除く）、国民年金保険料一部免除、学生納付特例、納付猶予の該当者〉
⑥ 農業者年金の被保険者となったとき
⑦ 企業型年金等の対象者となったとき（個人型年金との同時加入を認めている場合を除く）

正解 ⇨ 4

《問21》 確定拠出年金における運用指図者に関する次の記述のうち、適切なものはどれか。

1) 個人型年金の運用指図者であった者が死亡したため、遺族が引き続き個人型年金の運用指図者となった。
2) 企業型年金加入者で60歳に達したため加入資格を喪失した者は、個人型年金運用指図者となる。
3) 企業型年金加入者であった30歳の会社員が退職して専業主婦となり、退職した会社の企業型年金運用指図者となった。
4) 企業型年金運用指図者は掛金の拠出はできないので、個人別管理資産の運用指図のみを行うことになる。

■ 解答・解説
1) 不適切。遺族が引き続き運用指図者となることはできない。(法64条)
2) 不適切。個人型年金運用指図者ではなく、企業型年金運用指図者となる。企業型年金運用指図者となるのは、次に掲げる者である。(法15条)
   ① 規約で資格喪失年齢を60歳以上65歳未満に定めた場合に、60歳以上で資格喪失年齢に達する前に退職によって企業型年金の資格を喪失した者。
   ② 60歳(規約で60歳以上65歳以下の年齢を定めたときは当該年齢)に達したことにより、企業型年金の加入者の資格を喪失した者。
   ③ 企業型年金の企業型年金加入者であった者であって、当該企業の年金たる障害給付金の受給権を有する者。
3) 不適切。60歳到達前に企業型年金加入者の資格を喪失しているので、企業型年金運用指図者にはならない(法15条)。この専業主婦の場合、個人型年金加入者となるか、個人型年金運用指図者となるかを選択する。
4) 適切

正解 ⇨ 4

分野 B　確定拠出年金制度

《問 22》　確定拠出年金における加入者の資格等に関する次の記述のうち、不適切なものはどれか。

───── チェック欄 ☐☐☐ ─────
1) 企業型年金加入者であって障害給付金を受給している人が退職した場合、企業型年金運用指図者になることができる。
2) 個人型年金に加入する場合、国民年金基金連合会に加入の申出をした日が、個人型年金の資格取得日になる。
3) 国民年金保険料の全額免除や半額免除を受けている人は、個人型年金加入者になることができる。
4) 企業型年金加入者であった 18 歳の人が、会社を辞めて 19 歳で個人事業主になった場合は、個人型年金運用指図者になることができる。

■ 解答・解説
1) 適切（法 15 条）
2) 適切。個人型年金の加入手続きはすべて受付金融機関で行い、金融機関経由で国民年金基金連合会に申し出ることになる。国民年金基金連合会が行う資格確認により加入が承認されたときは、受付金融機関での加入申出書の受付日が加入日（資格取得日）になる。
3) 不適切。国民年金保険料の全額免除（障害による免除を除く）や一部免除を受けている人は、個人型年金加入者になることはできない。（法 62 条）
4) 適切（法 64 条）。個人事業主であれば、20 歳からは個人型年金の加入者となることもできる。

正解 ⇨ 3

《問23》 確定拠出年金の個人型年金の拠出限度額に関する次の記述のうち、最も不適切なものはどれか。

1) 国民年金基金に加入している場合の個人型年金の拠出限度額は、国民年金基金の掛金と個人型年金の掛金との合算額の範囲内である。
2) 国民年金の付加保険料を納付している場合は、個人型年金の拠出限度額は月額 67,000 円である。
3) 企業従業員（60 歳未満の厚生年金保険の被保険者）が、個人型年金に加入する場合、企業型年金や他の企業年金がなければ、掛金拠出限度額は月額 23,000 円である。
4) 現在国民年金基金に拠出限度額まで加入している自営業者等が個人型年金に加入するためには、国民年金基金の掛金を 1,000 円以上減額しなければならない。

■ 解答・解説

1) 適切。国民年金基金に加入している場合は、個人型年金加入者掛金との合算額が拠出限度額となる。（法 69 条、施行令 36 条）
2) 適切。国民年金の付加保険料（月額 400 円）を納付している場合も、個人型年金加入者掛金の拠出限度額から控除される。ただし、個人型年金の掛金の設定単位である 1,000 円の控除となる。
3) 適切
4) 最も不適切。国民年金基金の脱退は認められていないが、掛金の減額は認められているので、個人型年金に加入することは可能である。したがって、国民年金基金の掛金を減額し、個人型年金の掛金と合算して拠出限度額月額 68,000 円の範囲内で設定すればよい。ただし、個人型年金の掛金の設定は 5,000 円以上 1,000 円単位となっているので、最低でも 5,000 円以上の基金掛金の減額が必要である。

正解 ⇨ 4

分野 B　確定拠出年金制度

《問24》　確定拠出年金の個人型年金の掛金に関する次の記述のうち最も不適切なものはどれか。

チェック欄 ☐☐☐

1) 個人型年金の掛金は拠出限度額の範囲内であれば、1カ月当たり5,000円以上1,000円単位で加入者が任意に設定できる。なお掛金の変更は1年に1回可能である。
2) 個人型年金の企業従業員加入者については、掛金の納付を給与天引きにより事業主経由で行い、事業主は個人型年金加入者掛金を給与から控除することができる。
3) 国民年金基金連合会は、個人型年金掛金の納付を受けたときは、7営業日以内に各個人型年金加入者に係る個人型年金加入者掛金の額を、個人型記録関連運営管理機関に通知しなければならない。
4) 国民年金保険料を滞納した月については掛金を拠出できないが、翌月以降に追納することはできる。

■ 解答・解説
1) 適切。掛金の変更は1年（1月納付分から12月納付分までの間）に1回に限り変更可能である。（施行令29条）
2) 適切（法71条）
3) 適切（法70条、施行規則58条）
4) 最も不適切。国民年金保険料を滞納した月については掛金拠出することができず、また翌月以降に追納することもできない（施行令29条1項2号）。なお、平成30（2018）年1月からは、確定拠出年金の掛金が月額単位の管理から年額単位に変更されるのに伴って、年間での掛金拠出配分ができるようになった。ただし、国民年金保険料を滞納した月が掛金納付月でない場合でも、年間掛金限度額が1カ月分少なくなり、通算加入者等期間（受給資格期間）や通算拠出期間（一時金受給の勤続年数）にも算入されない。

正解 ⇨ 4

《問25》 確定拠出年金の掛金拠出限度額に関する次の記述のうち、適切なものはどれか。

1) 法定総枠の範囲内であれば企業型年金と個人型年金の拠出限度額を調整できる(例:企業型4万円+個人型1.5万円=5.5万円)。
2) 企業型年金のみの企業の個人型年金拠出限度額は月額当たり2万3,000円である。
3) 公務員の個人型年金拠出限度額は月額当たり2万円である。
4) 中小企業退職金共済のみの企業の個人型年金拠出限度額は月額当たり2万3,000円である。

■ 解答・解説

1) 不適切。個人型年金の拠出限度額は変更できない。企業型年金は個別枠の拠出限度額を超える設定はできない。
2) 不適切。月額当たり2万円である。
3) 不適切。月額当たり1万2,000円である。
4) 適切。中小企業退職金共済制度は企業年金等には含まれない。

正解 ⇨ 4

《参考》平成29年1月以降の確定拠出年金の掛金拠出限度額

加入者の種類			掛金拠出限度額（月額当たり）		
			総枠	個別枠	
				企業型	個人型
企業型加入者	企業型年金のみ		55,000円	55,000円	不可
				35,000円	20,000円
	企業型年金+企業年金等（確定給付企業年金等）		27,500円	15,500円	12,000円
				27,500円	不可
個人型のみ	会社員等	企業年金等のみ	12,000円	——	12,000円
		企業型年金、企業年金等なし	23,000円	——	23,000円
		公務員	12,000円	——	12,000円
		専業主婦	23,000円	——	23,000円
	自営業者等		68,000円	——	68,000円

分野B　確定拠出年金制度

《問26》　確定拠出年金の企業型の掛金と拠出限度額等に関する次の記述のうち、不適切なものはどれか。

1) 企業型年金の掛金の算定方法には、①定額、②定率、③定額と定率の組み合わせがあるが、①の定額により算定する場合は、加入者について全員同一額としなければならない。
2) 事業主は掛金を企業型年金規約に定める日までに運営管理機関に納付し、加入者ごとの掛金額を資産管理機関に通知する。
3) 拠出限度額の管理は、企業が行う。
4) 企業は企業型年金規約に基づいて拠出限度額の範囲内で掛金を拠出し、その掛金は損金算入とする。

■ 解答・解説
1) 適切。事業主掛金について「定額」により算定する場合には、基本的には当該企業型年金加入者の全員が同額の事業主掛金となるようにしなければならない。（法令解釈第1-2(1)）
2) 不適切。事業主は掛金を企業型年金規約に定める日までに資産管理機関に納付し、加入者ごとの掛金額を運営管理機関（記録関連運営管理機関）に通知する。（法21条）
3) 適切
4) 適切（法19条、20条）

正解 ⇨ 2

《問27》 マッチング拠出の掛金に関する次の記述のうち、適切なものはどれか。

チェック欄 ☐☐☐

1) 確定給付企業年金のある企業で、事業主掛金が月額2万円の場合、加入者掛金の限度額は月額4万円となる。
2) 加入者掛金額は、最低2種類以上を定額で設定しなければならない。
3) 加入者掛金は従業員本人の給与から天引きされ、生命保険料控除の対象となる。
4) 運用損で事業主掛金返還額を下回った場合には、加入者掛金の返還がなくなる場合がある。

■ 解答・解説

1) 不適切。確定給付企業年金のある企業の事業主掛金の限度額は27,500円であるから、加入者掛金は差額の7,500円が限度額となる。掛金拠出限度額の次の2つのルールを同時に満たす必要がある。

① 事業主掛金と加入者掛金の合計は確定拠出年金の拠出限度額以内
② 加入者掛金は事業主掛金を超えることができない

2) 適切。「5,000円または1万円」「3,000円、5,000円、1万円」「1,000円以上1,000円単位（上限まで）」「上限までの任意の額」など2種類以上であればよい。なお、加入者掛金は定額で設定しなければならず、定率設定は認められていない。
3) 不適切。加入者掛金は、個人型年金の掛金と同様に小規模企業共済等掛金控除の対象となる。
4) 不適切。加入者掛金の返還をゼロにして事業主掛金を返還させることは不当に差別的な扱いとされる。事業主掛金と加入者掛金は一体となって運用されるからである。規約によって、運用損を企業掛金と加入者掛金で按分するなど企業掛金原資分の算定方法を定める必要がある。

正解 ⇨ 2

分野 B　確定拠出年金制度

《問 28》　確定拠出年金の運用に関する次の記述のうち、不適切なものはどれか。

1)　加入者等から具体的な質問または照会を受けた場合には、運営管理機関は特定の運用方法に係る金融商品への運用指図を行うことを助言することは禁止されていない。
2)　企業型年金の場合の運用指図については従業員の意思に反して事業主が一括して運用することは認められないが、個々の従業員の委任を受ければその範囲内で事業主が運用を指図することができる。
3)　運営管理機関は、加入者が選択できる運用商品を少なくとも3つ以上用意しなければならないが、自社株をそのうちの1つとして含めることはできない。
4)　企業型運用関連運営管理機関等は運用の方法について、これに関する利益の見込みおよび損失の可能性その他企業型年金加入者等が運用の指図を行うために必要な情報を提供しなければならない。

■ 解答・解説
1)　不適切。禁止されている。(法令解釈第 9-2(4)②)
2)　適切
3)　適切
4)　適切（法 24 条）

正解 ⇨ 1

Part2 基礎編（基本知識の理解）

《問29》 運営管理機関が運用方法（運用商品）について加入者等に対して提供しなければならない投資情報の内容について、適切なものはいくつあるか。

チェック欄 □□□

ア）　利益の見込みおよび損失の可能性
イ）　加入者等に提示した運用商品の過去10年間における利益または損失の実績
ウ）　運用商品における個人別管理資産の持分の計算方法
エ）　運用商品を選択又は変更した場合の手数料その他の費用の内容及びその負担方法

1）1つ　　2）2つ　　3）3つ　　4）4つ

■ 解答・解説

ア）　適切（法24条、施行規則20条）
イ）　適切（法24条、施行規則20条）
ウ）　適切（法24条、施行規則20条）
エ）　適切（法24条、施行規則20条）

運営管理機関が運用商品について、加入者等に対して提供しなければならない情報の内容には、このほか次のものがあげられる。（施行規則20条）

① 運用商品に資金の拠出単位又は上限額があるときは、その内容
② 運用商品に係る利子、配当その他の利益の分配方法に関する事項
③ 運用商品ごとに元本確保型の運用商品であるか否か
④ 金融商品販売法3条1項に規定する重要事項に関する情報
⑤ 運用商品が預金保険制度、保険契約者保護機構の対象となっているか否か、対象となっている場合はその保護の内容
⑥ 加入者等が運用指図を行うために必要な情報（法令には具体的に明示されていないため、運営管理機関が専門的な知見に基づき必要と判断する情報を提供する）

正解 ⇨ 4

分野 B　確定拠出年金制度

《問 30》　確定拠出年金の老齢給付金（年金たる老齢給付）に関する次の記述のうち、適切なものはどれか。

チェック欄 ☐☐☐

1)　通算加入者等期間が 7 年の場合、老齢給付金は 61 歳から受給開始できる。
2)　老齢給付金受給者が 62 歳で企業型年金加入者になった場合は、加入期間中は老齢給付金の受給が停止される。
3)　企業型年金加入者であった者が老齢給付金の受給権を得たときは、受給権者は資産管理機関に請求を行い、その裁定に基づいて資産管理機関が老齢給付金を支給する。
4)　老齢給付金の一部を一時金とする場合は、その支給の請求は 1 回に限るものとされている。

■ 解答・解説
1)　不適切。62 歳から受給開始できる（下表参照）。
2)　不適切。60 歳以上 65 歳未満で企業型年金加入者となった場合、既に受給中の場合は掛金の拠出をしながら受給も継続できる。
3)　不適切。受給権者は運営管理機関に請求を行う。（法 29 条）
4)　適切（法 35 条、施行規則 4 条）

正解 ⇨ 4

確定拠出年金の加入期間と支給開始年齢

通算加入者等期間	支給開始年齢
10 年以上	60 歳
8 年以上	61 歳
6 年以上	62 歳
4 年以上	63 歳
2 年以上	64 歳
1 カ月以上	65 歳

（注）1.　通算加入者等期間とは「加入者期間＋運用指図者期間」の通算期間のこと
　　　2.　60 歳以降の加入者期間は通算加入者等期間から除かれる

《問31》 確定拠出年金の給付に関する次の記述のうち、不適切なものはどれか。

1) 障害給付金は、70歳に達する日の前日までに政令で定める程度の障害の状態に該当したときに、運営管理機関に障害給付金の支給を請求することが可能である。
2) 死亡一時金を受けることができる遺族の範囲は法律に定められているが、これらの者のうちから事前に運営管理機関に対して死亡一時金を受ける者を指定することが可能である。
3) 企業型年金の加入者が資格を喪失した際の個人別管理資産額が18,000円以下であれば、脱退一時金が受けられる。
4) 30歳の個人型年金加入者(会社員ではない)が、平成29年1月に海外に移住する場合、脱退一時金は受け取れないので個人型年金運用指図者となる。

■ 解答・解説
1) 適切。支給額はその時点での個人別管理資産額になる。なお、政令で定める程度の障害とは、国民年金法で規定する障害等級1級、2級に相当する障害のことである。(法37条、施行令19条)
2) 適切(法41条)
3) 不適切。18,000円以下ではなく15,000円以下である。個人別管理資産額が15,000円以下の場合は、企業型から個人型に移換しなくても、企業型記録関連運営管理機関に直接脱退一時金を請求することができる。
4) 適切。海外居住者は国民年金第1号被保険者(任意加入被保険者は第1号被保険者ではない)とならないので脱退一時金の要件を満たすことができない。なお、平成28年12月以前に資格喪失した場合は、他の要件を満たしていれば脱退一時金が受け取れる。

正解 ⇨ 3

分野 B　確定拠出年金制度

《問32》　確定拠出年金の給付に関する次の記述のうち、不適切なものはどれか。

― チェック欄 ☐☐☐ ―

1) 年金給付の支給期間は、支給すべき事由が生じた月から始め、権利が消滅した月で終わる。
2) 加入者等が障害状態になり、身体障害者手帳3級の交付を受けた者は、運営管理機関に障害給付金の支給を申請できる。
3) 死亡一時金を受給できる遺族である配偶者には、内縁関係も含まれる。
4) 給付を受ける権利は、譲り渡し、担保に供し、または差し押さえることができない。ただし、老齢給付金及び死亡一時金を受ける権利を国税滞納処分により差し押さえることはできる。

■ 解答・解説
1) 不適切。年金給付の支給期間は、支給すべき事由が生じた翌月から権利が消滅した月までである。（法31条）
2) 適切。障害給付金については、加入者等が国民年金法30条2項に規定する障害等級に該当する程度の障害の状態に該当することが支給要件とされ、次に掲げる場合である。（施行令19条）
　① 障害基礎年金の受給者
　② 身体障害者手帳（1級から3級までの者に限る）の交付を受けた者
　③ 療育手帳（重度の者に限る）の交付を受けた者
　④ 精神障害者保健福祉手帳（1級及び2級の者に限る）の交付を受けた者
3) 適切（法41条）
4) 適切（法32条）

正解 ⇨ 1

《問33》 確定拠出年金の給付に関する次の記述のうち、不適切なものはどれか。

1) 企業型年金規約に定めがあれば、個人別管理資産が目減りして支給予定期間にわたって老齢給付金の受給が困難になった場合、1回に限り当初決めた給付額の算定方法を変更することができる。
2) 老齢給付金は、企業型年金規約に給付内容についての記載をしておけば、年金か一時金かいずれかを選択することができる。
3) 年金たる老齢給付金の場合は、年金給付の支給を開始してから5年経過後にその支給を一時金として受けることの申し出ができる旨企業型年金規約に定めることができる。
4) 年金たる障害給付金の場合は、企業型年金規約にその旨定めていれば、受給権者の申し出により3年ごとに支給方法を変更することができる。

■ 解答・解説

1) 適切（施行規則4条）
2) 適切。規約で一時金の定めをしていない場合は、年金でしか受け取ることができない。（法35条）
3) 適切（施行規則4条）
4) 不適切。年金たる障害給付金は、企業型年金規約で定められた一定の期間（5年以上の期間に限る）ごとに、受給権者の申し出により支給方法を変更することができる。（施行規則4条）

正解 ⇨ 4

分野 B　確定拠出年金制度

《問 34》　確定拠出年金の受給権に関する次の記述のうち、不適切なものはどれか。

チェック欄 ☐☐☐

1) 運営管理機関は受給権者の請求に基づいて裁定を行い、受給権者に対して給付決定の通知を行うとともに資産管理機関に給付金の支給を行うよう指示する。
2) 企業型年金では規約により勤務期間が 3 年未満の者は受給権を得られない場合があるが、個人型年金については拠出と同時に受給権を得ることができる。
3) 勤続 4 年未満で退職した場合は、その者の個人別管理資産を事業主に返還すると規約に定めた場合は、返還資産額（事業主掛金に相当する部分で個人別管理資産の範囲内）を事業主に返還しなければならない。
4) 満 60 歳に達した者が老齢給付金の受給権を得るためには、10 年以上の通算加入者等期間が必要である。

■ 解答・解説

1) 適切（法 29 条、施行規則 22 条）

2) 適切

3) 不適切。勤続 3 年以上の企業型年金加入者が退職した場合は、個人別管理資産は全額が移換できる。ただし、企業型年金規約に定めれば、勤続 3 年未満で退職した場合、個人別管理資産のうち事業主掛金部分を事業主に返還させることができる。また、運用損が生じて個人別管理資産が返還資産額を下回った場合は、個人別管理資産額を返還すればよい（法 84 条）。なお、マッチング拠出による加入者掛金がある場合は、加入者掛金返還をゼロにして事業主に返還させることはできない。

4) 適切（法 33 条）

正解 ⇨ 3

Part2 基礎編（基本知識の理解）

《問35》 企業型年金の老齢給付金の算定方法等に関する次の記述のうち、不適切なものはどれか。

チェック欄 □□□

1) 年金給付の額は、支給を請求した月の前月の末日における個人別管理資産額の20分の1以上2分の1以下相当額としなければならない。
2) 年金の支給予定期間は、企業型年金規約で定める日から起算して10年以上20年以下でなければならない。
3) 企業型年金規約に定めがあれば、支給予定期間を15年とした場合でも、支給を開始した月から5年を経過すれば、以後の年金給付をやめて一時金として受け取ることが可能である。
4) 年金給付金の一部を一時金とする場合は、支給の請求は1回に限られる。

■ 解答・解説
1) 適切（施行規則4条）
2) 不適切。年金として支給される老齢給付金の給付額の算定方法は、規約に定めるべき事項の一つとして、省令により規定が設けられている。（施行規則4条）
    - 年金として支給される老齢給付金の額は、原則として請求日の属する月の前月の末日における個人別管理資産額の2分の1に相当する金額を超えず、かつ、20分の1に相当する金額を下回らないものであること。
    - 年金として支給される老齢給付金の支給予定期間は、受給権者が請求日において企業型年金規約で定めるところにより申し出た日の属する月以後の企業型年金規約で定める月（請求日の属する月から起算して3カ月以内の月に限る）から起算して5年以上20年以下であること。
3) 適切（施行規則4条）
4) 適切（施行規則4条）

正解 ⇨ 2

分野B　確定拠出年金制度

《問36》　平成30年4月1日時点の企業年金のポータビリティに関する次の記述のうち、適切なものはどれか。

チェック欄 ☐☐☐

1) 一定の条件を満たせば、確定拠出年金から確定給付企業年金に資産を移換することも可能である。
2) 確定給付企業年金を脱退した場合、脱退一時金受給か企業年金連合会への脱退一時金相当額の移換かを任意に選択できる。
3) 離・転職時に、確定給付企業年金の資産を確定拠出年金の企業型年金には移換できるが、個人型年金には移換できない。
4) 中小企業退職金共済（中退共）の中小企業の要件を満たさなくなった場合、確定拠出年金の個人型年金に資産を移換できる。

■ 解答・解説

1) 不適切。確定拠出年金（企業型・個人型）から確定給付企業年金への資産移換はできない。なお、法改正により平成30（2018）年5月1日からは移換可能になった。
2) 適切。企業年金連合会へ移換すれば、将来、年金として受給できるほか、再就職で再就職先の企業年金へ再度移換することも可能になる。
3) 不適切。確定給付企業年金の脱退一時金相当額を確定拠出年金へ移換することは企業型年金・個人型年金とも可能である。
4) 不適切。企業型年金には移換できるが個人型年金には移換できない。なお、法改正により平成30年5月1日からは中小企業でなくなったときに加え、合併等の場合にも資産移換が可能となった。

正解 ⇨ 2

　法改正により、平成30年5月から企業年金間のポータビリティの拡充が実施され、改正前はできなかった確定拠出年金から確定給付企業年金への資産移換ができるようになった。改正前後の企業年金の制度間ポータビリティは次ページの表のとおりである。

《参考》平成30年5月以降の制度間ポータビリティ

		転職先の企業年金							
		確定給付企業年金		企業型年金		個人年金		中退共	
		改正前	改正後	改正前	改正後	改正前	改正後	改正前	改正後
転職前の企業年金	確定給付企業年金	○	○	○	○	○	○	×	△*1
	企業型年金	×	○	○	○	○	○	×	△*1
	個人型年金	×	○	○	○			×	×
	中退共	△*2	△*3	△*2	△*3	×	×	○	○

(注) ○=移換可能、×=移換不可、△=制限あり
　＊1　合併等に限る　　＊2　中小企業でなくなった場合に限る
　＊3　中小企業でなくなった場合および合併等に限る

《問37》　確定拠出年金の離・転職時に関する次の記述のうち、適切なものはどれか。

チェック欄 □□□

1) 企業型年金の加入者が転職した先に企業型年金がない場合や離職後3カ月以内に移換の申し出を行わない場合は、個人別管理資産は強制的に国民年金基金連合会に移換されることになる。
2) 企業型年金に加入していた者が離職後に個人型年金に加入する場合、移換資産から加入手数料として2,777円、毎月の掛金から103円を国民年金基金連合会に手数料として徴収される。
3) 企業型年金を実施している企業の従業員で、加入資格を有しているが選択が認められているため加入を希望しなかった。この従業員は、企業で個人型年金加入を認めていない場合には個人型年金に加入することができない。
4) 企業型年金の加入者が在職中に障害者（国民年金法で定める障害等級1級）となり、障害給付金を受給していたが、60歳到達前に当該企業を退職した。この場合は企業型年金加入者資格を喪失し、国民年金基金連合会に資産が移換されて個人型年金の加入者となる。

■ 解答・解説
1) 不適切。3カ月以内ではなくて6カ月以内である。企業型年金の企業型年金加入者だった者、企業型年金が終了した者が移換の申し出をその期間内（企業型年金加入者の資格喪失日の属する月の翌月から6カ月以内）にしなかった場合には、その資産は現金化され、国民年金基金連合会に自動的に移換される（法83条）。自動移換時には4,269円、移換後4カ月経過すると毎月51円の手数料が移換資産から差し引かれる。なお、法改正により、平成30年5月以降は転職後の企業型年金に加入したことや個人型年金に加入したことが確認（6カ月以内または自動移換後）された場合は、本人の手続きがなくても企業型年金あるいは個人型年金に資産が移換される。
2) 適切。個人型年金加入手数料は2,000円だったが、平成23年4月より2,300円、さらに平成24年10月より2,700円に改定された。また、消費税率8％の実施に伴い平成26年4月からは2,777円となった。
3) 不適切。平成28（2016）年12月（個人型年金加入対象者拡大前）までは、こうした選択により加入を希望しなかった者や加入待機者（一定の勤続年数または年齢に達しないことにより企業型年金加入者とならない者）は、個人型年金に加入できなかった。法改正により平成29年1月以降は、企業が個人型年金の同時加入を認めていない場合でも個人型年金への加入が可能となった。ただし、同時加入を認めていない場合は、他の企業年金等（確定給付企業年金など）がある場合の掛金拠出限度額は月額当たり1万2,000円（同時加入を認めている場合と同じ）、他の企業年金等がない場合は月額当たり2万3,000円となる。（Q&A15、71-33、法62条1項、施行令36条）
4) 不適切。企業型年金の加入者だった者で当該企業型年金の年金たる障害給付金の受給権を有する者は、企業型年金運用指図者の資格を取得する。（法15条）

正解 ⇨ 2

《問38》 確定拠出年金制度に対する税制上の措置に関する次の記述のうち、不適切なものはどれか。

1) 企業型・個人型とも積み立てた年金資産については特別法人税が課税されるが、その課税は凍結されている。
2) 加入者であった者が死亡して死亡一時金が給付される場合、所得税については非課税だが、みなし相続財産として相続税の課税対象となる。
3) 確定拠出年金加入者が資格喪失し、脱退一時金を受け取った場合、その全額が所得控除の対象となる。
4) 老齢給付金を一時金で受け取る場合は退職所得控除が適用されるが、退職所得控除の計算上使用される勤続年数は個人型年金の加入者であった期間と企業型年金の加入者であった期間を合算した期間（掛金拠出期間のみ）である。

■ 解答・解説
1) 適切。年金資産には1.173％の特別法人税が課せられることになっているが、確定拠出年金制度発足当時から凍結が続いている。現在は、平成32（2020）年3月までの延長だが、今後も延長が続くことが見込まれる。
2) 適切。死亡一時金は所得税は非課税だが、相続税法上みなし相続財産として相続税の課税対象となり、法定相続人1人につき500万円までが非課税の対象になる。
3) 不適切。脱退一時金については一時所得になり、全額所得税が課せられる。ただし、50万円以下であって他に所得がない場合は、特別控除額が50万円あるので所得税は非課税となる。
4) 適切。「通算拠出期間」という。

正解 ⇨ 3

分野 B　確定拠出年金制度

《問39》　確定拠出年金制度に対する税制上の措置に関する次の記述のうち、不適切なものはどれか。

チェック欄 ☐☐☐

1) 確定給付企業年金の本人拠出相当額は、拠出時に課税、給付時に非課税となるが、個人型年金に移換した場合は、給付時にも課税される。
2) 個人別管理資産を移換する場合は、いったん現金化してから移換することになるので、現金化時に手数料が発生することがあるが、課税されることはない。
3) 老齢給付金を年金で受け取る場合は、雑所得とみなされ所得税を課税されるが、公的年金等控除の適用が受けられる。
4) 個人型年金の加入者の掛金は、拠出時に第1号加入者については小規模企業共済等掛金控除として、第2号、第3号加入者については社会保険料控除として所得控除の対象となる。

■ 解答・解説

1) 適切。移換元制度が確定給付企業年金または確定給付企業年金から脱退一時金相当額の移換を受けた企業年金連合会で、本人が負担した掛金があった場合、本人拠出相当額は拠出時に課税、給付時に非課税の取り扱いとなるが、確定拠出年金に脱退一時金相当額を移換した場合は、本人拠出相当額についても給付時に課税されることになる。
2) 適切。個人別管理資産を移換する場合の移換金については、全額非課税となる。
3) 適切。なお、老齢給付金を一時金で受給する場合は退職所得となり、退職所得控除の適用が受けられる。
4) 不適切。個人型年金の掛金は、第1号(自営業者等)、第2号(会社員、公務員等)、第3号(専業主婦)加入者とも小規模企業共済等掛金控除の対象である。

正解 ⇨ 4

《問40》 企業型年金規約に関する次の記述のうち、不適切なものはどれか。

1) 企業型年金を実施しようとするときは、労使の合意のもと企業型年金に係る規約を作成し、その規約に基づいて金融庁長官の承認を受けなければならない。
2) 規約を作成するためには労使の合意が必要であるため、企業の厚生年金被保険者の過半数で組織する労働組合または企業の厚生年金被保険者の過半数を代表する者の同意を得なければならない。
3) 規約に一定の資格者を加入対象者とすることを定めていない場合は、本人が加入を希望しなくても加入資格対象者は全員加入しなければならない。
4) 厚生年金基金の連合型基金や総合型基金のように複数の事業所が規約を共同で定めることは認められている。

■ 解答・解説

1) 不適切。金融庁長官ではなく厚生労働大臣である。（法3条）
2) 適切
3) 適切。加入対象者を全従業員とすると規約で定めた場合は、本人に加入・非加入の選択権はないので加入しなければならない。
4) 適切

正解 ⇨ 1

分野 B　確定拠出年金制度

《問 41》　企業型年金規約に定めるべき事項として、不適切なものはどれか。

1) 事業主が運営管理業務の全部または一部を委託する場合には、その委託を受けた確定拠出年金運営管理機関の名称・住所・委託業務
2) 実施事業所に使用される厚生年金被保険者が企業型年金加入者となることについて一定の資格を定める場合にはその資格要件
3) 加入者の加入及び脱退の手続に関する事項
4) 企業年金制度・退職金手当制度からの資産の移換に関する事項

■ 解答・解説

1) 適切
2) 適切
3) 不適切。このような事項はない。企業型年金規約に記載する事項については、《問 42》解答・解説 2)を参照のこと。
4) 適切。法3条3項12号のその他政令で定める事項の1つである。なお、その他政令で定める事項は、次のとおりである。（施行令3条）
   ① 運営管理業務の委託に関する事項
   ② 資産管理契約に関する事項
   ③ 事業主掛金の納付に関する事項
   ④ 企業型年金の加入者掛金の納付に関する事項
   ⑤ 一般的な投資教育の内容および方法について
   ⑥ 企業年金制度・退職金手当制度からの資産の移換に関する事項
   ⑦ 脱退一時金相当額等（確定給付企業年金等）の移換に関する事項
   ⑧ 確定給付企業年金または中小企業退職金共済制度への資産の移換に関する事項（H30.5.1 より）
   ⑨ 企業年金の事業年度に関する事項

正解 ⇨ 3

《問42》 企業型年金規約に定めるべき事項として、不適切なものはどれか。

1) 企業型年金の実施に要する事務費の負担に関する事項
2) 企業型年金加入者に対する投資教育の期間
3) 運用の方法の提示及び運用の指図に関する事項
4) 企業型年金の給付額及びその支給方法に関する事項

■ 解答・解説
1) 適切（法3条）
2) 不適切。このような事項はない。企業型年金規約で定める事項は次のとおりである。（法3条）
① 実施事業所の事業主の名称・住所
② 実施事業所の名称・所在地
②の2 簡易企業型年金を実施する場合はその旨（H30.5.1 より）
③ 事業主が運営管理業務の全部又は一部を行う場合は、その業務
④ 事業主が運営管理業務の全部又は一部を委託する場合は、その運営管理機関の名称・住所・委託業務
⑤ 資産管理機関の名称・住所
⑥ 加入条件に一定の資格を定める場合は、その資格要件
⑥の2 60歳以上65歳以下の資格喪失年齢の当該年齢に関する事項
⑦ 事業主掛金額の算定方法
⑦の2 加入者掛金の額の決定または変更の方法その他その拠出に関する事項
⑦の3 個人型年金への加入を認める場合は同時加入可能の定め
⑧ 運用方法の提示及び運用指図に関する事項
⑧の2 指定運用方法の提示に関する事項（H30.5.1 より）
⑧の3 運用方法の除外手続きに関する事項（H30.5.1 より）
⑨ 企業型年金の給付額及びその支給の方法に関する事項
⑩ 事業主への返還資産額（勤続3年未満退職）を定める場合の算定方法
⑪ 企業型年金の実施に要する事務費の負担に関する事項
⑫ その他政令で定める事項
3) 適切（法3条）　4) 適切（法3条）

正解 ⇨ 2

分野 B　確定拠出年金制度

《問 43》　企業型年金規約で加入対象者とすることについて一定の資格を設けた場合、不適切なものは次のうちどれか。

1)　企業型年金の導入時点で 50 歳以上の従業員については、運用期間が短いので引き続き退職一時金を適用し、50 歳未満の従業員のみを加入対象者とすることは可能である。
2)　就業規則を正社員とは区分し、嘱託・パートタイマーを加入対象外とすることは可能である。
3)　勤続 1 年以上の従業員のみを加入対象者とすることはできない。
4)　就業規則を正社員とは区分し、見習期間中または試用期間中の者を加入対象外とすることは可能である。

■ 解答・解説

1)　適切。一定の年齢で区分して加入資格に差を設けることは、基本的には合理的な理由がないと考えられ認められないが、企業型年金の開始時に 50 歳以上の従業員は自己責任で運用する期間が短く、また 60 歳以降で定年退職してもそのとき給付が受けられないという不都合が生じる恐れがあるので、50 歳以上の一定の年齢によって加入資格を区分し、一定年齢未満の従業員のみを企業型年金加入者とすることは可能である。（法令解釈第 1-1(1)③）
2)　適切（法令解釈第 1-1(1)①）
3)　不適切。勤続期間のうち、一定の勤続期間以上（または未満）の従業員のみを企業型年金加入者とすることができる。（法令解釈第 1-1(1)②）
4)　適切（法令解釈第 1-1(1)②）

正解 ⇨ 3

《問44》 企業型年金規約の承認基準のうち、適切なものはいくつあるか。

---チェック欄

ア）実施事業所に使用される厚生年金被保険者等が企業型年金の加入者となることに一定の資格を定めた場合は、その資格が特定の者について不当に差別的でないこと。
イ）事業主掛金は、定額または給与に一定の率を乗ずる方法、その他これに準ずる方法により算定した額とすることが定められている。
ウ）企業型年金加入者等による運用の指図は、少なくとも6カ月に3回行うことができる。
エ）加入者が資格を喪失した日において、実施事業所に使用された期間が3年以上あるかまたはその加入者が障害給付金の受給権を有することになった場合について、その者の個人別資産が移換されるときは、そのすべてを移換するものとされている。

1）1つ　　2）2つ　　3）3つ　　4）4つ

■ 解答・解説

ア）適切（法4条）
イ）適切（法4条）
ウ）不適切。運用の指図は、少なくとも3カ月に1回以上行えることになっていなければならない。（法4条）
エ）適切（法4条）

正解 ⇨ 3

分野B　確定拠出年金制度

《問45》　確定拠出年金の個人型年金規約に関する次の記述のうち、不適切なものはどれか。

- 1) 個人型年金加入者が拠出する掛金額の決定または変更方法に関する事項
- 2) 個人型年金の事業年度に関する事項
- 3) 個人型年金の給付額及びその支給の方法に関する事項
- 4) 資産管理機関の名称・所在地

■ 解答・解説

1) 適切（法55条）　2) 適切（法55条、施行令27条）
3) 適切（法55条）
4) 不適切。個人型年金には資産管理機関はない。個人型年金規約に定めなければならない事項は以下のとおりである。（法55条2項）

① 国民年金基金連合会の名称・所在地
② 委託を受けた確定拠出年金運営管理機関の名称・所在地・行う業務
③ 個人型年金加入者及び個人型年金運用指図者による確定拠出年金運営管理機関の指定に関する事項
④ 個人型年金加入者が拠出する掛金の額の決定または変更の方法など拠出に関する事項
④の2 従業員100人以下の中小事業主掛金の額の決定または変更の方法など拠出に関する事項(H30.5.1より)
⑤ 運用方法(商品)の提示及び運用指図に関する事項
⑤の2 指定運用方法の提示に関する事項(H30.5.1より)
⑤の3 運用方法除外の手続に関する事項(H30.5.1より)
⑥ 個人型年金の給付の額及び支給の方法に関する事項
⑦ 個人型年金の実施に要する事務費の負担に関する事項
⑧ その他政令で定める事項
　政令で定める事項は主に以下のようなものである。（施行令27条）
・個人型年金規約策定委員会に関する事項
・個人型年金加入者掛金の納付に関する事項
・中小事業主掛金の納付に関する事項(H30.5.1より)
・一般的な投資教育の内容及び方法
・個人別管理資産の移換に関する事項
・個人型年金の事業年度に関する事項

正解 ⇒ 4

Part2　基礎編（基本知識の理解）

《問46》　確定拠出年金の規約の変更に関する次の記述のうち、不適切なものはどれか。

───── チェック欄 ☐☐☐ ─

1) 事業主は企業型年金規約の変更（軽微なものを除く）をしようとするときは、厚生労働大臣に届け出ることで足りる。
2) 企業型年金規約の変更のうち「企業型年金加入者等が負担する事務費の額又は割合の減少」に関する変更は厚生労働省令で定める軽微な変更にあたる。
3) 国民年金基金連合会は、少なくとも5年に1度は個人型年金の規約内容を再検討し、必要があれば規約を変更しなければならない。
4) 個人型年金規約の変更の届出は、変更内容を記載した届出書に個人型年金規約策定委員会の会議録を添付して、厚生労働大臣に提出することによって行う。

■ 解答・解説

1) 不適切。事業主が企業型年金規約の変更（厚生労働省令で定める軽微な変更を除く）をしようとするときは、その変更について厚生労働大臣の承認を受けなければならない（法5条）。変更後は届け出が必要。（法6条）
2) 適切。厚生労働省令で定める軽微な変更としては他に、①実施事業所の事業主の名称・住所、②実施事業所の名称・所在地、③事業主が委託した場合は委託を受けた運営管理機関の名称・住所並びにその行う業務、④資産管理機関の名称・住所、⑤資産管理契約の相手方等がある。（施行規則5条）
3) 適切（法59条）
4) 適切（施行規則36条）

正解 ⇨ 1

《問47》 企業型年金加入者のメリットとしてあげられている次の記述のうち、不適切なものはどれか。

─── チェック欄 ☐☐☐ ───

1) 勤続期間が3年以上あれば、離・転職の際に自分の年金資産を自由に持ち運ぶことができるので、転職先の企業型年金制度等あるいは国民年金基金連合会に資産を移し換えながら税制メリットを受けて継続した運用ができる。
2) 米国の401kと同様、加入者に緊急な資金ニーズが生じたときには、積立金を担保として企業から借入れを行う制度を導入することができる。
3) 受給時に一時金には退職所得控除、年金には公的年金等控除が適用されるため通常の所得より優遇されている。
4) 外部積立てのため、企業が倒産するようなことがあっても加入者の年金資産は保全される。

■ 解答・解説
1) 適切。企業型年金の場合は、勤続3年以上で100％の受給権が発生する。
2) 不適切。原則60歳になるまで解約、借入れ、途中引出しはできない。なお当分の間の特例として、支給要件に該当した場合には、脱退一時金を受け取ることができる。
3) 適切
4) 適切。事業主は、資産管理機関と資産管理契約を締結しなければならない。資産管理機関は加入者の年金資産を管理・保全する役割があるため、万が一企業が倒産しても、加入者の年金資産や受給権は保護される。

正解 ⇨ 2

《問48》 企業型年金加入者のデメリットとしてあげられている次の記述のうち、最も不適切なものはどれか。

チェック欄 □□□

1) 転職先が確定拠出年金制度を採用しておらず、厚生年金基金がある場合は、個人型年金に加入することができない。
2) 自らの判断で運用方法（運用商品）を選択しなければならないので、運用リスクは本人自らが負うことになり、運用結果が悪くても企業から補てんしてもらえず、場合によっては資産を減らすリスクがある。
3) 将来の額が事前に確定しないため、老後の資金計画が立てにくい。特に住宅ローンの返済などは見込みが立てにくい。
4) 急な資金が必要となっても、自分の資産でありながら途中引き出しができない。

■ 解答・解説

1) 最も不適切。従来は確定拠出年金制度を採用しておらず、厚生年金基金や確定給付企業年金がある場合は、企業型年金・個人型年金いずれにも加入することができなかった。しかし、平成29（2017）年1月からはDB制度（厚生年金基金や確定給付企業年金など）があっても個人型年金に加入できるようになった。
2) 適切
3) 適切。受給時点まで受給額が確定しないので、老後の資金計画が立てにくい。
4) 適切。原則として、老齢給付金は60歳まで引き出すことができない。また、年金資産を担保とした借入れをすることもできない。

正解 ⇨ 1

分野B　確定拠出年金制度

《問49》　企業にとっての確定拠出年金制度導入のメリットとしてあげられている次の記述のうち、不適切なものはどれか。

- チェック欄 □□□

1) 中途採用者に対しては、確定拠出年金制度導入によって柔軟な福利厚生面をアピールすることができるので、優秀な人材の確保に期待がもてる。
2) 確定拠出年金では、年金資産の運用を従業員自身の判断で行うため制度運営のコストが低減できる。
3) 従業員の口座管理料等の運用コストを企業が負担する場合は、拠出する掛金とは別に、会計上は福利厚生費として損金扱いとすることができる。
4) 確定給付型年金では発生する可能性のある後発債務が、確定拠出年金では生じない。

■ 解答・解説

1) 適切。雇用流動化が進展する昨今では、ポータビリティが確保されている確定拠出年金制度の導入は、転職で積極的にキャリアを積んでいこうとする人材にはメリットとしてアピールすることができる。
2) 不適切。確定拠出年金は、個人別に管理をしなければならず、記録関連業務（レコードキーピング業務）や従業員の投資教育等、確定給付型年金より運営管理コストは高くなる可能性がある。
3) 適切
4) 適切

正解 ⇨ 2

《問50》 厚生年金基金、確定給付企業年金または退職手当制度から企業型年金に資産を移換する場合において、企業型年金規約に記載しなければならない事項のうち不適切なものはどれか。

チェック欄 □□□

1) 資産の移換の対象となる企業型年金加入者の範囲
2) 個人別管理資産に充てる移換額
3) 企業型年金への資産の受入れ期日
4) 退職手当制度から資産の移換を受ける場合は、当該資産の移換を受ける最初の年度

■ 解答・解説

1) 適切
2) 適切
3) 適切
4) 不適切。退職手当制度から資産の移換を受ける場合は、当該資産の移換を受ける最後の年度を記載する。なお他に、①企業型年金に資産を移換する厚生年金基金、確定給付企業年金または退職手当制度の種別、②通算加入者等期間に算入すべき期間の範囲が、企業型年金規約に記載しなければならない事項である。（法令解釈第1-5(6)）

正解 ⇨ 4

分野 B　確定拠出年金制度

《問51》 既存の退職給付制度や企業年金制度から確定拠出年金制度への移行に関する次の記述のうち、不適切なものはどれか。

チェック欄 ☐☐☐

1) 中小企業退職金共済制度から確定拠出年金に資産の移換を行う場合は、拠出額を減額してその減額部分を確定拠出年金に移換することができる。当該企業は中小企業の要件を満たしている。
2) 退職一時金から確定拠出年金に資産の移換を行う場合は、移換の翌年度から起算して3年度以上7年度以内で各年度均等に分割して移換する。
3) 従来の確定給付型年金から過去勤務分の資産を移換することができるのは、企業型年金の場合に限られている。
4) 従来の退職給付制度から過去勤務分の資産を移換するときは、従業員ごとに移換額が設定され、全額を移換することができる。

■ 解答・解説

1) 不適切。中小企業退職金共済制度(中退共)から確定拠出年金に資産の移換を行うことは制度上認められていないため、従業員の同意のもと中小企業退職金共済制度への拠出額を減額して、その減額分を確定拠出へ振り替える、つまり将来分の一部を確定拠出年金に振り替えることしかできない。なお、法改正により平成28(2016)年4月から中退共の中小企業の要件を満たさなくなった(資本金増や従業員増)場合に限り、中退共から確定拠出年金への移換ができるようになった。
2) 適切
3) 適切。個人型年金に移換することはできない。
4) 適切。平成16(2004)年10月より移換限度額が撤廃され、厚生年金基金や確定給付企業年金から確定拠出年金に移行する場合は、資産の全額が移換できるようになった。なお、厚生年金基金の代行部分の資産は国に移換(代行返上)しなければならない。

正解 ⇨ 1

《問52》 既存の退職給付制度から確定拠出年金への移行に関する次の記述のうち、不適切なものはどれか。

チェック欄 □□□

1) 確定給付企業年金から確定拠出年金へ一部移行するときに積立不足がある場合、移行する部分だけの積立不足を一括拠出で処理すればよい。
2) 従来の厚生年金基金から確定拠出年金に移行する場合、基金の資産の一部が移換できる。
3) 退職一時金制度から確定拠出年金制度への一部移行については、過去勤務期間部分を移行するときのみ資産を移換することができる。
4) 退職一時金からの移換可能額は、移行日の前日に会社都合退職とした場合の（移行後の退職金規程に基づく）退職金額を差し引いた額とされている。

■ 解答・解説

1) 適切。従来は積立不足の全額を一括処理する必要があったが、平成24年1月31日より、年金資産と積立不足を移行割合で按分し、確定拠出年金へ移行する部分の積立不足を一括拠出で処理すれば、確定給付企業年金部分に積立不足が残っていても移行ができるようになった。
2) 適切。厚生年金基金は公的年金である厚生年金保険の一部を国に代わり給付する代行部分があるので、確定拠出年金に制度を移行するときは、代行部分の資産は国に返上しなければならない。したがって、確定拠出年金へすべての資産を移換することはできない。
3) 適切（施行令22条）。
4) 不適切。自己都合退職が正しい。退職一時金からの移行の場合は、積立不足解消のため過去勤務債務を一括拠出させるのではなく、移行日の前日に従業員全員が自己都合により退職したと仮定した場合の自己都合要支給額を分割して拠出するという方法がとられる。（施行令22条）

正解 ⇨ 4

分野 B　確定拠出年金制度

《問 53》 既存の退職給付制度からの資産の移換日に関する次の記述のうち、不適切なものはどれか。

―――――――――――――――――――――― チェック欄 ☐☐☐ ―
1) 厚生年金基金を減額して企業型年金に移行する場合は、当該厚生年金基金の規約を変更した月の翌月の末日以前の企業型年金規約で定める日とする。
2) 厚生年金基金を解散して企業型年金に移行する場合は、厚生年金基金の清算が結了した日の翌日とする。
3) 確定給付企業年金を減額して企業型年金に移行する場合は、当該確定給付企業年金の規約を変更した月の翌月の末日以前の企業型年金規約で定める日とする。
4) 退職金規程を改正して減額し、企業型年金に移行する場合は、退職金規程の減額日の属する年度から起算して4年度以上8年度以内の規約で定める年度までの各年度に均等に分割して移換するが、その年度において移換を受けるものは、当該年度において企業型年金規約で定める日とする。

■ 解答・解説
1) 適切
2) 不適切。資産の移換の受け入れは厚生年金基金の清算が結了した日の翌日ではなく、結了した日である。（施行令22条）
3) 適切
4) 適切。法律上の表現は「当該年度の翌年度から起算して3年度以上7年度以内」となっている。（施行令22条）

正解 ⇨ 2

《問54》 確定拠出年金の企業型年金における事業主の責務と行為準則に関する次の記述のうち、適切なものはいくつあるか。

─ チェック欄 ☐☐☐

ア）資産管理機関に自社のメインバンクを選択したが、理由は今後の融資を受ける際に会社にとって有利というだけだった。
イ）自社株式を運用商品に提示したときは、その株式を発行する企業が倒産すると、その株式で運用している資産を失ってしまうリスクがあることを加入者等に情報提供しなかった。
ウ）加入者等の同意がある場合やその他正当な事由がある場合には、当該企業型年金の実施に係る業務以外の目的で他の者に個人情報を提供しても差し支えない。
エ）退職予定の加入者に、脱退一時金の支給申請を行わずに、移換が見込まれる資産と合わせて引き続き個人別管理資産を運用することが望ましいことを説明した。

1）1つ　　2）2つ　　3）3つ　　4）4つ

■ 解答・解説

ア）不適切。自己又は加入者等以外の第三者の利益を図る目的を持って運営管理業務契約委託や資産管理契約を締結することはできない（法43条）。事業主が緊密な資本関係、取引関係又は人的関係がある確定拠出年金運営管理機関又は資産管理機関を選任できるのは専門的能力の水準、業務、サービス内容、手数料の額等に関して適正な評価を行った結果、合理的理由がある場合に限られるものである（法令解釈第9-1(1)①）。
イ）不適切。発行株式には倒産リスクがあるという情報は、加入者等に対して十分に情報提供されなければならない（法令解釈第9-1(1)③）。
ウ）適切。加入者等の個人情報を提供できる正当な理由とは、法令の規定に基づき裁判所、税務署等からの個人情報の提出命令があった場合などをいう（法43条2項、法令解釈第9-1(2)①）。
エ）適切（法令解釈第8）　　　　　　　　　　　　　　　正解 ⇨ 2

分野 B　確定拠出年金制度

《問 55》　確定拠出年金の企業型年金における事業主等の責務と行為準則に関する次の記述のうち、不適切なものはどれか。

チェック欄 □□□

1)　事業主が運営管理機関に資産の運用に関する情報提供を委託する場合は、加入者に資料等の配布、就業時間中における説明会の実施、説明会場の用意等できる限り努力する。
2)　事業主等が企業型年金加入者に対して情報提供すべき内容には、①確定拠出年金制度等の具体的な内容、②金融商品の仕組みと特徴、③資産運用の基礎知識の3つがある。
3)　事業主が選任した運営管理機関及び資産管理機関から、業務の実施状況について少なくとも2年に1回以上定期的に報告を受け、加入者等の立場から見て必要とあれば業務内容の是正、改善を申し入れることができる。
4)　記録関連業務を記録関連運営機関に委託した事業主は、各加入者の個人別管理資産額を保管・使用する必要がないので、その記録関連運営管理機関に対して各個別管理資産額の提供の申し入れ等を行ってはならない。

■ 解答・解説
1)　適切。休憩時間や就業時間外ではなく、就業時間中とされている。（法22条、法令解釈第3-4(2)）
2)　適切（法22条、法令解釈第3-3(3)）
3)　不適切。「少なくとも年1回以上」が正しい（法令解釈第9-1(1)⑥）。
4)　適切（法令解釈第9-1(2)①）

正解 ⇨ 3

《問56》 確定拠出年金の企業型年金における運営管理機関・資産管理機関の行為準則に関する次の記述のうち、不適切なものはどれか。

1) 金融商品の販売等を行ういわゆる営業職員は、運用関連業務を兼務してはならない。
2) 資産管理機関は、法令及び資産管理契約を遵守し、企業型年金加入者等のため忠実にその業務を遂行しなければならない。
3) 運営管理機関が加入者等に対し〇〇会社の株式は将来値上がり確実なので、この会社の株式で運用する方がよいと推奨することは、加入者の利益を図るためなので、何ら問題はない。
4) 運営管理機関は、加入者等の同意がある場合、その他正当な理由がある場合には、企業型年金又は個人型年金の実施に必要な業務以外の目的で他の者に個人情報を提供してもかまわない。

■ 解答・解説

1) 適切。営業職員とは、主務省令10条（法100条収載）1号に規定する「運用の方法に係る商品の販売若しくはその代理若しくは媒介又はそれらに係る勧誘に係る事務を行う者」をいう。（法令解釈第9-2(5)①）
2) 適切（法44条）
3) 不適切。このような推奨は、「特定の運用方法を勧めること」に当たるので、運営管理機関の行為準則に違反する。（法令解釈第9-2(4)③）
4) 適切。運営管理機関の管理する個人情報（氏名・住所・生年月日・個人別管理資産等）を使用する場合は、その業務の遂行に必要な範囲内で使用し、それ以外の目的で使用してはならない。ただし、本人の同意がある場合、その他正当な理由がある場合には、必要な業務以外の目的で他の者に個人情報を提供しても差し支えない。（法99条）

正解 ⇨ 3

分野 B　確定拠出年金制度

《問 57》　確定拠出年金の運営管理機関の行為準則に関する次の記述のうち、不適切なものはどれか。

1)　主務大臣の登録を受けないで運営管理業を営んではならない。
2)　運営管理機関が自己の名義をもって、他人に運営管理業を営ませてはならない。
3)　運営管理契約の締結の勧誘又は解除を妨げるため、運営管理契約の相手方の判断に影響を及ぼすことになる重要事項について、故意に事実を告げず、また不実のことを告げてはならない。
4)　運営管理機関は、選定・提示した運用商品のうち特定のものを加入者に対して勧めることができる。

■ 解答・解説
1)　適切（法 88 条）
2)　適切（法 95 条）
3)　適切。重要事項とは、再委託先や契約の内容、過去の処分の有無等をいう。（施行令 51 条）
4)　不適切。運営管理機関は選定・提示した商品のうち特定のものを加入者に対して勧めてはならない。（法 100 条）

正解⇨ 4

《問58》 運営管理機関の行為準則に関する次の記述のうち、不適切なものはどれか。

チェック欄 ☐☐☐

1) 運営管理契約を締結するに際して、その相手方に対して加入者等またはその相手方に特別の利益を提供することの約束を行ってはならない。
2) 運営管理機関は、提示した運用商品のうち他の金融商品と比較して特定の金融商品が有利であることを告げてはならない。
3) 運用関連業務に関し生じた加入者等の損失補てんまたは加入者等の利益追加のための財産上の利益提供等をすることは、たとえ自己の責めに帰すべき事故による場合でも行ってはならない。
4) 運営管理契約の締結の勧誘または解除を妨げるため、運営管理契約の相手方の判断に影響を及ぼす重要事項(再委託先や業務の内容および過去の処分等の有無等)を故意に告げず、また不実のことを告げることを行ってはならない。

■ 解答・解説

1) 適切。「特別の利益を提供」とは、一般の場合と比較して有利な条件で与えられる利益または一般には与えられない特恵的又は独占的利益の提供をいい、たとえば金銭の提供や有利な条件による物品等の譲渡、貸付その他信用の供与または役務の提供等が該当する。(法100条、法令解釈第9-2(3))
2) 適切。運営管理機関が、加入者等に対して提示したいずれかの運用方法(運用商品)について他の運用方法と比較して不実のことや誤解させるおそれのあることを告げたり、表示したりすることは、運営管理機関の行為準則のうち「特定の運用方法を勧めること」に当たるため禁止行為である。このほか加入者等に対して「特定の運用方法を勧めること」としては、たとえば次の場合が該当する。①特定の金融商品への資産の投資、預替え等を推奨又は助言すること、②価格変動リスクまたは為替

リスクが高い外貨預金、有価証券、変額保険等について、将来利益が生じることや将来の利益の見込みが確実であることを告げ、また表示すること。(法100条、法令解釈第9-2(4))
3) 不適切。自己の責めに帰すべき事故による場合は、損失の全部又は一部を補てんできる。(法100条)
4) 適切(法100条)

正解 ⇒ 3

《問59》 運営管理機関が、加入者等に対して行う投資情報の提供の内容について、不適切なものはどれか。

1) 予定利率などの利益の見込みや損失の可能性
2) その運用商品の過去20年間の利益や損失の実績(運用商品の過去における取扱期間が20年間に満たない場合は、その商品の取扱期間)
3) 加入者等が運用商品を選択または変更した場合の手数料
4) 預金保険制度や保険契約機構等の対象となっている商品かどうか、また保護の対象となっている場合はその保護の内容

■ 解答・解説
1) 適切
2) 不適切。20年間ではなく、10年間である。(法24条、施行規則20条)
3) 適切
4) 適切

正解 ⇒ 2

《問60》 運営管理機関が、加入者等に提示する運用商品に関する記述のうち、不適切なものはどれか。

---- チェック欄 ☐☐☐

1) 選定し、提示する運用商品は、収益の率、収益の変動の可能性等の収益の性質が類似したものとならないようにすること。
2) 運用商品の提示を行う際には、個別商品ごとに選んだ理由を加入者等に示さなければならない。
3) 加入者等に提示する運用商品は、個別社債を含めた3種類以上のリスク・リターン特性が異なるものとされ、そのうちの1つ以上は元本が確保されるものでなければならない。
4) 政令で定められた元本確保型の主な運用商品には、預貯金、金融債、金銭信託（元本の補てん契約のあるもの）、国債、利率保証型積立生命保険、積立傷害保険（損保）等がある。

■ 解答・解説

1) 適切（施行令12条）
2) 適切（施行令12条）
3) 不適切。個別社債や個別株式は提示が必要とされている商品の中には含まれていないので、これらとは別に3つ以上選定しなければならない。なお、法改正により、平成30年5月からは元本確保型商品の提示義務は撤廃された。（法23条、施行令15条）
4) 適切。（法23条、施行令15条）このほか元本確保型とされている商品には次のようなものがある。
   ・地方債、政府保証債、農林債券
   ・貸付信託（元本補てん契約のあるもの）

正解 ⇒ 3

分野B　確定拠出年金制度

《問61》　投資教育は確定拠出年金を導入した事業主の責務とされているが、加入者等に提供すべき具体的な投資教育の内容に関する次の記述のうち、不適切なものはどれか。

1) 元本確保型運用方法がある場合は、元本確保型のみの運用プランモデルも含めて比較できるように提示する（平成30年5月以降）。
2) 米国の年金制度の概要に関する教育。
3) 加入者等が実践的に運用できるように具体的な資産配分の事例や金融商品ごとの運用実績等のデータを活用する。
4) わが国の年金制度の概要、改正等の動向及び年金制度における確定拠出年金の位置づけに関する教育。

■ 解答・解説
1) 適切（法令解釈第3-3(4)）
2) 不適切。米国の年金制度の概要については、事業主の責務とされている加入者への投資教育の項目には入っていない。
3) 適切（法令解釈第3-3(2)③）
4) 適切（法令解釈第3-3(3)①）

事業主等の責務とされている投資教育の具体的な内容は、以下の3つに分類されるが、この内容は単に運用商品を選択するうえで必要とされる基礎的な投資教育情報にとどまらず、年金制度の仕組み等広範囲にわたっている。

① 確定拠出年金の具体的な内容
　　わが国の年金制度の概要と改正等の動向、確定拠出年金制度の概要など
② 金融商品の仕組みと特徴
　　預貯金、信託商品、投資信託、債券、株式、保険商品等の金融商品に関する事項
③ 資産の運用の基礎知識
　　リスクの種類と内容、リスクとリターンの関係、長期投資・分散投資の考え方とその効果など

正解 ⇒ 2

《問62》 受託者責任に関する記述のうち、不適切なものはどれか。

1) 企業型年金における受託者責任としては、「忠実義務」と「注意義務」が特に重要である。
2) 運営管理機関は、運営管理業務に関する帳簿書類を作成し、保存しなければならないが、電磁的方法やマイクロフィルムでの保存も認められている。
3) 事業主は、確定拠出年金制度についての報告書を毎事業年度終了後2カ月以内に厚生労働大臣に提出しなければならない。
4) 厚生労働大臣が企業型年金を実施する事業主に対して、法令、規約等に違反や適正を欠くと判断した場合は、企業型年金規約の承認を取り消すことができる。

■ 解答・解説

1) 適切
2) 適切（法101条、主務省令11条）
3) 不適切。2カ月以内ではなく3カ月以内である。（法50条、施行規則27条）
4) 適切。主務大臣は事業主に対して法令、規約等に違反があり適正を欠くときは是正、改善命令を出すことができ、それでも継続が困難であると認めたときは企業型年金規約の承認を取り消すことができる。（法52条）

正解 ⇨ 3

分野B　確定拠出年金制度

《問63》　確定拠出年金法における主務大臣の役割に関する次の記述のうち、不適切なものはどれか。

チェック欄 □□□

1) 資産管理機関からの資産管理業務の状況報告の徴収・立入検査
2) 運営管理機関からの運営管理業務の登録申請の受付・登録
3) 企業型年金を実施する事業主からの企業型年金実施状況報告の徴収・立入検査
4) 企業型年金を実施する事業主への確定拠出年金の実施に関する指導・助言

■ 解答・解説
1) 不適切。運営管理機関からの運営管理業務の状況報告の徴収・立入検査である。（法103条）
2) 適切
3) 適切
4) 適切（法87条）

正解 ⇨ 1

《問64》 エリサ法とプルーデントマン・ルールに関する記述のうち、不適切なものはどれか。

― チェック欄 ☐☐☐ ―

1) 受託者責任における「注意義務」とは、民法の委任契約に定められた善管注意義務（善良な管理者としての注意義務）に相当し、米国ではプルーデントマン・ルールと呼ばれている義務のことである。
2) プルーデントマン・ルールとは、エリサ法に規定される義務の1つで、プルーデントマンを直訳すれば「慎重な人」とか「思慮深い人」といった意味で、具体的には加入者から指図された投資信託のポートフォリオを組む場合、プロなら当然安全志向で投資にあたるという意味である。
3) エリサ法は、1974年に企業年金の加入者や受給者の受給権保護を主たる目的として制定された企業年金を包括的に規制する法律である。
4) エリサ法404条(c)項で、企業が運用責任について免責される要件の1つとして「加入者が少なくとも3カ月に1回運用口座の変更ができること」が定められている。

■ 解答・解説
1) 適切
2) 不適切。慎重とは必ずしも安全志向という意味ではなく、細心の注意、専門的知識、技術等プロなら当然やるべきことを行うという意味である。
3) 適切
4) 適切。エリサ法404条(c)項規則の要件は、以下のとおりである。
・加入者自らが資産の運用指図ができること。
・少なくともリスク・リターン特性の異なった3種類の運用口座を用意し、加入者が幅広い投資の選択肢から選ぶ機会を持つこと。
・加入者が少なくとも3カ月に1回運用口座の変更ができること。
・加入者が健全な投資判断を行うのに十分な情報提供を行うこと。

正解 ⇨ 2

分野 B　確定拠出年金制度

《問 65》　確定拠出年金の最近の改正に関する次の記述のうち、最も適切なものはどれか。

チェック欄 ☐☐☐

1) 企業型年金の事業主掛金が拠出限度額の半分以下の場合、加入者掛金を事業主掛金と同額とすれば他の選択肢はなくてもよい。
2) 60歳以降で企業型年金の加入者となった場合、加入者として在職中は老齢給付金を受給することはできない。
3) 60歳時点で通算加入者等期間が4年の者が62歳まで企業型年金に加入した場合、通算加入者等期間は6年になる。
4) 企業型年金資産を国民年金基金連合会に自動移換されたまま70歳に達した場合、年金資産の受給権は消滅する。

■ 解答・解説

1) 不適切。加入者掛金は、必ず複数の選択肢を用意する必要がある(法令解釈第1-3 (2))。なお、法改正により、平成30年5月からは簡易企業型年金であれば1つの掛金も可能である。
2) 最も適切。60歳以上の企業型年金加入者の場合、老齢給付金が受給できるのは退職または資格喪失年齢に達したときである。なお、加入者となった時点で既に年金として老齢給付金を受給中の場合は、老齢給付金(年金)を受給しながら加入者として掛金の拠出もできる(→ p.98 問30の2))。
3) 不適切。通算加入者等期間とは、加入者期間と運用指図者期間を合計した期間であり、受給開始年齢の判定のためにのみ使われる。60歳未満の期間のみが対象となり、60歳以降の期間は算入されない。通算加入者等期間が6年であれば62歳から受給開始可能であり、4年であれば63歳からとなる。60歳以降に2年間加入して退職し、6年になっても受給開始は63歳からとなる。(法33条2項)
4) 不適切。自動移換のまま70歳に達した場合は、国民年金基金連合会が自動裁定し、老齢給付金を一時金で支給する。

正解 ⇨ 2

《問66》 確定拠出年金の最近の改正に関する次の記述のうち、最も適切なものはどれか。

---- チェック欄 ☐☐☐ ----

1) 企業型年金規約で定めれば、企業型年金加入者はマッチング拠出か個人型年金加入かを選択することができる。
2) 個人型年金の掛金拠出限度額は、DBと企業型DCがある企業は月額12,000円相当、DBのみの企業は月額2万円相当である。
3) 40歳で企業型年金に加入し、そのまま65歳で企業型年金の資格を喪失して一時金を受給する場合、退職所得控除額を算定する際の勤続年数は25年である。
4) 60歳到達月は通算加入者等期間に算入されない。

■ 解答・解説

1) 不適切。マッチング拠出導入企業では、個人型年金の同時加入はできない。そのため、加入者掛金（マッチング拠出の掛金）を拠出していなくても個人型年金に加入することはできない。（法3条3項7の3）
2) 不適切。DB（厚生年金基金や確定給付企業年金）がある企業の個人型年金の掛金拠出限度額は企業型DC（企業型年金）の有無にかかわらず月額12,000円相当である。なお、DBがなく企業型DCのみの場合は月額2万円相当となる。
3) 最も適切。通算加入者等期間（受給開始年齢の判定基準）は60歳以降の期間は含まれないが、退職所得控除の勤続年数には60歳以降の期間も含まれる。（税法解釈の変更により平成26年1月分から適用）
4) 不適切。60歳到達月とは、「60歳到達日の前日（誕生日の前々日）が属する月」のことだが、従来は通算加入者等期間に算入されない扱い（1カ月に満たない端数日数のため）だったが、平成29年1月から算入されることになった。これにより9年11カ月のようなケースは60歳誕生月の算入によって60歳から老齢給付金を受給開始できる。

正解 ⇨ 3

分野 B　確定拠出年金制度

《問 67》　確定拠出年金の掛金の年単位化に関する次の記述のうち、適切なものはどれか。

1) 掛金の年間拠出限度額の範囲は 1 月納付から 12 月納付までの 1 年間である。
2) 4 月から 6 月までを拠出区分期間とした場合、4 月、5 月、6 月のいずれかの月に 3 カ月分の掛金を拠出できる。
3) 個人型年金の掛金を毎月 1 万円に設定した場合、国民年金保険料の未納があった場合、翌月に 2 万円拠出することができる。
4) 個人型年金の掛金を 1 回当たり 8,000 円に設定して、年 6 回の偶数月拠出とすることは可能である。

■ 解答・解説

1) 適切。掛金拠出限度額の管理単位を「掛金拠出単位期間」といい、12 月分から翌年 11 月分の 1 年間となる。しかし、納付期限が翌月末になるため実際の拠出では 1 月から 12 月の納付で管理される。
2) 不適切。掛金は 7 月にしか拠出できない。掛金拠出単位期間を 1 区分（年 1 回拠出）から 12 区分（毎月拠出）まで月単位で任意に区分することができる。区分する期間や拠出額は均等でなくてもよい。区分した期間を「拠出区分期間」というが、掛金は拠出区分期間の最後の月の翌月に拠出する。個人型年金の場合は拠出月の 26 日になる。
3) 不適切。国民年金の保険料が未納の月は拠出がなかったものとして扱われ、翌月以降に繰り越すことはできない（追納不可）。また、拠出区分期間と掛金額はあらかじめ設定しておく必要があり、状況に応じて事後的に自由に変更できるわけではない。なお、年に 1 回に限り、拠出区分期間と掛金額の変更ができる。
4) 不適切。個人型年金の掛金設定は 5,000 円以上 1,000 円単位だが、複数月の場合は 1 カ月当たりの額となる。設問の 2 カ月に 1 回の拠出であれば、最低 1 万円以上 1,000 円単位で設定する必要がある。　　正解 ⇨ 1

《問68》 平成30年5月1日施行の確定拠出年金改正に関する次の記述のうち、不適切なものはどれか。

――――――――――――――――― チェック欄 □□□ ―

1) 中小事業主掛金納付制度の掛金は、加入者掛金と事業主掛金の合計額が月額5,000円以上23,000円相当以内で設定する必要がある。
2) 簡易企業型年金では、加入対象者は全員加入させなければならない。
3) 企業型年金で元本確保型商品を提示することはできるが、提示した場合には、一般の企業型年金ではそれ以外にリスク・リターン特性の異なる3つ以上の商品を提示する必要がある。
4) 運用商品を廃止する場合は、当該商品を選択している者の3分の2以上の同意が必要となる。

■ 解答・解説

1) 適切。企業型年金や他の企業年金(確定給付企業年金など)のない企業が条件なので、拠出限度額は月額23,000円相当となる。事業主掛金は定額で設定し、加入者掛金は全体の拠出限度額(月額23,000円相当)との差額で任意に設定(1,000円単位)できる。つまり、事業主掛金は全員同額(一定の資格別も可)だが、加入者掛金は加入者ごとに異なる。
2) 適切。通常の企業型年金のように一定の資格を定めることはできない。掛金も定額のみで定率は認められない。
3) 不適切。「3つ以上」ではなく、<u>2つ以上</u>である(簡易企業型年金の場合は1つ以上)。なお、提示する商品数の上限は35本となる。
4) 適切。改正前は当該商品選択者全員の同意が必要だった。

正解 ⇨ 3

分野C　投資に関する知識

《問1》　標準偏差に関する次の記述のうち、不適切なものはどれか。

チェック欄　□□□

1) リターンの分布が正規分布である場合、期待値±1標準偏差に入る確率は約68%である。
2) リターンの分布が正規分布である場合、期待値±2標準偏差に入る確率は約95%である。
3) リターンの分布が正規分布である場合、データのばらつき度合いが小さい場合には急な山型となる。
4) データのばらつき度合いが大きい場合、標準偏差は小さい値となる。

■ 解答・解説

リターンの分布が正規分布の場合、右の図のようになる。

1)、2)は適切。また、データのばらつき度合いが大きい場合には、なだらかな山型になり、標準偏差は大きい。一方、データのばらつき度合いが小さい場合には、急な山型になり、標準偏差は小さい。

よって、3)は適切で、4)は不適切である。

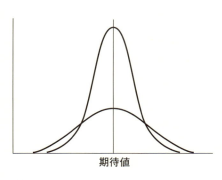

正解 ⇨ 4

《問2》 期待リターン5％、標準偏差10％（ともに年率）のポートフォリオに投資した場合、その運用に関する次の記述のうち、不適切なものはどれか。なお、リターンは正規分布に従うものとする。

- 1) 1年後に、約68％の確率でリターンが－5％から15％の間に入る。
- 2) 1年後に、約34％の確率でリターンは15％を上回る。
- 3) 1年後に、約2％の確率でリターンは－15％を下回る。
- 4) 1年後に、約50％の確率でリターンは5％を上回る。

■ 解答・解説

標準偏差とは、中心値からのばらつきを表している。したがって、標準偏差が10％でプラス1標準偏差である場合、中心値から＋10％のばらつきがあることを意味している。期待リターンが5％であれば、1年後のポートフォリオの期待値プラス1標準偏差は「5％＋10％＝＋15％」となる。ちなみに、マイナス1標準偏差は「5％－10％＝－5％」となる。また、中心値からプラス1標準偏差以上になる確率は約16％である。

同様に、標準偏差が10％でプラス2標準偏差である場合、中心値から＋20％のばらつきがあることを意味している。1年後のポートフォリオの期待値プラス2標準偏差は「5％＋(10％×2)＝25％」となる。ちなみに、マイナス2標準偏差は「5％－(10％×2)＝－15％」となる。また、中心値からプラス2標準偏差以上になる確率は約2％である。

なお、4）は基準となる期待リターンである5％よりプラスになる部分の確率であるから、「100％÷2＝50％」となる。

正解 ⇨ 2

分野C　投資に関する知識

《問3》　次に示すAさんの確定拠出年金で、60歳時の個人別管理資産残高における幾何平均リターンの値として最も近い数字はどれか。

チェック欄 □□□

確定拠出年金の企業型年金に加入していたAさんは、44歳で会社を退職した後、個人型の運用指図者として16年間、60歳まで運用のみを続けた。なお、Aさんの44歳時の個人別管理資産残高が500万円、60歳時の個人別管理資産残高が800万円とする。

1)　約2％　　2)　約3％　　3)　約4％　　4)　約5％

■ 解答・解説

幾何平均のリターンを求める場合、

$$\sqrt[n]{(1+r_1)(1+r_2)(1+r_3)\cdots(1+r_n)} - 1$$

　r_i：各期のリターン（$i=1, 2, 3, \cdots, n$）　　n：期間

となるが、設問の場合、各期のリターンがない。このようなときは、投資金額に対する増加割合で計算する。つまり、$\sqrt[n]{(1+増加割合)} - 1$ となる。

Aさんの個人別管理資産残高は44歳時500万円、60歳時800万円であることから、44歳から60歳までの16年間で60％増加（300万円÷500万円）になっている。これを計算式にあてはめると $\sqrt[16]{(1+0.6)} - 1 \fallingdotseq 2.98\%$ となる。なお、16乗根（期間が16年）の場合は電卓の√キーを4回押せば、√内の数字を求めることができる。そのほかは以下を参照されたい。

正解 ⇨ 2

○幾何平均のリターンの値と電卓の√キーの関係

・2乗根（期間が2年）の場合⇒電卓の√キーを1回押す
・4乗根（期間が4年）の場合⇒電卓の√キーを2回押す
・8乗根（期間が8年）の場合⇒電卓の√キーを3回押す
・16乗根（期間が16年）の場合⇒電卓の√キーを4回押す
・32乗根（期間が32年）の場合⇒電卓の√キーを5回押す

（注）電卓の機種によっては操作が異なる場合がある

《問4》 リターンに関する次の記述のうち、不適切なものはどれか。

- チェック欄 ☐☐☐
1) リターンにはプラスのリターンとマイナスのリターンがある。
2) プラスのリターンはインカムゲインとキャピタルゲインに分けられる。
3) マイナスのリターンはキャピタルロスしかない。
4) 幾何平均のリターンは、将来のリターンを考えるのに適している。

■ 解答・解説
1) 適切　　2) 適切　　3) 適切
4) 不適切。将来のリターンを考えるのに適しているのは算術平均のリターンである。

正解 ⇨ 4

《問5》 以下の投資結果で、2017年のリターンの値が最も近いのはどれか。

- チェック欄 ☐☐☐
2016年のリターンが−8％、年率換算の幾何平均リターンが3.2％である。

1) 12.3 %　　2) 13.2 %　　3) 15.8 %　　4) 18.6 %

■ 解答・解説
年率換算による幾何平均リターンの算出方法は、以下の式である。
$$\sqrt{(1 + 2016年のリターン)(1 + 2017年のリターン)} - 1$$
これに、実際の数字をあてはめてみると、次のようになる。
$$\sqrt{(1 - 0.08)(1 + 2017年のリターン)} - 1 = 0.032$$
上記の式を変形すると、
$$\sqrt{(1 - 0.08)(1 + 2017年のリターン)} = 1 + 0.032$$
となり、両辺を2乗すると、

分野C　投資に関する知識

(1 − 0.08)(1 + 2017年のリターン) = (1 + 0.032)^2

これを計算すると、2017年のリターンは15.8％となる。

正解 ⇨ 3

《問6》 次の表の4期間の平均リターンを算術平均と幾何平均で計算した場合、差の数値として最も近いものはどれか。

チェック欄 ☐☐☐

期	リターン
第1期	10 ％
第2期	− 20 ％
第3期	30 ％
第4期	− 20 ％

1) 0 ％　　2) 2.2 ％　　3) 10 ％　　4) 18.6 ％

■ **解答・解説**

〇算術平均のリターンは、次のように計算される。

（第1期のリターン＋第2期のリターン＋第3期のリターン＋第4期のリターン）÷期間数

＝（10％−20％＋30％−20％）÷4＝0％

〇幾何平均のリターンは、次のように計算される。

$\sqrt[4]{(1+第1期のリターン)(1+第2期のリターン)(1+第3期のリターン)(1+第4期のリターン)} - 1$

$= \sqrt[4]{(1+0.1)(1-0.2)(1+0.3)(1-0.2)} - 1$

≒ − 2.2％

※4乗根は電卓で√キーを2回押せばよい。

算術平均では0％、幾何平均では−2.2％となり、計算結果から、2）が正解である。なお、幾何平均は算術平均に比べて小さい値をとることが数学的にわかっている。

正解 ⇨ 2

《問7》 ポートフォリオの期待リターンに関する次の記述のうち、不適切なものはどれか。

各金融商品の投資割合と期待リターン

	投資割合	期待リターン
金融商品A	0.2	4%
金融商品B	0.3	6%
金融商品C	0.5	8%

1) 上記投資割合の場合、ポートフォリオの期待リターンは8%を超えることがある。
2) 金融商品Aの投資割合を高くし、金融商品BおよびCの投資割合を低くすると、ポートフォリオの期待リターンは現在より必ず低下する。
3) 金融商品Cの投資割合を高くし、金融商品AおよびBの投資割合を低くすると、ポートフォリオの期待リターンは現在より必ず上昇する。
4) 各金融商品の投資割合をどのように変えても、ポートフォリオの期待リターンは必ず4%以上8%以下となる。

■ 解答・解説

1) 不適切。ポートフォリオの期待リターンは以下の式で求められる。（金融商品Aの期待リターン×金融商品Aの投資割合＋金融商品Bの期待リターン×金融商品Bの投資割合＋金融商品Cの期待リターン×金融商品Cの投資割合）＝4％×0.2＋6％×0.3＋8％×0.5＝6.6％
2) 適切
3) 適切
4) 適切。各金融商品の投資割合をどのように変えても、最も高い金融商品の期待リターンを超えることはなく、最も低い金融商品の期待リターンを下回ることはない。

正解 ⇨ 1

分野C　投資に関する知識

《問8》　以下の係数の説明に関する次の記述で、不適切なものはどれか。

　　チェック欄 ☐☐☐

1)　現価係数は、将来価値を一定の利率で割り引いた場合の現在価値を求める際に使用する。
2)　終価係数は、現在価値を一定の利率で運用した場合の将来価値を求める際に使用する。
3)　年金現価係数は、毎年一定額の金額を受け取りたい場合の原資を求める際に使用する。
4)　年金終価係数は、現在の原資を一定期間にわたり取り崩したい場合、毎年の一定額の取り崩し額を求める際に使用する。

■ 解答・解説
1)　適切
2)　適切
3)　適切
4)　不適切。資本回収係数の説明である。

正解 ⇨ 4

《問9》　分散投資と長期投資に関する次の記述で、不適切なものはどれか。

　　チェック欄 ☐☐☐

1)　分散投資の種類として銘柄分散、地域分散、資産分散がある。
2)　ある資産に長期間投資する場合、リターンとリスクの伸びは同じである。
3)　銘柄分散とは、相関関係の小さい銘柄同士を分散することである。
4)　時間分散は、投資の方法として必ずしもよい方法であるとはいえない。

■ 解答・解説
1)　適切

2) 不適切。例えば、ある資産に10年間投資した場合、リターンは10倍になるが、リスクは$\sqrt{10}$倍である。
3) 適切
4) 適切。例えば、株式相場で長期間下降しているような場合、平均購入単価は、現在の株価より高いところにある。

正解 ⇨ 2

《問10》 分散投資に関する次の記述のうち、適切なものはどれか。

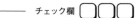

1) 資産分散とは、多くの銘柄の株式に分散するような方法である。
2) セクター分散では、債券の場合、残存年数や信用格付による分類がある。
3) アンシステマティックリスクは、分散投資を行ってもリスクの低減ができない。
4) 分散投資において、投資対象を追加することにより、期待収益率は上がる。

■ 解答・解説
1) 不適切。資産分散とは、株式や債券など異なる資産を組み合わせることであり、同一資産の分散投資よりもリスク低減効果が大きくなる。
2) 適切。なお、株式の場合は企業の規模や成長性による分類などがある。
3) 不適切。アンシステマティックリスク（個別リスク）は、分散投資を行うことでリスクの低減を図ることができる。一方、市場リスクのように分散投資によって除去不可能なリスクをシステマティックリスク（固有リスク）という。
4) 不適切。追加する前の最も低い投資対象の期待収益率よりも低い期待収益率の投資対象を追加した場合、全体の期待収益率は低下する。

正解 ⇨ 2

分野C　投資に関する知識

《問11》　ドルコスト平均法に関する次の記述のうち、適切なものはどれか。

チェック欄 ☐☐☐

1) ドルコスト平均法とは、価格が変動する金融商品を一定期間、一定数量を購入する方法である。
2) ドルコスト平均法では、投資資金残高が大きいほど効果が大きい。
3) ドルコスト平均法は、時間分散の一つである。
4) ドルコスト平均法で一定金額購入する方法と一定数量購入する方法を比較すると、平均購入単価は一定数量購入する方法の方が安くなる。

■ 解答・解説

　ドルコスト平均法は、価格が変動する金融商品を一定期間、一定金額で購入する方法で、一定数量で購入するよりも平均購入単価は安くなる。また、この方法で金融商品を購入する場合は、価格が安いときには多く購入することができ、価格が高いときには少量しか購入することができないため、価格が平準化される。ただし、今まで投資していた累積投資額が大きくなるにつれて効果は期待できなくなる。したがって、3) が適切。

正解 ⇨ 3

○ドルコスト平均法の例

5期、定額購入（1万円）と定量購入（10口）をした場合の比較

購入時期	単価	定額購入	定量購入
1期	1,000 円	10 口	10,000 円
2期	1,250 円	8 口	12,500 円
3期	800 円	12.5 口	8,000 円
4期	2,000 円	5 口	20,000 円
5期	500 円	20 口	5,000 円
購入金額合計		50,000 円	55,500 円
購入口数合計		55.5 口	50 口
平均購入単価		901 円	1,110 円

《問12》 預貯金に関する次の記述のうち、適切な記述はいくつあるか。

ア）元本確保型商品とは、いつの時点でも元本が確保されている商品である。
イ）預貯金は、流動性預金と定期性預金の2つに大別される。
ウ）定期預金は、確定拠出年金の運用商品として必ず提示しなければならない。
エ）定額預金は、ペナルティなしでいつでも換金できる。

1) 1つ　　2) 2つ　　3) 3つ　　4) 4つ

■ 解答・解説

ア）不適切。元本確保型商品とは、期の途中で元本割れをすることがあっても満期の時点で元本が確保されている商品である。ちなみに、元本保証型商品とは、いつの時点であっても元本割れをすることがない商品である。
イ）適切
ウ）不適切。定期預金は、確定拠出年金法上の元本確保型の運用商品として提示はできるが、その他の元本確保型の運用商品（例えば、利率保証型積立生命保険、利率保証型積立傷害保険等）を提示することも可能である。
エ）不適切。「6ヵ月据え置けば」ペナルティなしで換金できる。

正解 ⇨ 1

《問13》 預金保険制度に関する次の記述のうち、不適切なものはどれか。

1) 決済用預金は、預入額にかかわらず、全額が預金保険制度により保護される。
2) 金融機関が破綻した場合には、元本とその利息の合計1,000万円までが保護の対象となる。
3) 日本国内に本店のある金融機関は、預金保険制度に入ることが義務づけられている。
4) 確定拠出年金で運用する定期預金もペイオフの対象となる。

分野 C　投資に関する知識

■ 解答・解説
1) 適切。決済用預金とは、無利息・要求払い・決済サービスを提供できることの 3 要件を満たす預金である。
2) 不適切。金融機関が破綻した場合には、「元本 1,000 万円とその利息」が保護の対象となる。なお、金融機関の破綻で預金の払戻し等までに時間がかかる場合、普通預金は、預金保険機構が 1 口座当たり 60 万円までの仮払いをすることができる。
3) 適切
4) 適切。確定拠出年金で運用する定期預金は特別枠ではなく、ペイオフの対象になる。しかも、一般の定期預金よりも優先順位が低い。

正解 ⇨ 2

《問 14》　債券の説明に関する次の記述のうち、不適切なものはどれか。

───── チェック欄 ☐☐☐
1) 一般に、デフォルトリスクが高い場合、利回りが高い。
2) 中途購入や中途売却が可能である。
3) 債券の格付けの高さと利回りは比例する。
4) 他の条件が同じであれば、償還までの期間が長い債券のほうが、償還までの期間が短い債券よりも金利変動リスクは大きい。

■ 解答・解説
1) 適切。債券のデフォルトリスクとは、経営破綻で元本返済や利払いが滞ったり、実行されないリスクである（信用リスク、債務不履行リスク）。
2) 適切
3) 不適切。一般に、債券の格付けが高い場合は利回りが低く、低い場合は利回りが高いので、両者の関係は反比例である。
4) 適切。償還までの期間が長い債券のほうが、償還までの期間が長い分、不確実性が高まるので、金利変動リスクが大きい。

正解 ⇨ 3

《問15》 債券に関する次の記述のうち、不適切なものはどれか。

1) 投機的とされるのは、格付けがシングルC以下の債券である。
2) 額面を上回る価格で債券が発行されることもある。
3) わが国の債券の利回りは、特に断りのない限り、単利で示されている。
4) イールドカーブとは、債券の利回りと期間の関係を図表化したものである。

■ 解答・解説
1) 不適切。投機的とされる債券は、格付けがダブルB以下である。
2) 適切。国債においては、額面を上回る価格で発行されることがある。
3) 適切
4) 適切。イールドカーブとは、縦軸に債券の利回り、横軸に期間をとり、債券の利回りと期間の関係を表したもので、利回り曲線ともいう。右上がりである場合には順イールド、右下がりである場合には、逆イールドとなる。償還(満期)までの期間が長いほどリスクは高くなるので利回りは高くなる。そのため、通常はイールドカーブは順イールドとなる。逆イールドとなるのは、短期金利が長期金利より高くなり景気減速で長期金利が低下すると予想される場合である。

正解 ⇨ 1

○イールドカーブの図（順イールドと逆イールド）

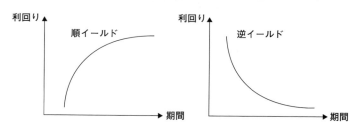

分野C　投資に関する知識

《問16》　債券の代表的な利回りの計算の説明について適切な組み合わせはどれか。

――― チェック欄 ―――

（　①　）利回りとは、新発債を購入し、満期償還期限日まで所有した場合の利回りの計算であり、（　②　）利回りとは、既発債を時価で購入し、満期償還期限日まで所有した場合の利回りの計算である。また、（　③　）利回りとは、債券を満期償還期限日まで所有せず、途中売却した場合の利回りの計算であり、（　④　）利回りとは、購入した債券の金額に対して毎年いくらの利息があるかの利回りの計算である。

1）①応募者　　②所有期間　　③最終　　　④直接
2）①最終　　　②所有期間　　③応募者　　④直接
3）①応募者　　②最終　　　　③所有期間　④直接
4）①最終　　　②応募者　　　③所有期間　④直接

■ 解答・解説

債券の代表的な利回りの計算は4種類あり、適切な文章の組み合わせは3）である。

〈直接利回り〉
　直接利回り(%)＝(表面利率÷買付価格)×100

正解 ⇨ 3

《問17》 債券に関する次の記述のうち、適切なものはいくつあるか。

> ─── チェック欄 ☐☐☐ ───
> ア) 一般に、国内の景気が回復すると債券価格は下落する。
> イ) 一般に、国内の物価が下落すると債券価格は上昇する。
> ウ) 一般に、海外の金利が下落すると債券価格は上昇する。
> エ) 一般に、為替相場で円安になると債券価格は下落する。
>
> 1) 1つ　　2) 2つ　　3) 3つ　　4) 4つ

■ 解答・解説

一般に、債券価格の変動要因は次のようにまとめられる。

変動要因	債券価格	変動要因	債券価格
景気回復	下落	景気後退	上昇
物価上昇	下落	物価下落	上昇
海外金利上昇	下落	海外金利下落	上昇
円安	下落	円高	上昇

したがって、ア)～エ)すべてが適切で、4)が正解。

正解 ⇨ 4

《問18》 債券投資に関する次の記述のうち、不適切なものはどれか。

> ─── チェック欄 ☐☐☐ ───
> 1) 短期的には、債券の需給関係が債券の価格(利回り)に影響を与える。
> 2) 債券は、満期まで所有すれば必ず元本が保証される。
> 3) 債券の格付けをしている代表的な機関には、ムーディーズとスタンダード＆プアーズの2社がある。
> 4) リスクプレミアムとは、個別の債券の利回りと国債などの利回りの差をいう。

分野C　投資に関する知識

■ 解答・解説
1) 適切
2) 不適切。債券の発行体（国、地方公共団体、企業など）が破綻してデフォルト（償還不能）に陥った場合は、元本が保証されなくなる。
3) 適切
4) 適切。リスクプレミアムが大きいということは、債券の利回りが高く、信用力が低いことを意味している。

正解 ⇨ 2

《問19》 債券の利回り（単利）計算に関する次の記述の空欄（ア）～（エ）にあてはまる計算式として、不適切なものはどれか。

表面利率2％、償還期間5年の固定利付債が額面100円当たり99円で発行された。この債券の直接利回りは（　ア　）、応募者利回りは（　イ　）となる。また、この債券を発行時に購入して、2年後に101円で売却した場合の所有期間利回りは（　ウ　）となる。一方、この債券を発行から2年後に101円で購入した場合の最終利回りは（　エ　）となる。

1) 直接利回り　（ア）＝ $\dfrac{2}{99} \times 100 \fallingdotseq 2.02(\%)$

2) 応募者利回り　（イ）＝ $\dfrac{2 + \dfrac{100-99}{5}}{99} \times 100 \fallingdotseq 2.22(\%)$

3) 所有期間利回り　（ウ）＝ $\dfrac{2 + \dfrac{101-99}{2}}{99} \times 100 \fallingdotseq 3.03(\%)$

4) 最終利回り　（エ）＝ $\dfrac{2 + \dfrac{100-101}{3}}{100} \times 100 \fallingdotseq 1.67(\%)$

■ 解答・解説
1) 適切。直接利回りとは、債券の購入価格に対する1年間に受け取る利

息の割合のことで、償還差益を考慮しない。購入時点での直接利回り（％）＝（1年当たりの受取利息÷購入価格）×100　となる。
2)　適切。応募者利回りとは、新発債を償還期限まで保有していた場合の利回りで、応募者利回り（％）＝｛表面利率＋（額面－発行価格）／償還年数｝／発行価格×100となる。
3)　適切。所有期間利回りとは、既発債を償還期限前に売却した場合の利回り。所有期間利回り（％）＝｛表面利率＋（売却価格－購入価格）／所有期間｝／購入価格×100　となる。
4)　不適切。最終利回りとは、既発債を償還期限まで保有していた場合の利回り。最終利回り（％）＝｛表面利率＋（額面－購入価格）／残存期間｝／購入価格×100＝｛2円＋（100円－101円）／3｝／101円×100≒1.65％

正解 ⇨ 4

《問20》　株式に関する次の記述のうち、適切なものはどれか。

---チェック欄 ☐☐☐---

1)　株式分割を行った場合、発行済み株式総数と資本金が増加する。
2)　流動性リスクとは、株式の売却損が生じるリスクをいう。
3)　株式はリスクが高いが、確定拠出年金の運用商品として認められている。
4)　バリュー投資とは投資株式の成長性を重視するもので、その企業の売上高や利益の成長性が市場平均よりも高いなどの銘柄を選択し投資する。

■ 解答・解説
1)　不適切。株式分割を行った場合、発行済み株式総数は増加するが、資本金は増加しない。
2)　不適切。流動性リスクとは、換金がしにくいことや、コストや収益面で不利が生じてしまうことをいう。
3)　適切（施行令15条）

4) 不適切。設問はグロース投資の記述である。バリュー投資は、資産や利益等と株価を比較して割安と考えられる銘柄を投資対象とする運用である。

正解 ⇨ 3

《問21》 日経平均株価に関する次の記述のうち、適切なものはいくつあるか。

ア) 日経平均株価は、東京証券取引所第1部に上場されているすべての銘柄の平均値である。
イ) 日経平均株価は、修正平均株価である。
ウ) 日経平均株価は、東京証券取引所が公表している。
エ) 日経平均株価は、年1回以上は定期的に組み入れ銘柄を入れ替えることになっている。

1) 1つ　　2) 2つ　　3) 3つ　　4) 4つ

■ 解答・解説

日経平均株価は、東京証券取引所第1部に上場されている銘柄のうち、代表的な225銘柄の株価の平均値であり、日本経済新聞社が公表している。この平均値は、増資による権利落ちや合併・倒産など市場での価格変動以外の要因は取り除かれた修正平均株価である。また、日経平均株価では、銘柄の入れ替えは年1回以上実施する定期見直し（採用と除外）と、突発的な銘柄欠落に対する臨時入れ替え（補充）がある。したがって、適切な記述はイ）とエ）の2つである。

正解 ⇨ 2

《問22》 東証株価指数(TOPIX)に関する次の記述のうち、不適切なものはどれか。

1) 東証株価指数(TOPIX)は、東京証券取引所第1部に上場されている全銘柄を対象とする株価指数である。
2) 東証株価指数(TOPIX)は、東京証券取引所第1部に上場されている全銘柄の株価に上場株式数のウエイトを乗じたものである。
3) 東証株価指数(TOPIX)は、東京証券取引所が公表している。
4) 東証株価指数(TOPIX)は、市場における資産価値の推移で市場動向をみるのに適している。

■ 解答・解説

東証株価指数(TOPIX)は、東京証券取引所第1部に上場されている全銘柄の株価に浮動株数のウエイトを乗じたものであり、東京証券取引所が公表している。また、東証株価指数(TOPIX)は、市場における資産価値の推移で市場動向をみるのに適している。したがって、2)が不適切。　正解 ⇨ 2

《問23》 株式市場の指標に関する次の記述のうち、不適切なものはどれか。

1) TOPIXと日経平均株価は、日本の株式の代表的なベンチマークである。
2) TOPIXは、従来の指数から浮動株比率を反映させた浮動株指数へと移行した。
3) TOPIXは、値がさ株や品薄株の値動きの影響を受けやすいとされる。
4) 単純平均株価は、上場している銘柄の株価を合計し、銘柄数で割ったものである。

■ 解答・解説
1) 適切。株式市場を見る場合には、市場全体の動きと個別銘柄の動きの

分野C 投資に関する知識

　　２つをチェックすることが必要である。TOPIXと日経平均株価は、市場全体の動き（水準）を示す指標である。
2) 適切。TOPIXにおける浮動株比率の反映は、2005年10月末、2006年2月末、2006年6月末の3段階に分けて実施された。
3) 不適切。設問は日経平均株価の説明である。TOPIXは時価総額を基準とするので、時価総額の大きい銘柄の価格変動の影響を受けやすい。
4) 適切

正解 ⇨ 3

《問24》　A社の株式の投資尺度に関する次の記述で、不適切なものはどれか。

```
A社の概要は次のとおりである。
・株価　　　　　　　　900円　・発行済み株式総数　1,000,000株
・税引き後利益　3,000万円　・純資産（自己資本）　　　6億円
・1株当たり配当金　　5円　・総資産　　　　　　　　12億円
1) A社のPERは30倍である
2) A社のPBRは1.5倍である
3) A社のROEは5％である
4) A社の配当利回りは約16.7％である
```

■ 解答・解説
　株式の投資尺度として用いられるのが、PER（株価収益率）、PBR（株価純資産倍率）、ROE（自己資本利益率）、配当利回りである。
　PER＝株価÷1株当たりの税引き後利益、PBR＝株価÷1株当たりの純資産で計算される。設問ではこれらを計算する前提として、1株当たりの税引き後利益と1株当たりの純資産を求めなければならない。
　1株当たりの税引き後利益＝税引き後利益÷発行済み株式総数
　1株当たりの純資産＝純資産÷発行済み株式総数
　上記式を設問にあてはめると、
　1株当たりの税引き後利益＝3,000万円÷1,000,000株＝30円

1株当たりの純資産 = 6億円 ÷ 1,000,000株 = 600円
となる。1株当たりの税引き後利益と1株当たりの純資産の値が計算されることにより、PERおよびPBRを求めることができる。
  PER = 株価 ÷ 1株当たりの税引き後利益 = 900円 ÷ 30円 = 30倍
  PBR = 株価 ÷ 1株当たりの純資産 = 900円 ÷ 600円 = 1.5倍
次に、
  ROE = 税引き後利益 ÷ 純資産 × 100 = 3,000万円 ÷ 6億円 × 100 = 5％
  配当利回り = 1株当たり配当金 ÷ 株価 × 100 = 5円 ÷ 900円 × 100 ≒ 0.56％
となる。よって1）、2）、3）は適切で、4）は不適切である。

正解 ⇨ 4

《問25》 株式の投資尺度に関する次の記述のうち、不適切なものはどれか。

チェック欄 ☐☐☐

1) 税引き後利益が1,000万円で、自己資本が5,000万円の場合のROEは20％である。
2) PER = PBR ÷ ROEである。
3) PBR = PER × ROEである。
4) ROE = PER ÷ PBRである。

■ 解答・解説
1) 適切　　2) 適切　　3) 適切
4) 不適切。ROE = PBR ÷ PERである。

正解 ⇨ 4

○ PER・PBR・ROEの関係
《問24》で求めたPER = 30倍、PBR = 1.5倍、ROE = 5％（0.05）の各数値をもとに、PER・PBR・ROEの三者の関係を検算してみる。
  PER = PBR ÷ ROE = 1.5 ÷ 0.05 = 30倍
  PBR = PER × ROE = 30 × 0.05 = 1.5倍
  ROE = 1.5 ÷ 30 = 0.05（5％）
以上のように、PER・PBR・ROEの三者は密接な関係があることがわかる。

分野C　投資に関する知識

《問26》　投資信託に関する次の記述のうち、不適切なものはどれか。

チェック欄 □□□

1) 投資信託は、分散投資に適している。
2) 投資信託は、運用を専門家に任せることができる。
3) 投資信託は、少額の資金でも株式や債券に投資することができる。
4) 投資信託は、規模の経済を享受することができない。

■ 解答・解説

投資信託は、分散投資に適し、少額の資金で株式や債券に投資することができるとともに、規模の経済（スケールメリット）も享受できるので、確定拠出年金の運用商品に最も向いているといわれている。また、運用を専門家に任せられるため、安定した収益が確保できることも特徴である。
したがって、4）が不適切。

正解 ⇨ 4

《問27》　投資信託に携わる委託者・受託者・販売会社の役割に関する次の記述のうち、不適切な記述はいくつあるか。

チェック欄 □□□

ア）　委託者は、販売会社に運用の指図を行う。
イ）　受託者は、資産の保管や管理を行う。
ウ）　販売会社は、投資信託の受益証券を発行する。

1) 1つ　　2) 2つ　　3) 3つ　　4) 不適切な記述は1つもない

■ 解答・解説

一般に投資信託は、投資家（受益者）から集められた資金をもとに、「販売会社」「運用会社（委託者）」「管理会社（受託者）」の3者が役割を分担し、効率的に運用している。
まず、販売会社である証券会社などは、投資信託（ファンド）の募集および販売を行い、投資家（受益者）から資金を集める。その資金を管理会社（受

託者）に信託する。管理会社（受託者）と運用会社（委託者）の間には信託契約が締結される。そして管理会社（受託者）は、運用会社（委託者）の指図に従って有価証券などに投資・運用し、その運用収益を分配金・償還金として投資家（受益者）に還元する仕組みとなっている。

ア）　不適切。委託者は、受託者に運用の指図を行う。
イ）　適切
ウ）　不適切。受益証券を発行するのは委託者の業務である。
したがって、不適切なものはア）とウ）の2つであり、2）が正解。

正解 ⇨ 2

《問28》　投資信託に関する次の記述のうち、適切なものはどれか。

1) 投資信託の信託報酬は、保有する資産より1カ月ごとに引かれている。
2) 投資信託の信託財産の名義人は、信託銀行である。
3) 信託銀行は、信託財産と個別の資産を包括的に管理している。
4) 信託銀行が破綻した場合、信託財産に多大な影響をおよぼす。

■ 解答・解説
1)　不適切。信託報酬は、保有する資産より毎日引かれている。
2)　適切
3)　不適切。信託銀行は、信託財産と個別の資産を分別管理している。
4)　不適切。信託銀行が破綻した場合でも、信託財産は信託銀行の個別の資産と分別管理されているため、影響はない。

正解 ⇨ 2

《問29》 MMFに関する次の記述のうち、適切なものはいくつあるか。

> チェック欄 ☐☐☐
>
> ア） 収益は実績分配型である。
> イ） 株式や債券をバランスよく運用する。
> ウ） 取得後1年未満で解約した場合、1万口につき10円の信託財産留保額が差し引かれる。
> エ） 制度上における元本確保型でない。
>
> 1）1つ　　2）2つ　　3）3つ　　4）4つ

■ 解答・解説

ア） 適切。平成13年4月から予想分配型から実績分配型に変更された。
イ） 不適切。株式を一切運用の対象とせず、日本の債券だけでなく外国の債券も組み入れて運用する。
ウ） 不適切。追加型公社債投信の1つで、いつでも解約することができるが、取得後30日未満で解約した場合、1万口につき10円の信託財産留保額が差し引かれる。
エ） 適切

したがって、適切な記述はア）とエ）の2つ。　　　　　　　正解 ⇨ 2

《問30》 投資信託に関する次の記述のうち、適切なものはどれか。

> チェック欄 ☐☐☐
>
> 1） わが国の投資信託の仕組みは契約型のみで、会社型は認められていない。
> 2） ミューチュアル・ファンドは、契約型の投資信託で米国では主流を占めている。
> 3） 公社債投資信託は元本が保証されている元本確保型商品である。
> 4） 投資信託における収益の分配方法による分類として、収益を投資家に分配する分配型と収益を投資家に分配しない無分配型の2種類がある。

■ 解答・解説
1) 不適切。わが国の投資信託の仕組みは、契約型と会社型の2種類があるが、契約型がほとんどである。
2) 不適切。ミューチュアル・ファンドとは、いつでも時価で払い戻しができる会社型の投資信託であり、米国では主流となっている。
3) 不適切。公社債投資信託は、元本が保証されている預貯金とは異なり、元本割れがあり得る。
4) 適切

正解 ⇨ 4

《問31》 投資信託に関する次の記述のうち、適切なものはどれか。

1) 追加型の投資信託は一定期間解約できない。
2) 単位型の投資信託はいつでも解約することができる。
3) 公社債投資信託は国内だけでなく海外の債券で運用するものもある。
4) 株式を中心に組み入れる投資信託を株式投資信託、債券を中心に組み入れる投資信託を公社債投資信託として分類されている。

■ 解答・解説
1) 不適切。一定期間解約できない投資信託は単位型である。
2) 不適切。いつでも解約することができる投資信託は追加型である。
3) 適切
4) 不適切。公社債投資信託とは、運用対象に株式を一切組み入れることができない投資信託である。株式が少しでも含まれる場合は、株式投資信託となる。なお、実際には株式が組み込まれていなくても、約款上は株式への投資可能な場合も株式投資信託に分類される。

正解 ⇨ 3

分野C　投資に関する知識

《問32》　インデックス運用に関する次の記述のうち、不適切なものはどれか。

───── チェック欄 □□□ ─────
1）　インデックス運用は、コンピューターで運用される。
2）　インデックス運用は、どれだけ忠実にベンチマークとしてのインデックスに連動させるかを目指している。
3）　インデックス運用では、個別銘柄に関する判断は限定されている。
4）　インデックス運用において投資家が支払う手数料は、アクティブ運用よりも高いのが一般的である。

■ 解答・解説
1）　適切
2）　適切
3）　適切。アクティブ運用と異なり、ファンドマネージャーの独自の判断は必要とされない。
4）　不適切。投資家の支払う手数料は、インデックス運用の方がアクティブ運用よりも安いのが、一般的である。

正解 ⇨ 4

《問33》　アクティブ運用に関する次の記述のうち、適切なものはどれか。

───── チェック欄 □□□ ─────
1）　アクティブ運用は、パッシブ運用とも呼ばれることがある。
2）　アクティブ運用では、ファンドマネージャーは、リスク管理の観点から非市場リスクを最小化すべく運用を行っている。
3）　アクティブ運用では、ファンドマネージャーが独自の判断では運用しない。
4）　アクティブ運用のベンチマークのひとつとして、東証株価指数（TOPIX）がある。

■ 解答・解説
1) 不適切。パッシブ運用と呼ばれるのはインデックス運用である。
2) 不適切。ファンドマネージャーは、インデックスファンド+aの収益を得るために、市場リスク以外のリスク、つまり、非市場リスクをとることによって付加価値を追求している。
3) 不適切。アクティブ運用では、ファンドマネージャーが独自の判断で運用し、ベンチマークを上回る運用を目指す。
4) 適切。このほかにも、日経225などがある。

正解 ⇨ 4

《問34》 変額年金保険に関する次の記述のうち、適切な記述はいくつあるか。

ア) 一般勘定で運用される。
イ) 契約者が、自らの判断で運用先(対象となるアセット)を選択する。
ウ) 運用実績に応じて積立金が変動する。

1) 1つ　　2) 2つ　　3) 3つ　　4) 適切な記述は1つもない

■ 解答・解説
　変額年金保険は特別勘定で運用され、特別勘定には、日本の株式、債券、海外の株式や債券など、さまざまな運用先が用意されており、契約者は自分の年金原資をどんな投資対象で運用するかを自分の判断で選択する。
　しかし、運用成績次第で年金額が払い込んだ金額を下回ることもある。ただし、一部の商品では年金額について最低保証を設けているものがある。解約返戻金については、最低保証はなく、解約時における運用実績を反映した金額が払い戻される。なお、年金の支払いが開始される前に死亡した場合には、死亡給付金が支払われる。したがって、適切な記述はイ)とウ)の2つで、2)が正解。

正解 ⇨ 2

分野 C　投資に関する知識

《問 35》　利率保証型積立生命保険の特徴について、不適切なものはどれか。

チェック欄 □□□

1)　利率保証型積立生命保険は、中途解約したとき解約控除金が差し引かれる場合があるため、元本が保証されない可能性がある。
2)　利率保証型積立生命保険は、一般勘定で運用されるためローリスク・ローリターン型の金融商品といえる。
3)　利率保証型積立生命保険の利率の設定において、追加で新規に払い込まれる保険料に対する適用利率は随時見直されるが、一度適用された保証利率は、保証期間満了まで変更されることはない。
4)　利率保証型積立生命保険は、確定拠出年金の元本確保型商品としては、保険料の 90 % 以上が責任準備金として積み立てられることが条件である。

■ 解答・解説

1)　適切　　2)　適切　　3)　適切
4)　不適切。利率保証型積立生命保険は、確定拠出年金の元本確保型商品としては、生命保険契約者保護機構の対象商品であることと、保険料の 99.7 % 以上が責任準備金として積み立てられることの 2 つの条件を満たしていなければならない。

正解 ⇨ 4

《問 36》　利率保証型積立傷害保険に関する次の記述のうち適切な記述はいくつあるか。

チェック欄 □□□

ア)　制度上における元本確保型商品である。
イ)　病気や不慮の事故による死亡の場合は、その時点における積立残高の 10 % 上乗せされる死亡一時金が支払われる。
ウ)　掛金は 1 円以上 1 円単位である。
エ)　損害保険契約者保護機構の対象となる商品である。

1)　1つ　　2)　2つ　　3)　3つ　　4)　正しい記述は 1 つもない

■ 解答・解説
ア） 適切（施行令16条5号）
イ） 不適切。10％上乗せされる死亡一時金が支払われるのは不慮の事故による死亡に限られ、病気による死亡は該当しない。
ウ） 適切
エ） 適切

したがって、適切な記述はア）とウ）とエ）の3つである。

正解 ⇨ 3

《問37》 外貨預金に関する次の記述のうち、適切なものはどれか。

1) 外貨預金は、確定拠出年金制度における元本確保型商品である。
2) 外貨預金は、預金保険制度により元本1,000万円とその利息が保護される。
3) 外貨定期預金は、為替リスクがないため高いリターンが期待できる。
4) 外貨預金を日本円で始める場合、為替手数料が生じる。

■ 解答・解説
1) 不適切。外貨預金は、為替による変動があるため、確定拠出年金制度における元本確保型商品ではない。
2) 不適切。外貨預金は、預金保険制度の対象とならない金融商品であるため、元本1,000万円とその利息は保護されない。
3) 不適切。外貨定期預金は、為替リスクがあるため円安になった場合、為替差益が生じることにより高いリターンを期待できるが、逆に円高になった場合、為替差損が生じ、マイナスのリターンが生じることがある。
4) 適切

正解 ⇨ 4

分野C　投資に関する知識

《問38》 外国投資信託に関する次の記述のうち、不適切なものはどれか。

チェック欄 ☐☐☐

1) 外国投資信託は、ファンドを設立した国の投資信託法に基づく。
2) 外国投資信託は、すべて外貨建てである。
3) 外国投資信託は、ファンドの国籍がすべて海外である。
4) 外国投資信託により、グローバルな分散投資が可能となる。

■ 解答・解説

1) 適切
2) 不適切。外国投資信託は、外貨建てがほとんどであるが、円建てもある。
3) 適切。外国投資信託は、ファンドの国籍が海外であるため、日本の投資信託法に基づいてはいない。
4) 適切

正解 ⇨ 2

《問39》 外国株式に関する次の記述のうち、不適切なものはどれか。

チェック欄 ☐☐☐

1) 日本の証券会社で取引する場合、外国委託取引、国内委託取引、国内店頭取引の3つの取引方法がある。
2) 外国株式の取引には、為替リスク、価格変動リスク、信用リスク、カントリーリスクがある。
3) 外国株式の取引は、すべて現物取引に限られ、信用取引はできない。
4) 外国株式を取引するには、日本の証券会社で「外国証券取引口座」を開設するのが一般的な方法である。

■ 解答・解説

1) 適切。外国委託取引での売買委託手数料は、現地と国内の両方で取られるため、国内株式より割高になる。
2) 適切

3) 不適切。外国株式の信用取引の取扱いを開始している証券会社もある。
4) 適切

正解 ⇨ 3

《問40》 相関係数に関する次の記述のうち、適切なものはどれか。

1) 2資産の場合におけるポートフォリオのリスクを計算するためには相関係数が必要となる。
2) 相関係数は－1に近づくほど、分散投資の効果は小さい。
3) 相関係数は＋1に近づくほど、分散投資の効果は大きい。
4) 相関係数が0であるということはありえない。

■ 解答・解説

相関係数は－1から＋1の間の値を必ずとり、－1に近づくほど、分散投資の効果は大きく、＋1に近づくほど、分散投資の効果は小さくなる。また、相関係数が0であるということは、相関関係がないことを表している。

正解 ⇨ 1

《問41》 相関関係に関する次の記述のうち、不適切なものはどれか。

1) 複数の証券間の相関係数が正であるほうが、負よりも分散投資の効果は大きい。
2) 正の相関関係とは、一方の資産が上昇した場合もう一方の資産も上昇し、一方の資産が下落した場合もう一方の資産も下落する場合をいう。
3) 負の相関関係とは、一方の資産が上昇した場合もう一方の資産は下落し、一方の資産が下落した場合もう一方の資産は上昇する場合をいう。
4) 無相関とは、一方の資産価格の変化ともう一方の資産価格の変化に連動性がない場合をいう。

■ 解答・解説
1) 不適切。複数の証券間の相関係数が正である場合は、同じ方向に値動きする関係にあり、負である場合は、反対の方向に値動きする関係にある。そのため、負の関係にあるほうが、分散投資の効果は大きい。なお、相関係数が「1」もしくは「−1」の場合、完全相関という。
2) 適切　　3) 適切　　4) 適切　　　　　　　　　　　　正解 ⇨ 1

《問42》 株式 A と債券 B を下表のとおり組み合わせた場合、ポートフォリオの期待リターンとリスクの値として、最も近い数字はどれか。

チェック欄 ☐☐☐

	投資比率	リターン	リスク	リターンの相関係数
株式 A	0.2	10 %	15 %	− 0.4
債券 B	0.8	3 %	5 %	

1) リターン 4.4 %、リスク 2.4 %
2) リターン 4.4 %、リスク 3.9 %
3) リターン 7.0 %、リスク 2.4 %
4) リターン 7.0 %、リスク 3.9 %

■ 解答・解説
まず、ポートフォリオの期待リターンは次のように計算される。
（株式 A のリターン×株式 A の投資比率）＋（債券 B のリターン×債券 B の投資比率）＝（10 % × 0.2)＋(3 % × 0.8) ＝4.4 % となる。

次に、2資産の場合におけるポートフォリオのリスクを計算する。

$\sqrt{(株式Aのリスク^2 \times 株式Aの投資比率^2) + (債券Bのリスク^2 \times 債券Bの投資比率^2) + 2 \times リターンの相関係数 \times 株式Aのリスク \times 債券Bのリスク \times 株式Aの投資比率 \times 債券Bの投資比率}$

$= \sqrt{(15^2 \times 0.2^2) + (5^2 \times 0.8^2) + 2 \times (-0.4) \times 15 \times 5 \times 0.2 \times 0.8} \fallingdotseq 3.9\%$

したがって、ポートフォリオの期待リターンとリスクの値として、最も近い数字は、2) となる。
正解 ⇨ 2

《問43》 リスク許容度に関する記述のうち、適切なものはどれか。

- チェック欄 □□□
1) リスク許容度を決定する要因のひとつに、収入があげられる。
2) リスク許容度は、一般に年をとるほど高くなる。
3) リスク許容度は、一般に資産が多いほど低くなる。
4) リスク許容度の高い人は、安全性の高い預貯金を選択するのが一般的である。

■ 解答・解説
1) 適切。リスク許容度を決定する要因には、収入・資産・年齢などがある。
2) 不適切。リスク許容度は、一般に年をとるほど低くなる。
3) 不適切。リスク許容度は、一般に資産が多いほど高くなる。
4) 不適切。安全性の高い預貯金を選択するのが一般的なのは、リスク許容度の低い人である。

正解 ⇨ 1

《問44》 アセットアロケーションに関する記述のうち、不適切なものはどれか。

- チェック欄 □□□
1) アセットアロケーションの見直しは、一定期間ごとに必ず行うべきである。
2) 運用成果の90％は、アセットアロケーションで決まるといわれる。
3) アセットアロケーションとリスク許容度は密接な関係がある。
4) アセットアロケーションには、戦略的アセットアロケーションと戦術的アセットアロケーションの2種類がある。

■ 解答・解説
1) 不適切。アセットアロケーションの見直しは、一定期間ごとに行うのではなく、必要と判断されたときに行うべきである。

2) 適切
3) 適切
4) 適切。戦略的アセットアロケーションは長期的な観点に基づく資産配分の変更、戦術的アセットアロケーションは市場の転換点を予測して短期的な資産配分を行う資産運用手法である。

正解 ⇨ 1

《問 45》 有効フロンティアに関する次の記述のうち、不適切なものはどれか。

---

1) 同じリターンであればリスクの最も低くなる資産の組合せを選択する。これを最適ポートフォリオという。
2) 有効フロンティアは、組み込む資産の数を増やしていくと左上方に広がっていく。
3) リスクを横軸に、リターンを縦軸にとると有効フロンティアは上に凸の曲線となる。
4) 効率的ポートフォリオは、リターンが異なるごとに必ず1つ存在する。

■ 解答・解説

1) 不適切。効率的ポートフォリオという。最適ポートフォリオとは、有効フロンティア上の効用曲線との接点である最も高い効用を達成する資産の組合せをいう。
2) 適切。一般に、既存のポートフォリオにそれとの相関係数が1より小さい資産を新たに追加した場合、有効フロンティアは左上方にシフトする。
3) 適切
4) 適切。効率的ポートフォリオの集合が有効フロンティアとなる。

正解 ⇨ 1

《問46》 格付けに関する次の記述のうち、適切なものはどれか。

- チェック欄 ☐☐☐
1) 格付けとは、債券などの価格変動リスクを中立的な立場の格付け機関が判断し、アルファベットなどを用いて表したものである。
2) 債券の信用格付けは、発行体の元金の支払能力を示すものである。
3) 格付けは短期で更新されることもある。
4) 格付け機関は被格付け会社に対してヒアリング・監査等を行い、格付けを付与する。

■ 解答・解説

1) 不適切。格付けは、債券などの信用リスクのみを評価したものであり、他のリスクは考慮していない。
2) 不適切。債券の信用格付けは、元金だけではなく利息の支払能力も含んでいる。
3) 適切。格付けは景気循環に左右されない安定した指標であることを目指しているが、場合によっては短期間で見直されることもある。
4) 不適切。被格付け会社に対するヒアリングは行われるが、監査は行われない。

正解 ⇨ 3

《問47》 投資指標に関する次の記述のうち、適切なものはどれか。

- チェック欄 ☐☐☐
1) 社債を発行する場合、格付けが高いほど高い利回りで発行することになり、格付けが低いほど低い利回りで発行することができる。
2) 株価格付けと社債の格付けは評価が必ず一致する。
3) 定性評価は長期的な視点に基づくものである。
4) シャープレシオは、定性評価である。

■ 解答・解説
1) 不適切。債券の発行に際し、格付けが高いほど信用リスクは小さいため、低い利回りで発行でき、格付けが低いほど信用リスクは大きいため、高い利回りで発行せざるをえない。
2) 不適切。株価格付けと社債の格付けは、対象が異なることから評価が必ずしも一致するとは限らない。
3) 適切
4) 不適切。シャープレシオは、定量評価である。

正解 ⇨ 3

《問48》 投資信託の評価に関する次の記述のうち、不適切なものはどれか。

1) 投資信託の評価方法は、定量評価と定性評価の2種類がある。
2) シャープレシオは、リスク指標に標準偏差を使用しているので、投資対象や投資方針の異なるポートフォリオ間のパフォーマンス評価に適した評価方法である。
3) 定量評価は、過去の数値を分析したものであり、将来を保証するものではない。
4) 投資信託の評価において、評価機関は絶対評価に基づいた定量評価を行っているのがほとんどである。

■ 解答・解説
1) 適切　2) 適切　3) 適切
4) 不適切。評価機関のほとんどが絶対評価でなく、相対評価に基づいた投資信託の評価を行っている。

正解 ⇨ 4

《問49》 シャープレシオの値について適切な数値はどれか。

> ファンドのリターンが4％、無リスク資産のリターンが1％、ファンドのリスクが10％の場合におけるシャープレシオは、下記の値となる。
>
> 1) 0.1　　2) 0.25　　3) 0.3　　4) 0.4

■ 解答・解説

シャープレシオは数値で示され、投資信託を評価する際に用いられる。この値を求める計算式は、以下のようになる。

（ファンドのリターン－無リスク資産のリターン）÷ファンドのリスク

上記式に設問の数値を当てはめると次のように計算できる。

（4％－1％）÷10％＝0.3

(注) 無リスク資産のリターンは「リスクフリーレート」といわれることもある

正解 ⇨ 3

《問50》 インフォメーションレシオの値について適切な数値はどれか

> ファンドのリターンが7％、ベンチマークのリターンが5％、ファンドのトラッキングエラーが10％の場合におけるインフォメーションレシオは、下記の値となる。
>
> 1) 0.1　　2) 0.2　　3) 0.25　　4) 0.3

■ 解答・解説

インフォメーションレシオは数値で示され、投資信託を評価する際に用いられる。この値を求める計算式は、以下のようになる。

（ファンドのリターン－ベンチマークのリターン）÷ファンドのトラッキングエラー

分野C　投資に関する知識

上記式に設問の数値を当てはめると次のように計算できる。
(7％ − 5％) ÷ 10％ = 0.2％

　※インフォメーションレシオとは、「ベンチマークに対して」取ったリスクの大きさ（＝ファンドのトラッキングエラー）に対して、どの程度超過リターン（対ベンチマーク）が得られたかを見たものである。トラッキングエラーはアクティブリスクともいう。ベンチマークは、株式投資信託なら運用目標とする株価指数などとなる。シャープレシオはリスクの総量に対するリターン（リスクフリーレートを上回る分）の総量を比較しているのにすぎず、運用が準拠するベンチマークとの比較の観点が欠除している。これに対し、インフォメーションレシオでは、運用上の指標に対する相対的な比較として、リスク当たりのリターンを測定することができる。

正解 ⇨ 2

Part2 基礎編（基本知識の理解）

分野 D　ライフプランニングとリタイアメントプランニング

《問1》　ライフプランに関する次の記述のうち適切なものはどれか。

チェック欄 ☐☐☐

1) ライフプランは在職中の生活だけで、退職後の生活は含めない経済計画である。
2) ライフプランの資金づくりは、「生きがいプラン」「健康プラン」などは考慮しないで作成する方がよい。
3) ライフプランは、本人の価値観や人生観を反映させず、客観的に立てなければならない。
4) ライフプランは定期的なチェックや状況変化に応じて見直しが必要である。

■ 解答・解説

1) 不適切。ライフプランは退職後の生活を含めた人生計画である。
2) 不適切。DCプランナーが関わるライフプランは、主として「資金づくり」だが、「生きがいプラン」「健康プラン」とも密接な関係があり、それらを総合的に把握してライフプランを作成する必要がある。
3) 不適切。ライフプランは本人の価値観、人生観、夢や希望を達成できるように立てるものである。
4) 適切。ライフプランは一度作成したら終わりでなく、作成後のメンテナンスが必要である。

正解 ⇨ 4

分野D　ライフプランニングとリタイアメントプランニング

《問2》　ライフプランに関する次の記述のうち、最も不適切なものはどれか。

チェック欄 ☐☐☐

1) ライフプランは個人の現状の資産や収入、将来の収入見込み、ライフイベント等に基づき、経済的な部分の生涯設計を描くものである。
2) ライフプランは本人および家族のライフイベントを把握し、そのときの必要資金を準備できるように設計する。
3) ライフプランは広義としては、「生きがいプラン」「健康プラン」「資金プラン」の3つに分類され、狭義としては「資金プラン」のことをいう。
4) ライフプランは人生の3大資金といわれる「結婚資金」「住宅購入資金」「老後の資金」をバランスよく計画に取り入れなくてはならない。

■ 解答・解説

1) 適切。DCプランナーは主に経済部分の生涯設計を行う。
2) 適切。ライフプランを作成するには、ライフイベントを列挙し、必要資金を把握する。
3) 適切。DCプランナーは主に「資金づくり」と関わる。
4) 最も不適切。ライフプランにおける人生の3大資金とは「教育資金」「住宅購入資金」「老後の資金」である。「結婚資金」は含まれない。

正解 ⇨ 4

《問3》 ライフデザインに関する次の記述のうち、最も適切なものはどれか。

1) ライフデザイン表とは、本人および家族に、いつ、何が起こるかを時系列で一覧表にまとめたものである。
2) ライフプランを作成する前に、ライフデザインをできるだけ具体的に、把握する必要がある。
3) ライフデザインはライフプランに合わせて立てなければならない。
4) ライフデザインは人生の3大資金といわれる「教育資金プラン」「住宅購入資金プラン」「老後の資金プラン」を作成した後、具体化する。

■ 解答・解説
1) 不適切。本設問は、ライフイベント表についての記述である。
2) 最も適切。ライフデザインは、ライフプラン作成前にできるだけ具体的に把握し、ライフデザインを達成できるようにライフプランを立てる。
3) 不適切。ライフプランは、ライフデザイン、ライフイベントに合わせて立てる。
4) 不適切。ライフデザインは、他のプランに先行して具体化する。

正解 ⇨ 2

《問4》 ライフプランとライフデザインに関する次の記述のうち、最も適切なものはどれか。

1) ライフデザインとは、本人および家族のライフイベントと、そのときの必要資金はいくらかを把握し、準備できるように設計するものである。
2) ライフデザインとは、「生きがいプラン」「健康プラン」「資金プラン」を総合的にプランニングするものである。
3) DCプランナーは顧客のライフデザインを考慮してライフプランを作成しなければならない。
4) ライフプラン表とは、ライフデザインに基づいた家族全体の具体的イベントを時系列で表したものである。

■ 解答・解説
1) 不適切。記述はライフプランの説明である。
2) 不適切。記述はライフプランの説明である。
3) 最も適切。DCプランナーが顧客のライフデザインを無視してライフプランを作成しても、顧客の満足は得られない。
4) 不適切。ライフデザインに基づいた家族全体の具体的イベントを時系列で示したものはライフイベント表である。

正解 ⇨ 3

《問5》 教育資金に関する次の記述のうち、最も不適切なものはどれか。

1) 教育資金の準備手段としては保険型商品、積立型金融商品、教育ローンの3つのタイプがあるが、投資信託も教育資金づくりの選択肢の1つとして考えられる。
2) 1年後の大学入学費用を200万円と見積もり、現在の貯金200万円のうち100万円を1年満期の定期預金に、残りの100万円を株式に分散投資した。
3) 一般的に教育費のピークは、40代後半から50代であり、本人の老後資金の準備と住宅ローン返済が重なるので計画的な資金準備が必要になる。
4) 大学の教育費は高額なので公的な教育ローンや民間の教育ローンの利用が可能であり、比較的金利が低い。しかし、ローンは返済しなければならないので返済計画を立ててから利用すべきである。

■ 解答・解説

1) 適切。投資信託で教育資金を積み立てる場合、準備期間の長さや教育資金という目的に合った商品を個別に選択する必要がある。
2) 最も不適切。株式投資はリスクが大きく、値上がり益も期待できるが元本割れもあるので、1年後に必ず必要な資金を株式投資に使うのは適切でない。
3) 適切。40代、50代は人生のなかで収入も支出もピークの年代である。
4) 適切。教育に関するローンは比較的金利が低いが、他の資金プランを含めて返済計画を立ててから利用すべきである。

正解 ⇨ 2

《問6》 個人年金保険について最も不適切なものはどれか。

1) 夫婦年金保険は、夫婦のいずれかが生きていれば年金が支払われる。
2) 保証期間付終身年金保険は、保証期間後も生きている限り年金を受け取れる。また、保証期間中に被保険者が死亡しても遺族に残りの期間に応じた一時金（年金現価）が支払われる。
3) 確定年金保険は、一定期間だけ年金が支払われ、一定期間内であれば被保険者が死亡しても遺族が年金を受け取ることができる。
4) 有期年金保険は被保険者が死亡しても、年金支払期間中は遺族が年金を受け取ることができる。

■ 解答・解説
1) 適切
2) 適切
3) 適切
4) 最も不適切。有期年金保険は、年金支払期間中に被保険者が死亡した場合、それ以後の年金は支払われない。確定年金保険と有期年金保険の違いを理解しておきたい。

正解 ⇒ 4

《問7》 リタイアメントプランに関する次の記述で、正誤の組み合わせ1)～4)のうち適切なものはどれか。

チェック欄 □□□

ア) 現在加入している生命保険の見直しの中で、退職後の収入が厚生年金と企業年金の受給だけで不足する場合、私的年金である個人年金の組み入れも考えられる。
イ) リタイアメントプランニングの手順の中で「退職後の生活を具体化する」とあるのは、ライフプランニングの「キャッシュフロー表の作成」に該当する。
ウ) リタイアメントプランによるキャッシュフロー表の作成にあたっては、生活費を除く交際費などは、年齢が若いほどその額を小さくすべきである。
エ) 老後になってからの資産運用を考える場合、運用する商品についてはできる限り元本保証型の金融商品を選択すべきである。

1) ア)とウ)が誤っており、残りは正しい。
2) イ)とウ)が誤っており、残りは正しい。
3) イ)とエ)が誤っており、残りは正しい。
4) ウ)とエ)が誤っており、残りは正しい。

■ 解答・解説
ア) 正しい
イ) 誤り。「退職後の生活を具体化する」とあるのは、ライフデザインもしくはライフイベントに該当する。
ウ) 誤り。リタイアメントプランでは、年齢が若いほど交際費は多くすべきである。
エ) 正しい

正解 ⇨ 2

《問8》 リタイアメントプランニングについて最も不適切なものはどれか。

1) 夫婦共稼ぎの場合は、2人とも厚生年金保険に加入している場合があるので、2人の年金受給額を調べておく必要がある。
2) 退職後は年金、利息収入などを生活費に充当し、預貯金などの金融資産は、イベント経費に充当するように固定して考える方がよい。
3) リタイアメントプランは、生活費の確保が一番大事であるが、自分の希望する生き方を達成するための「ゆとり資金」づくりも考える必要がある。
4) リタイアメントプランは、退職後のプランで老後の資金計画である。老後の生活費の他、ゆとり資金、病気、介護のリスク、相続対策など総合的に考えることが必要である。

■ 解答・解説

1) 適切。なお、被用者年金一元化法により、平成27（2015）年10月1日から公務員などの共済年金制度は厚生年金制度に統合されている。
2) 最も不適切。ライフプランは収入と支出のバランスを生涯にわたりコントロールしていくことであり、将来の収入と支出を固定して考えることは適切でない。
3) 適切。自分の希望する人生を送るには、生活資金の他、ゆとり資金をつくることも必要である。
4) 適切。老後資金には、生活費、ゆとり資金の他、病気、介護リスクに対する資金も必要である。

正解 ⇨ 2

《問9》 確定拠出年金とアセットアロケーションに関する次の記述のうち、最も適切なものはどれか。

チェック欄 ☐☐☐

1) 企業型年金は、従業員が自己責任で年金資産のアセットアロケーションを決めて、その運用成果は、従業員に帰属する。アセットアロケーションを決定する資質の向上を育成するために、企業に基礎的教育を求めている。
2) 確定拠出年金加入者がアセットアロケーションを決める要因は、投資期間やリスク許容度などであるが、現在の資産や貯蓄を考慮しないで決めるほうがよい。
3) 同じ企業で確定拠出年金のみ適用される従業員と、確定拠出年金と他の企業年金も適用される従業員のアセットアロケーションを決める際のリスク許容度は、確定拠出年金のみ適用されている従業員のほうが低くなる。
4) 確定拠出年金の加入者は、ライフプランを立て、それに合うような最も適したアセットアロケーションを決めることが大切である。

■ 解答・解説
1) 不適切。基礎的教育ではなく、各人のレベルに応じた教育を求めている。
2) 不適切。アセットアロケーションを決める際には、現在の資産や貯蓄も考慮して決める必要がある。
3) 不適切。リスク許容度は、個人の資産や年齢だけでなく、個人のリスクに対する選好度（反対の意味は拒否度）も含んでいる。したがって、設問の条件だけでは判断できない。
4) 最も適切。アセットアロケーションはライフプランに合うように、決めなくてはならない。

正解 ⇨ 4

分野 D　ライフプランニングとリタイアメントプランニング

《問10》 キャッシュフロー表の内容に関する次の記述で、正誤の組み合わせ 1）〜 4）のうち、適切なものはどれか。

> ──────────────── チェック欄 ☐☐☐ ─
>
> ア） キャッシュフロー表に記入する現状の収入については可処分所得を収入金額として把握し、自分以外の家族の分も含めるほうがよい。
> イ） キャッシュフロー表に記入する現状の資産は、購入価額で把握し、投資用不動産、ゴルフ会員権などでも、換金することができ、イベント費用として充当できるものは記入する。
> ウ） キャッシュフロー表に記入する将来の収支は、物価の変動を考慮して決めることが、重要なポイントである。
> エ） キャッシュフロー表に記入する「貯蓄残高」と「年間収支」が、プラスならば収支予想において資金計画が順調なので何もする必要がない。
>
> 1） ア）とウ）が誤っており、残りは正しい。
> 2） イ）とウ）が誤っており、残りは正しい。
> 3） イ）とエ）が誤っており、残りは正しい。
> 4） ウ）とエ）が誤っており、残りは正しい。

■ 解答・解説

ア） 正しい。キャッシュフロー表に記入する収入は、自分以外の家族の分も含めたほうがよい。

イ） 誤り。キャッシュフロー表に記入する資産は購入価額でなく、時価（現在価値）で記入する。

ウ） 正しい。将来の収支において、物価の変動をどのように予測するかは重要な点である。

エ） 誤り。「貯蓄残高」「年間収支」がプラスでも、それを維持安定させるため、定期的なチェックが必要である。

正解 ⇨ 3

《問11》 キャッシュフロー分析に関する次の記述のうち、最も不適切なものはどれか。

───── チェック欄 □□□ ─────

1) 家計の収支や貯蓄の状況を年次別に比較検討することにより、いつ、どのくらいの資金が必要なのかが明確になるので、ライフイベントの実行可能性や問題点がわかる。
2) キャッシュフロー表から読み取れないものは、ローンの内容、保証内容、金融資産のバランスなどがあり、これらも総合的に分析する必要がある。
3) キャッシュフロー分析で最も重要なものは貯蓄残高累計である。貯蓄残高累計がマイナスになった場合、至急どのライフイベントを除くかを考える必要がある。
4) キャッシュフロー分析をする場合、収入と支出の将来予想において物価の変動をどのように考えるかは重要である。

■ 解答・解説

1) 適切
2) 適切
3) 最も不適切。ある時期に貯蓄残高累計が一時的にマイナスになってもキャッシュフロー分析をして、継続的にマイナスにならなければライフイベントをすぐに除く必要はない。
4) 適切。物価の変動は、過去や現在の経済情勢から予想しなくてはならない。

正解 ⇨ 3

分野D　ライフプランニングとリタイアメントプランニング

《問12》　DCプランナーのキャッシュフロー分析に関する次の記述のうち、最も不適切なものはどれか。

チェック欄 ☐☐☐

1) キャッシュフロー分析の重要なポイントは、年間収支がマイナスの場合にそれが一時的なのか、継続性があるのかを確認する必要があることだ。
2) キャッシュフロー分析は、将来の資金計画を検討し、収支の動きをみて、プランの実現可能性を検証し、実現困難である場合は、対策前後のキャッシュフロー表を比較検討して改善案を作る。
3) キャッシュフロー表の収入は「可処分所得」を記入するが、給料から社会保険料、税金、生命保険料などを控除した額である。
4) キャッシュフロー分析による問題解決策において、確定拠出年金の運用結果は長期の積み立て資産の運用結果として大きな影響を与えることになる。

■ 解答・解説

1) 適切。キャッシュフロー分析では、年間収支のマイナスが継続するようなら改善策を考える必要がある。また、貯蓄残高がマイナスになる場合は見直しが必要となり、キャッシュフロー表を作成し直すこともある。
2) 適切。DCプランナーは顧客に対策前後のキャッシュフロー表を見せながら、問題点、改善策を説明する。
3) 最も不適切。「可処分所得」は給料から社会保険料、税金（直接税）を控除したもので、生命保険料、損害保険料などは控除しない。
4) 適切。確定拠出年金の運用結果はライフプラン全体に大きな影響を与える。確定拠出年金の運用成果は自己責任なので加入者自身が運用方法を学ぶ必要性が出てきた。

正解 ⇨ 3

《問 13》 次の記述のうち、最も正解に近いものはどれか（万円未満四捨五入）。

──── チェック欄 ☐☐☐ ────

1) 毎年 120 万円を 5 年間受け取るためには、年利 2 ％の運用で今現在 570 万円必要である。
2) 10 年後に 500 万円を受け取るためには、年利 2 ％の運用で毎年 42 万円の積み立てが必要である。
3) 1,000 万円を 20 年で取り崩す場合、年利 2 ％の運用で毎年 60 万円受け取れる。
4) 年利 1 ％で毎年 60 万円を積み立てていくと 20 年後の元利合計は 1,330 万円になる。

■ 解答・解説
1) 不適切。120 万円× 4.8077（5 年 2 ％の年金現価係数）≒ 577 万円
2) 不適切。500 万円÷ 11.1687（10 年 2 ％の年金終価係数）≒ 45 万円
3) 最も正解に近い。1,000 万円÷ 16.6785（20 年 2 ％の年金現価係数）≒ 60 万円
4) 不適切。60 万円× 22.2392（20 年 1 ％の年金終価係数）≒ 1,334 万円

正解 ⇨ 3

《問 14》 課税に関する次の記述のうち、不適切なものはどれか。

──── チェック欄 ☐☐☐ ────

1) 定年後、受け取る雇用保険の基本手当や高年齢雇用継続給付等は収入として確定申告する必要はない。
2) 民間生命保険会社の個人年金保険を解約した収入は、一時所得になる。
3) 財形貯蓄年金と中小企業退職金共済制度の分割（年金）払いには、公的年金等控除が適用される。
4) 中小企業退職金共済制度の一時払い共済金は退職所得になる。

■ 解答・解説
1) 適切。雇用保険の基本手当や高年齢雇用継続給付等は非課税なので申告する必要はない。
2) 適切
3) 不適切。財形貯蓄年金には、公的年金等控除は適用されない。
4) 適切

正解 ⇨ 3

《問15》 次の給付を個人で受け取る場合の相続税法上の扱いに関して適切なものはどれか。

1) 確定拠出年金の企業型年金規約に基づき死亡一時金として受け取る場合、相続税は課税されない。
2) 確定給付企業年金の規約に基づき遺族給付金として受け取る場合、相続税は課税されない。
3) 厚生年金基金の規約に基づき死亡一時金として受ける場合、相続税は課税されない。
4) 中小企業退職金共済から受け取る遺族一時金は相続税が課税されない。

■ 解答・解説
1) 不適切。相続税法上のみなし相続財産とされ課税される。（相続税法3条、相続税法施行令1条の3）
2) 不適切。1)と同様、相続税法上のみなし相続財産とされ課税される。
3) 適切。遺族が受け取る給付で非課税なものには、厚生年金基金の死亡一時金と国民年金基金の遺族一時金がある。
4) 不適切。1)と同様、相続税法上のみなし相続財産とされ課税される。

正解 ⇨ 3

《問16》 老後資金の積み立てに関する次の記述で、運用残高として最も近いものはどれか。

チェック欄 ☐☐☐

Aさん(30歳)の会社には企業年金がなかったが、確定拠出年金(企業型年金)が導入され、会社の掛金は月額2万円である。マッチング拠出も実施され、Aさんは法定限度額を拠出することとした。Aさんが50歳で会社を退職し、同時に自営業者として60歳になるまで確定拠出年金(個人型年金)に加入して、掛金を拠出限度額(国民年金基金、付加年金には未加入)とした場合、60歳時点での運用金残高として最も近いものはどれか。当初の10年間に積み立てた残高の運用も含めて、全期間の運用利率は年2%とする。なお、手数料や税金は考慮しないものとする。

1) 2,260万円　　2) 2,310万円　　3) 2,360万円　　4) 2,410万円

■ 解答・解説

① 企業型年金の掛金拠出限度額は他の企業年金がない場合、労使合計で月額55,000円である。しかし、マッチング拠出の加入者掛金(従業員掛金)は事業主掛金を超えることができないので、Aさんの拠出できる加入者掛金の法定限度額は会社の掛金と同額の月額2万円である。したがって、在職中のAさんの掛金額は会社の掛金と合わせて月額4万円となり、年間48万円(4万円×12カ月)を拠出することになる。

② Aさんが20年間(30歳から50歳になるまで)、運用利率年2%で毎年48万円を積み立てた合計額は、以下のように計算できる(1円未満切り捨て。以下同じ)。

48万円×24.7833(運用利率2%、運用期間20年の年金終価係数)
＝ 11,895,984円(50歳時点での積み立て合計額)

③ ②の金額を10年間(50歳から60歳になるまで)、運用利率年2%で運用した元利合計額は、以下のように計算できる。

11,895,984円×1.2190(運用利率2%、運用期間10年の終価係数)
≒ 14,501,204円(60歳時点での運用残高)

④ 確定拠出年金（個人型年金）で、自営業者等の月額拠出限度額は、68,000円（国民年金基金、付加年金には未加入の場合）であるから、Aさんの掛金額は、年額 816,000 円（68,000 円× 12 カ月）である。Aさんが 10 年間（50 歳から 60 歳になるまで）、運用利率年 2％ で毎年 816,000 円を積み立てた合計額は、以下のように計算できる（1 円未満切り捨て。以下同じ）。

816,000 円× 11.1687（運用利率 2％、運用期間 10 年の年金終価係数）
≒ 9,113,659 円（60 歳時点での積み立て合計額）

⑤ 60 歳時点での運用残高は、③＋④で求められる。
14,501,204 円 +9,113,659 円 = 23,614,863 円

以上から、最も近いのは、3）の 2,360 万円である。　　　　　　正解 ⇨ 3

《問 17》 退職所得に係る税金に関する次の記述のうち、適切なものはどれか。

チェック欄 ☐☐☐

1) 退職所得は、「退職所得の受給に関する申告書」を提出している場合は、総合課税になり、他の所得と合算して源泉徴収される。
2) 前払い退職金は、一般的には一時所得や給与所得とみなされ、退職所得控除の対象とならないが、確定拠出年金との選択制の場合は、退職所得とみなされ、退職所得控除の対象となる。
3) 退職所得の計算において、勤続年数が 28 年 5 カ月の人が退職一時金として 1,500 万円を受け取った場合の退職所得は、35 万円である。
4) 確定拠出年金の企業型年金に 20 年間加入、運用指図者期間 2 年の 60 歳の人が一時金 1,000 万円を受け取った場合の退職所得は 60 万円である。

■ 解答・解説
1) 不適切。「退職所得の受給に関する申告書」を提出している場合は、分離課税になる。
2) 不適切。前払い退職金は、確定拠出年金との選択制であっても、退職所得とはみなされない。

3) 適切

勤続年数	退職所得控除額
20年以下	40万円×勤続年数（最低保障80万円）
20年超	｛70万円×（勤続年数－20年）｝＋800万円

＊勤続1年未満の端数は切上げとする。

（退職一時金－退職所得控除額）×2分の1＝退職所得（課税対象額）

｛70万円×（29年－20年）｝＋800万円＝1,430万円（退職所得控除額）

（1,500万円－1,430万円）×2分の1＝35万円（退職所得）

4) 不適切。前記参照（運用指図者期間は勤続年数に含めない）

40万円×20年＝800万円（退職所得控除額）

（1,000万円－800万円）×2分の1＝100万円（退職所得）　　正解 ⇨ 3

《問18》 公的年金に係る税金に関する次の記述のうち、不適切なものはどれか。

───── チェック欄 ☐☐☐ ─────

1) 確定拠出年金の老齢給付金を年金で受給する場合には、「公的年金等に係る雑所得」として扱われる。
2) 公的年金等には、確定拠出年金のほかに公的年金（国民年金、厚生年金、共済年金）の老齢給付、企業年金（適格退職年金、厚生年金基金、確定給付企業年金）、中小企業退職金共済制度の給付金などもあり、これらを合算したものが、公的年金等に係る雑所得となる。
3) 公的年金等に係る雑所得の課税は、給与所得、不動産所得など他の所得と合わせた総合課税である。
4) 特定退職金共済制度は確定拠出年金法による企業年金に入っていないため分割（年金）払いは、公的年金等控除の対象にならない。

■ 解答・解説

1) 適切　2) 適切　3) 適切

4) 不適切。特定退職金共済制度と中小企業退職金共済制度は確定拠出年金法の企業年金に入っていないが、「公的年金等に係る雑所得」とみなされ、公的年金等控除の対象となる。　　正解 ⇨ 4

PART 3

応用編
（設例問題による演習）

※解答にあたって必要な場合は、373・374ページの係数表を使用すること

【設例1】 公的年金の支給開始年齢と夫婦の年金

チェック欄 ☐☐☐

> Aさん(昭和36年4月1日生まれ)は大卒のサラリーマンであり、家族は、妻(昭和41年4月20日生まれ)、長男(26歳)、長女(17歳)の4人家族である。会社は60歳の定年後も65歳までは継続雇用の制度で働くことができるが、50歳台後半になったAさんは年金を意識した資産の現状を確認してみることにした。

《問1》 Aさんが受給できる65歳前の公的年金と支給開始年齢について、次のうち最も適切なものはどれか。

1) 63歳より特別支給の老齢厚生年金(報酬比例部分＋定額部分)
2) 63歳より特別支給の老齢厚生年金(報酬比例部分)
3) 64歳より特別支給の老齢厚生年金(報酬比例部分)
4) 65歳前は繰上げ支給を請求しなければ受給できない

《問2》 Aさんの妻は専業主婦で厚生年金保険の加入歴はなかった。しかし5年前からパートで働き出し、厚生年金保険にも加入している。加給年金と振替加算について、次のうち最も適切なものはどれか。

1) Aさんは、65歳前に加給年金を受給できることもある。
2) Aさんは、妻がパートで厚生年金保険に加入している間は加給年金に配偶者特別加算が付かない。
3) Aさんの妻は、65歳から振替加算を受給できる。
4) 振替加算額は加給年金受給者の生年月日により異なる。

《問3》 Aさんが現時点で万が一死亡した場合の遺族給付に関して、次のうち適切なものはどれか。

1) Aさんの妻は遺族基礎年金が受給できるが、平成30年度の場合、子の加算も合わせて年額1,003,600円である。
2) Aさんの妻は遺族厚生年金も受給できるが、40歳を超えているので中高齢寡婦加算とともに受給開始できる。
3) Aさんの妻は、65歳から経過的寡婦加算を受給できる。
4) Aさんの妻は、65歳からは自分の老齢厚生年金と遺族厚生年金との選択になるが、多いほうを受給できる。

■ 解答・解説

設例のねらいと解答のポイント

公的年金の基本事項を確認する問題である。65歳前の特別支給の老齢厚生年金は生年月日と性別による支給開始年齢を記憶しておくとともに移行完了の生年月日を確認しておきたい。夫婦と公的年金の関係も重要で、加給年金と振替加算の関係、遺族年金のルールの基本を押さえておくことで応用的な問題にも対応できるようになる。

《問1》
　特別支給の老齢厚生年金（65歳前の老齢厚生年金）の支給開始年齢引き上げ（65歳支給開始への移行）は、次ページの表のとおりである。昭和16年4月2日生まれの男性から2年間隔で移行していくが定額部分引き上げ終了から報酬比例部分引き上げ開始時だけが4年間隔（昭24.4.2～昭28.4.1）となる。これを覚えておけば、生年月日がわかれば計算可能である。Aさんは4月1日生まれであることに注意する

正解 ⇨ 3

○特別支給の老齢厚生年金の支給開始年齢（男性）

生年月日	報酬比例部分	定額部分
昭和16年4月1日以前生まれ	60歳	60歳
昭和16年4月2日～昭和18年4月1日	60歳	61歳
昭和18年4月2日～昭和20年4月1日	60歳	62歳
昭和20年4月2日～昭和22年4月1日	60歳	63歳
昭和22年4月2日～昭和24年4月1日	60歳	64歳
昭和24年4月2日～昭和28年4月1日	60歳	
昭和28年4月2日～昭和30年4月1日	61歳	
昭和30年4月2日～昭和32年4月1日	62歳	
昭和32年4月2日～昭和34年4月1日	63歳	
昭和34年4月2日～昭和36年4月1日	64歳	

※昭和36年4月2日以後生まれは、65歳から報酬比例部分が本来の老齢厚生年金として支給される。
※女性は5年遅れ

《問2》

1) 適切。定額部分がない人の加給年金は65歳加算開始となる。ただし、長期加入者の特例（厚生年金保険44年以上加入）と障害者の特例（障害等級3級以上に該当）の場合は報酬比例部分支給開始から定額部分とともに加給年金も加算される。Aさんの場合、報酬比例部分が64歳支給開始になる。大卒なので44年加入になる可能性はないが今後、障害を負えば退職して障害者の特例に該当する可能性はある。

2) 不適切。配偶者の加給年金は配偶者特別加算とセットで支給され、厚生年金保険加入歴が夫婦とも20年以上でなければ支給停止にはならない。Aさんの妻は今後65歳になるまでパート勤務を続けても厚生年金保険加入歴が20年に届かないのでAさんの加給年金は支給される。

3) 不適切。振替加算は昭和41年4月2日生まれ以降の妻には支給されない。

4) 不適切。「加給年金受給者の生年月日」ではなく配偶者の生年月日である。加給年金は「受給者本人（夫）の生年月日」、振替加算は「配偶者（妻）の生年月日」であることに注意する。

正解 ⇨ 1

《問3》
1) 適切。遺族基礎年金の平成30年度額は、本体が779,300円（老齢基礎年金の満額と同額）、子の加算は2人目までが各224,300円、3人目以降が各74,800円である。Aさんの妻の場合、該当する子は17歳の長女だけなので、「779,300円 + 224,300円 = 1,003,600円」となる。
2) 不適切。Aさんの妻は中高齢寡婦加算が受給できるが、遺族基礎年金受給中は支給停止となる。そのため、遺族基礎年金と遺族厚生年金で受給開始になり、長女が18歳年度末を迎えて遺族基礎年金が終了してからの中高齢寡婦加算が受給開始となる。
3) 不適切。経過的寡婦加算は昭和31年4月2日生まれ以降の妻には支給されない。
4) 不適切。遺族厚生年金は65歳前は自分（妻）の年金（繰上げ支給の老齢基礎年金含む）との選択だが、65歳以降は、遺族厚生年金の額が多くても、まず自分の老齢厚生年金を受給し、差額のみが遺族厚生年金として支給される。老齢基礎年金はそのまま支給される。つまり、65歳以降は「老齢基礎年金 + 老齢厚生年金 + 遺族厚生年金（差額分）」となる。

正解 ⇨ 1

【設例2】 60歳以降の働き方と在職老齢年金

Bさん（昭和32年10月10日生まれ）はX社を60歳で定年退職後、継続雇用（社会保険加入）で働いている。希望すれば65歳まで働くことができるが、63歳からは特別支給の老齢厚生年金の支給も始まる。そのため、63歳以降の働き方について検討を始めたところである。

〈Bさんのデータ〉
60歳時の賃金　40万円　　60歳以降の賃金　24万円（賞与なし）
報酬比例部分　月額10万円（63歳支給開始）

《問1》 Bさんは現在、高年齢雇用継続基本給付金を受給しているが、受給額として適切なものは次のうちどれか。

1) 14,400円　　2) 36,000円　　3) 48,000円　　4) 60,000円

《問2》 Bさんが63歳以降もそのままの条件で65歳になるまで働いた場合、受給できる年金月額として適切なものは次のうちどれか。

1) 40,000円　　2) 42,000円　　3) 55,600円　　4) 70,000円

《問3》 Bさんが63歳時点で厚生年金保険から外れるように勤務時間を短縮して週20時間とし、賃金も20万円に下がった場合、総収入額として適切なものは次のうちどれか。

1) 300,000円　　2) 318,000円　　3) 330,000円　　4) 336,000円

■ 解答・解説

設例のねらいと解答のポイント

60歳台前半の働き方と収入の変化を確認する問題である。60歳台前半は、賃金、高年齢雇用継続給付、特別支給の老齢厚生年金（報酬比例部分）の3つが収入源となる。3つの制度の基本と併給調整のルールを押さえ、どのバリエーションでも対応できるようにしておきたい。

《問1》

　高年齢雇用継続給付（高年齢雇用継続基本給付金、高年齢再就職給付金）は、原則として60歳到達時の賃金に対して75%未満に下がった場合、新賃金の一定率を支給する制度である。下落率が大きいほど支給率は上がるが、61%以下は新賃金の一律15%（最大支給率）となる。Bさんの場合、以下のように計算できる。

・賃金の下落率＝24万円÷40万円＝60％
・高年齢雇用継続基本給付金の受給額＝24万円×15％＝36,000円

　なお、賃金や給付金支給額には限度額があり、毎年8月1日に改定されるので注意する。

正解 ⇨ 2

《問2》
　60歳台前半の在職老齢年金による支給停止額の計算式は、4種類あるが、実際には以下の式に限られる（総報酬月額相当額46万円以下で基本月額〈年金月額〉28万円超のケース）。

　　｛（総報酬月額相当額＋基本月額）－28万円｝÷2＝支給停止月額

　また、高年齢雇用継続給付と在職老齢年金には併給調整があり、高年齢雇用継続給付の支給率に応じて在職老齢年金が追加で支給停止される。高年齢雇用継続給付の支給率が15％のときは在職老齢年金は標準報酬月額の6％（最大の支給停止率）が追加で支給停止となる。ここで高年齢雇用継続給付は賃金実額、在職老齢年金は標準報酬月額を基準とすることに注意する。

　以上から、Bさんの場合、以下のように計算できる。

・｛（24万円＋10万円）－28万円｝÷2＝3万円……支給停止月額
・24万円×6％＝1.44万円……高年齢雇用継続給付との併給調整
・在職老齢年金額＝10万円－3万円－1.44万円＝55,600円

正解 ⇨ 3

《問3》
　週20時間以上勤務すれば、社会保険（厚生年金保険、健康保険）から外れても雇用保険には加入となる。そのため、Bさんは、以下のように賃金、報酬比例部分（支給停止なし）、高年齢雇用継続基本給付金の3つを受給できる。

・賃金＝20万円（賃金の下落率＝20万円÷40万円＝50％）
・報酬比例部分＝10万円
・高年齢雇用継続基本給付金の受給額＝20万円×15％＝3万円
　以上から、総収入額＝20万円＋10万円＋3万円＝330,000円

なお、高年齢雇用継続給付は毎月の賃金支給額が対象となるため、残業などがある場合は月によって変動する可能性がある。支給申請は原則として2カ月に一度行う。

正解 ⇨ 3

【設例3】 確定拠出年金による資産形成と税制

チェック欄 ☐☐☐

> 確定拠出年金の企業型を導入している株式会社C社で勤務している女性従業員Tさん(年齢28歳)は、2年4カ月勤務してこの度退職することになった。退職時点でのTさんの積立金残高は48万円で、企業の拠出金の累計は42万円である。TさんはC社の確定拠出年金にしか加入したことがなく、加入期間は勤務期間と同じ2年4カ月である。なお、C社は他に退職金制度はない。Tさんの夫のUさん(年齢30歳)は自営業者で国民年金に加入しているが、確定拠出年金の個人型年金の加入を検討している。

《問1》 Tさんは、その後60歳になるまで32年間、運用指図者として積立金の運用を続けた。その結果、積立金残高は300万円になった。これを受け取る場合の退職所得控除ができる金額として、適切なものは下記のうちどれか。

1) 42万円　　2) 48万円　　3) 120万円　　4) 300万円

《問2》 夫のUさんは確定拠出年金の個人型年金に加入し、税制上の優遇措置を活用したいと思っている。次のうち適切なものはどれか。

1) 個人型年金の掛金は、生命保険料控除として所得控除の対象になる。
2) 老齢給付金を一時金として受け取る場合は退職所得控除になり年金として受け取る場合は公的年金と同じ扱いで雑所得として公的年金等控除

の対象になる。
3) 死亡一時金は相続税がかかり、法定相続人1人当たり1,000万円までは非課税になる。
4) 年金資産の運用時の運用益は非課税だが、全加入者の積立金総額に特別法人税が課税される。なお、課税は平成29年3月31日までは凍結されていたが平成29年4月1日からは課税されている。

《問3》 Uさんは60歳まで今後30年間個人型年金に毎月5万円を拠出し、その資金を60歳から20年間年金として毎年受給したいと考えている。掛金拠出中の運用利率は年2%、受給開始後からの運用利率は年1%、掛金拠出は年1回として、税金及び手数料は計算しないものとする。毎年取り崩すことができる金額に近いものは、次のうちどれか。

1) 126万円　　2) 136万円　　3) 151万円　　4) 162万円

■ 解答・解説

　　　　　　　　　設例のねらいと解答のポイント
　確定拠出年金を一時金で受け取る場合の退職所得控除額、個人型年金に加入する場合の税制上の措置、年金終価係数表や年金現価係数表の使い方、運用指図者期間は退職所得控除の対象となる勤務期間とならないことなどを確認する。

《問1》
　確定拠出年金の運用指図者としての運用期間は、退職所得控除の勤続年数の対象にならない。Tさんの勤続年数は2年4カ月なので、切り上げて3年とする。退職所得控除額は、「40万円×3年＝120万円」となる。

正解 ⇨ 3

《問2》
1) 不適切。小規模企業共済等掛金控除として所得控除の対象となる。
2) 適切。一時金は退職所得控除、年金は公的年金等控除の対象になる。

3) 不適切。1人当たり500万円まで非課税である。
4) 不適切。特別法人税は平成32年3月31日まで凍結が延長された。

正解 ⇨ 2

《問3》

運用利率2％で30年間運用したときの年金終価係数は、年金終価係数表より41.3794である。したがって、夫Uさんの60歳時の積立総額は、以下の式により計算できる。

60万円 × 41.3794 = 24,827,640円

これを原資に、運用利率1％で運用しながら取り崩し、20年間にわたって毎年年金を受け取る。年金現価係数表より1％で20年の年金現価係数は18.226であるから、毎年の年金額は以下の式により計算できる。

24,827,640円 ÷ 18.226 ≒ 1,362,210円

したがって、約136万円となる。

正解 ⇨ 2

【設例4】 退職者の厚生年金基金資産の移換

チェック欄 ☐☐☐

> Nさん(32歳)は、9年間勤務していたB社を退職することになった。B社は厚生年金基金を導入しており、Nさんも加入員であった。選択肢は複数あったが、Nさんは退職後に厚生年金基金の年金資産を企業年金連合会に移換することとした。

《問1》 Nさんが厚生年金基金の年金資産を企業年金連合会（連合会）へ移換する場合、可能なものはいくつあるか。

ア）基本部分と脱退一時金相当額を連合会に移換する
イ）脱退一時金を受け取り、基本部分のみを連合会に移換する
ウ）基本部分は国に移換し、脱退一時金相当額のみを連合会に移換する
エ）脱退一時金相当額のみを連合会に移換し、将来、連合会から通算企業年金を受け取る

1) 1つ　　2) 2つ　　3) 3つ　　4) 4つ

《問2》 Nさんが、退職時に厚生年金基金の脱退一時金相当額を受給した場合の課税関係について、適切なものはどれか。

1) 雑所得　　2) 一時所得　　3) 退職所得　　4) 非課税所得

《問3》 Nさんが退職による中途脱退ではなく、B社の厚生年金基金が解散した場合、次のうち適切なものはいくつあるか。

ア）最低責任準備金を国に移換し、将来、老齢厚生年金として国から受給。
イ）最低責任準備金を連合会に移換し、将来、代行年金として受給。
ウ）残余財産分配金を連合会に移換して将来、通算企業年金として受給。
エ）最低責任準備金と残余財産分配金を連合会に移換し、将来、代行年金と通算企業年金として受給。

1) 1つ　2) 2つ　3) 3つ　4) 4つ

■ 解答・解説

> **設例のねらいと解答のポイント**
>
> 厚生年金基金を中途脱退した短期退職者が企業年金連合会に年金資産を移換する仕組みを整理する設問である。同時に、厚生年金基金見直し法による平成26（2014）年4月以降の改正をふまえた厚生年金基金解散のケースと併せて理解する必要がある。代行部分である基本年金部分は連合会に移換できなくなった点がポイントである。中途脱退でも解散でも基本的に移換の仕組みは同じであるが、用語の違いに戸惑わないようにしてほしい。

《問1》

　退職して厚生年金基金を脱退した場合、一定の加入期間がある者は将来、加入していた基金から基本部分（代行部分に代行部分の上乗せ分を加算した部分）および加算部分（上乗せ分）が支給される。しかし、短期退職者（規約によって定めるが10年未満が多い）については、加算部分は脱退一時金として受給するか、脱退一時金相当額として企業年金連合会へ移換できる。基本部分は、従来は連合会に移換されていたが平成26年4月以降は連合会に移換することはできなくなった。そのため、脱退一時金相当額を連合会に移換した短期退職者の基本部分は加入していた基金が将来支給することになる。連合会に移換された脱退一時金相当額は将来、通算企業年金として連合会から支給される。

　以上から、可能な移換はエ）のみである。　　　　　　　　正解 ⇨ 1

《問2》

　Nさんが退職時に厚生年金基金の脱退一時金を受給した場合の税額は退職所得となる。　　　　　　　　　　　　　　　　　　　　正解 ⇨ 3

《問3》
　　解散の場合も移換の仕組みは中途脱退とほぼ同じである。最低責任準備金とは代行部分を支給するのに必要な年金資産額で、中途脱退の「基本部分」に相当する。基金が解散して消滅してしまうため国に返還されて、将来、老齢厚生年金として国から支給される。残余財産分配金とは清算による加算部分の残りであり、中途脱退の「脱退一時金相当額」に相当する。
　　以上から、適切なものはア）とウ）である。　　　　　　　正解 ⇨ 2

【設例5】　厚生年金基金から他制度への移行

チェック欄 □□□

　　A社（資本金1億5,000万円、従業員500人、製造業、労働組合なし）は、退職給付積立手段として総合型厚生年金基金を採用している。A社の加入する総合型厚生年金基金は財政状態が著しく悪化しており、A社では比較的自社の財政に余裕があるうちに脱退し、他の制度に移行することとした。移行先としては、中小企業退職金共済、確定拠出年金、確定給付企業年金の3つを検討している。しかし、法律上可能かどうかなど不明な点が多いため、DCプランナーのMさんにコンサルタントを依頼した。

《問1》　A社は、総合型厚生年金基金から中小企業退職金共済に移行することができるかどうかMさんに聞いてみた。これに関するMさんの説明のうち、適切なものはどれか。

1）「貴社（A社）は、従業員数が加入基準の範囲内を超えていますが、資本金が加入基準の範囲内ですので、総合型厚生年金基金から中小企業退職金共済へ移行できます」
2）「貴社（A社）は、資本金が加入基準の範囲内ですが、従業員が加入基準の範囲を超えているので、総合型厚生年金基金から中小企業退職金共済へは移行できません」

3)「貴社（A社）は、資本金・従業員数とも加入基準の範囲内ですので、総合型厚生年金基金から中小企業退職金共済へ移行できます」
4)「総合型厚生年金基金から中小企業退職金共済への移行は制度上できないことになっています」

《問2》 A社は、総合型厚生年金基金から確定拠出年金や確定給付企業年金に移行することができるかどうかMさんに聞いてみた。これに関するMさんの説明のうち、最も不適切なものはどれか。

1)「貴社（A社）は、総合型厚生年金基金から確定拠出年金や確定給付企業年金へ移行することは可能ですが、積立不足がある基金では脱退時に脱退特別掛金を支払う必要があります」
2)「総合型厚生年金基金から脱退するには、基金の代議員会で3分の2以上の同意を得る必要があります」
3)「総合型厚生年金基金から脱退するには、従業員の2分の1以上の同意を得る必要があります」
4)「総合型厚生年金基金から脱退するには、厚生労働大臣の承認を得る必要があります」

《問3》 A社は、確定拠出年金と確定給付企業年金についてMさんに聞いてみた。これに関するMさんの説明のうち、適切なものはいくつあるか。

ア)「貴社（A社）は、従業員500人なので確定給付企業年金の規約型には移行できますが基金型には移行できません
イ)「貴社（A社）が確定給付企業年金に移行した場合、従業員掛金は社会保険料控除から小規模企業共済等掛金控除に変更になります」
ウ)「貴社（A社）が確定拠出年金に移行した場合、掛金の限度額は月額27,500円になります」
エ)「貴社（A社）が確定拠出年金に移行してマッチング拠出を導入する

場合、従業員掛金は社会保険料控除から小規模企業共済等掛金控除に変更になります」

1) 1つ　　2) 2つ　　3) 3つ　　4) 4つ

■ 解答・解説

> **設例のねらいと解答のポイント**
>
> 2002(平成14)年に確定給付企業年金法が施行されてから10年の経過期間を経て適格退職年金も廃止された。今後は厚生年金基金の存廃と移行の問題が焦点となってくる。本問では、厚生年金基金から移行できる制度(確定給付企業年金、確定拠出年金、中小企業退職金共済)について要件等の理解と各制度の特徴や違いを確認する。

《問1》

　従来は、厚生年金基金から中小企業退職金共済(中退共)への資産移換による移行は認められていなかった。しかし、厚生年金基金見直し法により、平成26(2014)年4月から、厚生年金基金から中退共への移行ができるようになった。総合型厚生年金基金でも、解散後は事業所ごとに移行の選択をすることができる。ただし、次ページの表のように、中退共へ移行できる企業の要件を満たしていなければならない。A社は製造業で資本金が3億円以下なので基準を満たしている。

正解 ⇨ 1

(参考)　中小企業退職金共済に加入できる企業の要件

業種	資本金・常用従業員数
一般業種（製造業・建築業等）	3億円以下または300人以下
卸売業	1億円以下または100人以下
サービス業	5,000万円以下または100人以下
小売業	5,000万円以下または50人以下

《問2》
1) 適切。脱退特別掛金（脱退時の負担金）の支払いが巨額になるため、総合型厚生年金基金から脱退したくてもできない企業が多い。
2) 適切。企業が希望しても、基金の代議員会で同意が得られない場合は脱退できないことがある。
3) 適切。その他に事業主の同意も必要である。
4) 最も不適切。「承認」ではなく、<u>認可</u>が必要。

正解 ⇨ 4

《問3》
ア）不適切。規約型にも基金型にも移行できる。基金型の従業員の人数要件は300人以上である。規約型には人数要件はない。
イ）不適切。従業員掛金は<u>生命保険料控除</u>になる。
ウ）不適切。他に企業年金がないA社の掛金の限度額は月額55,000円になる。なお、個人型年金への同時加入を認める場合は、企業型年金規約で事業主掛金の上限を年額42万円(個人型年金の上限24万円と合わせて拠出限度額が法定の66万円になる)に定める必要がある。
エ）適切
したがって、適切なものはエ）の1つ。

正解 ⇨ 1

【設例6】 企業型年金加入者の退職後の選択

チェック欄 □□□

> D社（資本金2億円、従業員500人、卸売業、労働組合なし）は、確定拠出年金を導入しているほかに特定退職金共済制度を退職金積立手段としている。D社従業員のP子さん（勤続2年、女性）は企業型年金に加入しているが、このほど同じ会社の同僚Sさんと結婚することになり、D社を退職することになった。

《問1》 P子さんがD社退職後とりうる行動として制度上認められないものはどれか。

1) 確定給付企業年金のみを導入している他の会社に再就職して、個人型年金の加入者となる。
2) 企業型年金（マッチング拠出あり）を導入している他の会社に再就職して、マッチング拠出をせずに個人型年金の加入者となる。
3) 専業主婦として個人型年金の加入者となる。
4) 専業主婦として個人型年金の運用指図者となる。

《問2》 D社の企業型年金規約で、加入期間3年未満の従業員が退職した際、企業に年金資産を100％返還する旨の規定がある場合に関する次の記述のうち、制度上認められないものはいくつあるか。なお、D社はマッチング拠出は導入していない。

ア) 運用損が出た場合でも掛金相当額は返還する。
イ) 運用損が出た場合は掛金相当額から運用損相当額を控除して返還する。
ウ) 運用益が出た場合は掛金相当額と運用益すべてを返還する。
エ) 運用益が出た場合でも掛金相当額のみを返還する。

　　1) 1つ　　2) 2つ　　3) 3つ　　4) 4つ

《問3》 平成29年1月以降に退職して企業型年金を脱退した場合の脱退一時金に関する次の記述のうち、適切なものはいくつあるか。

ア) 通算拠出期間3年以下または年金資産50万円以下で、他の要件を満たしていれば脱退一時金を受給できる
イ) 年金資産が1万5,000円以下の場合、他の要件を満たしていれば脱退一時金を受給できる
ウ) 脱退一時金の請求期限は企業型年金の資格喪失日から3年以内

1) 1つ　　2) 2つ　　3) 3つ　　4) すべて不適切

■ 解答・解説

　　　　　　　　　設例のねらいと解答のポイント
　確定拠出年金制度が始まって17年余り、この間、企業型年金の加入者も650万人を突破した。それに伴い、企業型年金の加入者が退職し、企業型年金の加入者資格を喪失する者も増加している。そこで、本問では、企業型年金の加入者資格を喪失した場合、今後どのような選択をするか、企業型年金における勤続3年未満における年金資産の返還のルールを理解しているか、また改正のあった個人型年金の加入者拡大と脱退一時金の規定を理解しているかを確認する。

《問1》
1) 認められる。法改正により、平成29(2017)年1月からは、企業型年金を導入せず他の企業年金(確定給付企業年金など)がある企業の従業員でも個人型年金に加入できるようになった。
2) 認められない。マッチング拠出がある場合は、加入者拠出をしてもしなくても個人型年金には加入できない。
3) 認められる。平成29(2017)年1月からは、専業主婦(国民年金第3号被保険者)や公務員も個人型年金に加入できるようになった。
4) 認められる

正解 ⇨ 2

《問2》
ア） 認められない。運用損が出た場合は掛金相当額から運用損相当額を控除して返還する。
イ） 認められる
ウ） 認められない。運用益が出た場合でも掛金相当額のみを返還する。
エ） 認められる

したがって、制度上認められないものは、ア）とウ）の2つである。

なお、マッチング拠出（加入者拠出）を導入している企業は、運用損で年金資産が事業主掛金を割り込んだ場合、単純に年金資産を返還させることはできない。事業主掛金に相当する原資分を算定する方法を規約で定め、加入者掛金の返還をゼロにすることはできない。

正解 ⇨ 2

《問3》
法改正による個人型年金加入者拡大に伴い、平成29年1月からは脱退一時金の受給はごく一部に限定されることになった。具体的には、次の2つのケースのみである。

① 「国民年金の保険料免除者（障害事由を除く）である」「確定拠出年金の障害給付金の受給権者でない」「通算拠出期間3年以下または個人別管理資産（年金資産）25万円以下」などの要件をすべて満たす
② 企業型年金脱退時に個人別管理資産1万5,000円以下である場合。なお、脱退後、確定拠出年金の加入者や運用指図者になっている場合は受給できない

ア） 不適切。「年金資産50万円以下」ではなく、年金資産25万円以下である。
イ） 適切
ウ） 不適切。年金資産1万5,000円以下の場合の請求期限は「資格喪失日の翌月から6カ月以内」、その他の脱退一時金の請求期限は「資格喪失日から2年以内」である。

正解 ⇨ 1

【設例7】 分散投資と資産組入れ比率

チェック欄 ☐☐☐

今年35歳になるサラリーマンのSさんは、先ごろ確定拠出年金を実施している会社に転職した。確定拠出年金を運用するにあたり、リスク等を計算したうえで資産の組入れ比率を決め、そのうえで、分散投資の効果についても考えてみたいと思っている。

《問1》 Sさんは、投資信託（投信）を運用対象とすることにし、期待リターン12％の株式で運用するA投信と、期待リターン2％の債券で運用するB投信を組み合わせようと考えている。この場合、期待リターンが6％となる割合の組み合わせは、次のうちどれか。

1) A投信 30％、B投信 70％
2) A投信 35％、B投信 65％
3) A投信 40％、B投信 60％
4) A投信 45％、B投信 55％

《問2》 Sさんは、リスクが20％の株式で運用するC投信と、リスクが5％の債券で運用するD投信を組み合わせようと考えている。2つの投信の相関係数が−0.5（マイナス0.5）のとき、C投信を40％、D投信を60％組み入れた場合のリスク（標準偏差）の数値は、次のうちどれか。答は小数点第2位以下を四捨五入すること。

1) 7.0％
2) 9.8％
3) 11.8％
4) 13.8％

《問3》 分散投資の効果に関する次の文中の（　　）内に入る最も適切な語句の組合せとして適切なものは、次のうちどれか。

　C投信とD投信のリスクの加重平均値は、「$(20 \times 0.4) + (5 \times 0.6) = 11$（％）」となり、《問2》で計算された組合せ（ポートフォリオ）よりも（　①　）なる。また、この数値は、相関係数（　②　）のポートフォリオのリスクと一致する。これにより、相関係数が（　③　）なるほど分散投資によるリスク低減効果が大きくなることがわかる。

1)　① 高く　　② 1　　③ 低く
2)　① 低く　　② −1　　③ 高く
3)　① 高く　　② −1　　③ 低く
4)　① 低く　　② 1　　③ 高く

■ 解答・解説

　　　設例のねらいと解答のポイント
　単純に期待リターンを求める問題から難易度を上げて、資産の配分比率を連立方程式を解くことで求める問題である。また、互いの値動きが異なる資産に幅広く分散投資することによって、リスクを低減する効果があることを数字的に理解することが大切である。

《問1》
　A投信の組入れ比率(配分比率)をX、B投信の組入れ比率をYとすると以下のような計算式が成り立つ。
　（Aの期待リターン×Aの組入れ比率）+（Bの期待リターン×Bの組入れ比率）=（12％×X）+（2％×Y）= 6.0％　…………①
　また、ポートフォリオはA投信とB投信から構成されているので、
　X + Y = 1 ……………………………………………②
となる。①と②の連立方程式を解くとXとYの値は以下のとおりである。

X = 0.4　　　Y = 0.6

計算結果から、3）が正解である。

正解 ⇨ 3

《問2》

C投信とD投信から構成されているポートフォリオのリスク（標準偏差）は、以下のように計算できる。ここでは、期待リターンの数値は使用しないことに注意。

$\sqrt{(Cのリスク^2 \times Cの投資比率^2) + (Dのリスク^2 \times Dの投資比率^2) + 2 \times 相関係数 \times Cのリスク \times Dのリスク \times Cの投資比率 \times Dの投資比率}$

$= \sqrt{(20^2 \times 0.4^2) + (5^2 \times 0.6^2) + 2 \times (-0.5) \times 20 \times 5 \times 0.4 \times 0.6}$

$= \sqrt{49} = 7.0$（％）

計算結果から、1）が正解である。

正解 ⇨ 1

《問3》

問題文の計算式「(20×0.4)+(5×0.6)=11（％）」は投資比率を按分した平均値なので、加重平均値である。これは、《問2》の計算式で相関係数を1とした場合の標準偏差に一致する。また、《問2》で計算されたポートフォリオの標準偏差(7.0％)よりも「高く（①）」（リスクが高く）なる。逆に、本問の相関係数「1（②）」に対して《問2》のポートフォリオの相関係数は「-0.5」で低くなっている。ここから、相関係数が「低く（③）」なるほど分散によるリスク低減効果が発揮されることがわかる。

以上から、1）が正解である。

正解 ⇨ 1

【設例8】 シャープレシオとインフォメーションレシオ

サラリーマンのSさんは、E投資信託とF投資信託に投資しようと考えている。パフォーマンス評価を行い、どちらがよいかを判断するつもりである。E、F両投資信託のベンチマークは共通とする。また、リスクフリーレートは2％である。

	リターン	ベンチマークリターン	リスク（標準偏差）	トラッキングエラー
E投信	6.5 %	2 %	7.5 %	6.8 %
F投信	4 %	2 %	4 %	2.6 %

《問1》 投資信託E、Fのシャープレシオの組合せとして最も適切なものは次のうちどれか。

1) E投信 0.5 % 、F投信 0.4 %
2) E投信 0.6 % 、F投信 0.5 %
3) E投信 0.4 % 、F投信 0.5 %
4) E投信 0.5 % 、F投信 0.6 %

《問2》 投資信託E、Fのインフォメーションレシオの組合せとして最も適切なものは次のうちどれか。

1) E投信 0.66 % 、F投信 0.55 %
2) E投信 0.77 % 、F投信 0.66 %
3) E投信 0.55 % 、F投信 0.66 %
4) E投信 0.66 % 、F投信 0.77 %

《問3》 投資信託E、Fのパフォーマンス評価について、次の記述のうち適切な記述はいくつあるか。

ア） シャープレシオは、値の大きいほどパフォーマンスが優れていると評価される。
イ） インフォメーションレシオは、値の小さいほどパフォーマンスが優れていると評価される。
ウ） インフォメーションレシオは、運用上の指標に対する相対的な比較として、リスク当たりのリターンを測定できる。
エ） シャープレシオでE投信のほうが良好な成績を示した場合、インフォメーションレシオも必ずE投信のほうが良好な成績を示す。

1） 1つ　　2） 2つ　　3） 3つ　　4） 適切な記述は1つもない

■ 解答・解説

設例のねらいと解答のポイント

新しい傾向として、インフォメーションレシオ算出の問題が出題されている。ちょっと難解だが、ここで、シャープレシオとインフォメーションレシオの違いを理解しておきたい。シャープレシオは、リスクの総量に対するリターン（リスクフリーレートを上回る分）の総量を比較しているだけなのに対し、インフォメーションレシオは運用上の指標（ベンチマーク）に対する相対的な比較として、リスク当たりのリターンを測定することができる。

《問1》

シャープレシオは次のように計算できる。

シャープレシオ ＝（リターン － リスクフリーレート）÷ リスク

E投信のシャープレシオ ＝（6.5％ － 2％）÷ 7.5％ ＝ 0.6％

F投信のシャープレシオ ＝（4％ － 2％）÷ 4％ ＝ 0.5％

計算結果から、2）が正解である。

正解 ⇨ 2

《問2》
　インフォメーションレシオは次のように計算できる。
　インフォメーションレシオ＝（リターン－ベンチマークリターン）÷トラッキングエラー
　E投信のインフォメーションレシオ＝（6.5％－2％）÷6.8％≒0.66％
　F投信のインフォメーションレシオ＝（4％－2％）÷2.6％≒0.77％
計算結果から、4）が正解である。

正解 ⇨ 4

《問3》
　ア）　適切
　イ）　不適切。インフォメーションレシオも、値の大きいほどパフォーマンスが優れていると評価される。
　ウ）　適切。リスクの総量に対するリターン（リスクフリーレートを上回る分）の総量を比較しているだけという点が、シャープレシオの欠点である。
　エ）　不適切。シャープレシオでE投信のほうが相対的に良好な成績だったとしても、インフォメーションレシオでも同様に相対的に良好な成績を示すとは限らない。本設例では、シャープレシオとインフォメーションレシオのパフォーマンス評価が逆の結果となっている。E投信は、ベンチマークに対して大きなリスクをとったわりにはリターンが少なかったということで、F投信よりも劣るという結論になる。
したがって、適切な記述はア）とウ）の2つである。

正解 ⇨ 2

【設例9】 退職時・退職後の資産把握

チェック欄 ☐☐☐

> サラリーマンのQさん(35歳)は、会社が確定拠出年金を導入(マッチング拠出も可能)したので会社が提示した商品のうち以下の商品に投資を行い、老後の生活資金の準備をしている。
> ① 毎月の積立額(拠出額)：35,000円(60歳まで拠出)
> ② 運用商品は以下の3つ
>   生命保険会社のGIC：期待リターン1％、投資配分25％
>   株式投資信託：期待リターン3％、投資配分25％
>   公社債投資信託：期待リターン2％、投資配分50％

《問1》 QさんはDCプランナーから確定拠出年金の説明を受けた。次の記述に関する正誤の組み合わせ1)～4)のうち、適切なものはどれか。

ア) Qさんが会社の掛金(事業主掛金)のほかに自ら拠出する場合は、マッチング拠出か個人型年金かどちらかを選択しなければならない。

イ) 専業主婦(国民年金の第3号被保険者)であるQさんの妻も、個人型年金に加入して掛金を拠出することができる。

ウ) マッチング拠出の従業員拠出分も個人型年金の掛金も税制上の扱いは小規模企業共済等掛金控除であり、従業員本人の所得から控除できる。

エ) 従業員がマッチング拠出を行う場合、拠出限度額以内であれば会社の掛金より多く拠出することが可能である。

1) ア)とエ)が誤っており、残りは正しい
2) イ)とウ)が誤っており、残りは正しい
3) イ)とエ)が誤っており、残りは正しい
4) ウ)とエ)が誤っており、残りは正しい

《問2》 Qさんがこの積立残高を60歳時点で退職一時金として受け取った場合、この退職一時金と退職所得（課税対象額）の組み合わせのうち適切なものはどれか。ただし、税金、手数料等は考慮しないものとする（373・374ページの係数表を利用すること）。

退職一時金	退職所得
1）約1,372万円	約111万円
2）約1,372万円	約222万円
3）約1,472万円	約111万円
4）約1,472万円	約222万円

《問3》 前問の退職一時金と個人的に行っていた個人向け国債500万円を60歳時に受け取り、65歳までの5年間は60万円、65歳からの20年間は120万円を毎年受け取りたい。60歳時点で受け取る退職一時金と個人向け国債だけでは原資が不足するが、不足する金額に最も近いものは下記のうちどれか。ただし、運用利率は2％、税金、手数料等は考慮しないものとする（373・374ページの係数表を利用すること）。

1）130万円　　2）180万円　　3）230万円　　4）280万円

■ 解答・解説

> **設例のねらいと解答のポイント**
>
> 確定拠出年金の役割や分類は、試験でも知識が問われる可能性が高い。知識を整理しておくこと。また、ポートフォリオの期待リターンの求め方、係数表の使い方、退職所得控除額の求め方、退職一時金の退職所得（課税対象額）の求め方は、すべて必修である。特に重要なポイントは退職一時金の退職所得額の求め方である。退職所得控除額が不正解なら退職所得額も不正解になるので、退職所得控除額は必ず正確に計算できるようにすること。

《問1》
　確定拠出年金の法改正により、平成29（2017）年1月から個人型年金加入者が大幅に拡大された。そのため、基本的には60歳未満のすべての現役世代の人が確定拠出年金に加入できるようになった。特に、以下の点はポイントとして押さえておきたい。
・企業型年金と個人型年金の同時加入ができるようになった。唯一の例外がマッチング拠出を導入している場合は個人型年金に同時加入できない
・企業型年金と個人型年金に同時加入できる場合の掛金限度額は確定拠出年金自体の限度額の範囲内となる
　ア）誤り。マッチング拠出を導入している企業の従業員は個人型年金に同時加入することができない。
　イ）正しい。ただし、第3号被保険者は自己の課税所得がなければ掛金の所得控除を受けることはできない。
　ウ）正しい
　エ）誤り。マッチング拠出の従業員掛金は事業主掛金の額を超えない範囲となっており、かつ、事業主掛金と加入者掛金（従業員掛金）の合計は確定拠出年金の限度額を超えることはできない。

正解 ⇨ 1

《問2》
①　この場合のポートフォリオの期待リターンは各商品の期待リターンにそれぞれの投資配分を乗じて合算したものである。以下の計算で求める。
（1％×0.25）＋（3％×0.25）＋（2％×0.5）＝2％
②　60歳時点(25年後)の積立残高は毎月35,000円(年42万円)拠出なので期待リターン2％として、毎年42万円を25年間拠出した額である。よって、42万円×32.6709（年金終価係数）≒1,372万円（退職一時金）

勤続年数	退職所得控除額
20年以下	40万円×勤続年数（最低保障80万円）
20年超	｛70万円×（勤続年数－20年）｝＋800万円

※勤続1年未満の端数は切上げとする

（退職一時金－退職所得控除額）×2分の1＝退職所得（課税対象額）

③ 前記②の表より、Qさんの退職所得控除は、
｛70万円×（25年－20年）｝＋800万円＝1,150万円（退職所得控除額）
となる。よって退職所得の額は以下のように計算できる。
（1,372万円－1,150万円）×2分の1＝111万円

正解 ⇨ 1

《問3》
① 60歳から65歳まで5年間、運用利率2％で運用したときに、毎年60万円受け取るのに必要な60歳時の資金額を求める。年金現価係数を使う。
運用期間5年、運用利率2％の年金現価係数…………4.8077
60万円×4.8077≒288万円……………………………60歳時必要額
※万円未満切捨て。以下同じ

② 65歳から20年間、運用利率2％で運用したときに、毎年120万円受け取るのに必要な60歳時の資金額を求める。
運用期間20年、運用利率2％の年金現価係数…………16.6785
120万円×16.6785≒2,001万円……………………………65歳時必要額
2,001万円は65歳時に必要な額であるので60歳時に必要な額を求めるには現価係数を使う。
運用期間5年、運用利率2％の現価係数………0.9057
2,001万円×0.9057≒1,812万円……………………………60歳時必要額

③ 60歳時に準備しなければならない不足額を求める。
60歳時に必要な額から60歳時に受け取る額を差し引けば不足額が出る。
60歳時に必要な額………①＋②＝288万円＋1,812万円＝2,100万円
60歳時に受け取る額……退職一時金1,372万円、個人向け国債500万円
2,100万円－（1,372万円＋500万円）＝228万円………60歳時不足額

正解 ⇨ 3

【設例10】 老後資金計画と不足資金の把握

> Rさんは40歳で、厚生年金保険のみに加入している企業年金のない会社に勤務するサラリーマン（定年は60歳）である。65歳からは年金給付を合算して毎年200万円を受け取る予定である。そのほかに、銀行預金が現在600万円ある。65歳以降の必要額は年300万円であり、今から不足分を計画的に準備したいと思っている。

《問1》 Rさんは不足分を補うために、確定拠出年金（個人型年金）に60歳まで加入するか、45歳で起業して自営業者となり、小規模企業共済に加入するか迷っている。次の記述のうち不適切なものはどれか。

1) 確定拠出年金（個人型年金）に加入し月額掛金を25,500円にする。
2) 起業と同時に小規模企業共済に加入し、月額掛金を70,000円にする。
3) 確定拠出年金は原則中途脱退できないが、小規模企業共済は中途解約することができる。
4) 確定拠出年金の加入条件には年齢上限があるが、小規模企業共済の加入条件には年齢上限がない。

《問2》 Rさんの65歳時点での余命が20年として、希望どおり65歳以降300万円を年金として受け取るには、年金給付と銀行預金に加えて、65歳までに積み立てる必要のある原資について、最も近い金額は次のうちどれか。ただし、税金、手数料等は考慮しないものとし、銀行預金の運用利率、年金計算の利率ともに年利2％とする（373・374ページの係数表を利用すること）。

1) 約920万円
2) 約840万円
3) 約760万円
4) 約680万円

《問 3》 R さんが前問で求めた必要額を 25 年で積み立てるには、毎年均等に積み立てるとして、いくら積み立てればよいか。運用利率を年利 2 % として、次のうち最も近い金額はどれか（373・374 ページの係数表を利用すること）。ただし、税金、手数料等は考慮しないものとする。

1）約 35 万円　　2）約 30 万円　　3）約 25 万円　　4）約 20 万円

《問 4》 R さんが 65 歳になったときの収入は次のとおりである。雑所得の金額として適切なものはどれか。
　　公的年金等収入……200 万円
　　個人年金収入………300 万円（個人加入で必要経費 230 万円）

1）60 万円　　2）70 万円　　3）145 万円　　4）150 万円

年齢	公的年金等の収入金額の合計額(A)	公的年金等控除額
65 歳未満(注)	130 万円未満	70 万円
	130 万円以上 410 万円未満	(A)× 25%+37.5 万円
	410 万円以上 770 万円未満	(A)× 15%+78.5 万円
	770 万円以上	(A)× 5%+155.5 万円
65 歳以上(注)	330 万円未満	120 万円
	330 万円以上 410 万円未満	(A)× 25%+37.5 万円
	410 万円以上 770 万円未満	(A)× 15%+78.5 万円
	770 万円以上	(A)× 5%+155.5 万円

（注）1. 年齢はその年の 12 月 31 日で判断する
　　　2.（A）は公的年金等収入金額

■ 解答・解説

--- 設例のねらいと解答のポイント ---

年金給付全体の知識が頻繁に出題されているので、国民年金基金、確定拠出年金、小規模企業共済の関係、相違点を整理しておくこと。また、公的年金だけでなく個人年金も含めて雑所得の計算ができるようにしておくこと。試験問題には減債基金係数表、資本回収係数表は記載されていないので、それぞれ、年金終価係数、年金現価係数を使用して解答できるようにすることが必要である。

《問1》

〔企業の確定拠出年金の拠出限度額(月額)〕

	企業型年金	個人型年金	合計
他の企業年金がない場合	35,000円	20,000円	55,000円
他の企業年金がある場合	15,500円	12,000円	27,500円
他の企業年金のみの場合	――	12,000円	12,000円
企業型年金もない場合	――	23,000円	23,000円

(注) 1. 企業型年金実施企業が個人型年金を併用するには企業型年金の拠出限度額を上表に減額することを規約で定める必要がある
2. マッチング拠出を実施している場合は個人型年金に同時加入できない

1) 不適切。企業従業員の個人型年金加入者で、企業型年金も他の企業年金もない場合の拠出限度額は23,000円である。(法69条、施行令36条)

2) 適切。掛金は月額1,000円から70,000円まで500円きざみで選択できる。(小規模企業共済法4条)

3) 適切。小規模企業共済はいつでも中途脱退できる。(小規模企業共済法7条)

4) 適切。小規模企業共済制度とは、小規模企業の個人事業主や会社等の役員が、事業を廃止、あるいは役員を退職した際、積み立ててきた掛金に応じて、共済金を受け取ることのできる共済制度である。なお、確定拠出年金は原則60歳に達した時点で資格を喪失する。(法11条、62条)

正解 ⇨ 1

《問2》
　毎年の不足額は、300万円－200万円（年金給付）＝100万円である。
① 100万円を20年、運用利率年利2％として、毎年受け取るための資金は100万円×16.6785（年金現価係数）＝1,667万8,500円（65歳までに必要な原資）
② ただし、銀行預金600万円があるので、Rさんが65歳になるまでの25年、運用利率年利2％として計算すると、
600万円×1.6406（終価係数）＝984万3,600円（65歳時の預金）
③ 上記から、年金給付と銀行預金の他に必要な原資は、以下の計算式である。
1,667万8,500円－984万3,600円≒683万円である。

正解 ⇨ 4

《問3》
　前問の必要額683万円を運用利率年利2％として、25年で積み立てるには毎年いくらの積み立てが必要かを計算する。
　683万円÷32.6709（年金終価係数）≒21万円（毎年の積立金）

正解 ⇨ 4

《問4》
　Rさんの雑所得は公的年金等収入と個人年金収入であるから、次のように計算できる。
　（公的年金等の雑所得）＋（公的年金等以外の雑所得）
　＝（200万円－120万円）＋（300万円－230万円）＝150万円
　（注）120万円は公的年金等控除額、230万円は必要経費

正解 ⇨ 4

PART 4
過去問題編
（第21回～第23回）

※解答にあたって必要な場合は、373・374ページの係数表を使用すること
※試験問題および解答・解説とも試験日時点のものをそのまま掲載している。その後の制度改正は反映されていないので、本書および最新の各種教材等で確認のうえご活用いただきたい

■以下の認定試験問題の全文は「日本商工会議所掲載許可済 ── 禁無断転載」

＜日商・金財＞
DCプランナー認定試験（2級）

第21回　2015年9月13日（日）実施

　以下に掲載しているのは、平成27(2015)年9月13日に行われた「第21回DCプランナー認定試験(2級)」の問題である。解答と解説はこの問題のあと、254～274ページに掲載しているので参照されたい。

　なお、各問題の冒頭についているアルファベットは、出題範囲の各分野を表している。分野のA、B、C、Dは以下のとおり。

分野A：わが国の年金制度・退職給付制度
分野B：確定拠出年金制度
分野C：投資に関する知識
分野D：ライフプランニングとリタイアメントプランニング

■以下の認定試験問題の全文は「日本商工会議所掲載許可済 ― 禁無断転載」
■次回(第22回)の認定試験日は2016年9月11日(日)

基　礎　編

次の各問（《問1》～《問30》）について答を1つ選び、その番号を解答用紙にマークしなさい。

A《問1》　国民年金の保険料および保険料免除制度に関する次の記述のうち、不適切なものはどれか。
1) 平成27年度における国民年金の第1号被保険者の保険料は、月額15,590円である。
2) 保険料の免除制度には、全額免除のほか、4分の3免除、半額免除、4分の1免除の制度があるが、保険料納付済期間が40年に満たない場合は、保険料納付済期間の月数に、これらの免除期間に係る免除月数を加えた月数により、老齢基礎年金の額が計算される。
3) 学生納付特例制度の適用を受けた期間については、保険料の追納があった場合には老齢基礎年金の額に反映される。
4) 学生等を除く30歳未満の第1号被保険者に適用される納付猶予制度（若年者納付猶予制度）の適用を受けた期間については、年金の受給資格期間には算入されるが、老齢基礎年金の額には反映されない。

A《問2》　厚生年金保険の被保険者に関する次の記述のうち、不適切なものはどれか。
1) 厚生年金保険の適用事業所に使用される70歳以上の者（適用除外者を除く）が、老齢厚生年金、老齢基礎年金などの老齢給付の受給資格期間を満たしていない場合は、受給資格期間を満たすまで厚生年金保険に任意加入することができる。
2) 厚生年金保険の適用事業所以外の事業所に使用される70歳未満の者（適用除外者を除く）は、事業主の同意を得たうえで厚生労働大臣の認可を受ければ、厚生年金保険の被保険者となることができる。
3) 株式会社などの法人の代表者は、厚生年金保険の適用事業所に使用さ

れる者には該当せず、厚生年金保険の被保険者となることはできない。
4) 厚生年金保険の被保険者が60歳に達したときに退職した場合、その被保険者資格喪失の時期は、退職日に他の厚生年金保険の適用事業所に就職し被保険者資格を取得したときなどを除き、退職日の翌日となる。

A 《問3》 国民年金の給付に関する次の記述のうち、不適切なものはどれか。
1) 老齢基礎年金の受給資格期間には、保険料納付済期間と保険料免除期間のほか、合算対象期間（いわゆるカラ期間）が含まれる。
2) 昭和30年4月2日生まれの者が、老齢基礎年金の繰上げ支給を請求した場合の減額率は、繰上げ請求月から65歳到達月の前月までの月数に1,000分の5を乗じて得た率である。
3) 付加年金は、第1号被保険者または第3号被保険者が月額400円の付加保険料を納付し、老齢基礎年金の受給権を取得したときに、その者に支給される。
4) 寡婦年金は、第1号被保険者として保険料納付済期間と保険料免除期間を合算した期間が25年以上ある夫が、障害基礎年金の受給権者であったことがなく、老齢基礎年金を受給せずに死亡した場合に、所定の要件を満たす妻に対して、原則として60歳から65歳に達するまで支給される。

A 《問4》 障害基礎年金に関する次の記述のうち、不適切なものはどれか。なお、選択肢において、初診日前に保険料を納付しなければならない期間がある場合については、保険料納付要件を満たしているものとする。
1) 国民年金の被保険者期間中に初診日のある傷病によって、障害認定日に1級または2級の障害の状態にあるときは、障害基礎年金が支給される。
2) 厚生年金保険の被保険者期間中に初診日のある傷病によって、障害認定日に1級または2級の障害の状態にあるときは、障害基礎年金は支給

されず、障害厚生年金が支給される。
3) 国民年金の被保険者であった者で、日本国内に住所を有し60歳以上65歳未満である間に初診日のある傷病によって、障害認定日に1級または2級の障害の状態にあるときは、障害基礎年金が支給される。
4) 20歳未満の時期に初診日のある傷病であっても、障害認定日以後に20歳に達したときに(障害認定日が20歳に達した日後であれば障害認定日に)、1級または2級の障害の状態にあるときは、障害基礎年金が支給される。

A 《問5》 離婚時の厚生年金保険の分割制度に関する次の記述のうち、不適切なものはどれか。
1) 夫婦ともに国民年金の第1号被保険者期間のみである場合は、離婚時の分割制度の対象とならない。
2) 分割制度に基づく分割が行われた場合、老齢厚生年金の額には影響するが、老齢基礎年金の額には影響しない。
3) 第3号被保険者期間についての厚生年金の分割(いわゆる3号分割)の場合、第3号被保険者または第3号被保険者であった者からの請求に基づき2分の1の分割が行われ、第2号被保険者の同意は必要ない。
4) 第3号被保険者期間についての厚生年金の分割(いわゆる3号分割)は、平成20年4月1日(制度施行日)前の第3号被保険者期間についても適用される。

A 《問6》 国民年金基金に関する次の記述のうち、不適切なものはどれか。
1) 国民年金基金に加入する場合、1口目については終身年金を選択する必要があるが、2口目については、終身年金または確定年金を選択することができる。
2) 国民年金基金の掛金については、全額が社会保険料控除の対象となる。
3) 国民年金基金に加入した場合、1年以上掛金を納付すれば、いつでも任意に脱退することができる。

4) 国民年金基金の老齢給付の型には、60歳から支給を受けられる確定年金も存する。

《問7》 確定給付企業年金に関する次の記述のうち、適切なものはどれか。
1) 年金として支給する老齢給付金は、終身または10年以上にわたり、年1回以上定期的に支給するものである必要がある。
2) 老齢給付金は、年金として支給しなければならず、一時金として支給することはできない。
3) 規約において、20年を超える加入者期間を老齢給付金の給付を受けるための要件として定めてはならない。
4) 規約において、給付の種類として、老齢給付金のほかに障害給付金および遺族給付金についても定めなければならない。

《問8》 中小企業退職金共済（中退共）に関する次の記述のうち、不適切なものはどれか。
1) 常用従業員数等の加入要件を満たす中小企業であっても、事業主は中退共に加入できない。
2) 中退共の掛金は、事業主と従業員の合意がある場合は、事業主の負担する掛金額を超えない範囲の額の掛金を従業員が上乗せして負担することができる。
3) 被共済者である従業員が退職した場合、退職金は、中退共から当該従業員に直接支払われる。
4) 退職金の支払方法は、一時金払いのほか、一定の要件を満たせば、5年間または10年間にわたる年4回の分割払いや、一時金払いと分割払いの組合せによることも認められる。

《問9》 小規模企業共済に関する次の記述のうち、不適切なものはどれか。
1) 個人事業主が小規模企業共済の加入要件を満たしている場合であっても、当該事業の経営に携わる共同経営者は、小規模企業共済に加入する

ことができない。
2) 小規模企業共済の掛金については、所得税法上、全額が小規模企業共済等掛金控除の対象となる。
3) 中小企業退職金共済の契約者となっている事業主が小規模企業者の要件に該当する場合、当該事業主は小規模企業共済に加入することができる。
4) 加入者が共済金を一括で受け取る場合は、退職所得として退職所得控除の適用がある。

B《問10》 確定拠出年金の企業型年金規約において、企業型年金加入者とすることについての一定の資格を定める場合、その定め方として法令上認められない可能性が高いものは、次のうちどれか。
1) 営業職に属する従業員のみ企業型年金加入者とすること
2) 勤続期間15年以上の従業員のみ企業型年金加入者とすること
3) 35歳未満の従業員についてのみ企業型年金加入者とすること
4) 従業員のうち、加入者となることを希望した者のみ企業型年金加入者とすること

B《問11》 確定拠出年金の企業型年金における受給権および給付に関する次の記述のうち、適切なものはどれか。
1) 企業型年金規約において、勤続期間が3年未満の従業員に対して全額の受給権を付与することを定めることはできない。
2) 最初の掛金拠出から10年以上の通算加入者等期間を有する加入者は、60歳から老齢給付金の受給を開始しなければならない。
3) 障害給付金は年金として支給しなければならず、企業型年金規約において、障害給付金について一時金として支給することを定めることはできない。
4) 企業型年金の年金受給者が死亡して受給権が消滅した場合、その者の個人別管理資産があるときは、遺族に対して死亡一時金が支給される。

B《問12》 確定拠出年金の個人型年金の加入者資格に関する次の記述のうち、不適切なものはどれか。
1) 加入者資格の喪失事由である「60歳に達したとき」とは、満年齢で60歳となる誕生日の当日をいう。
2) 加入者が死亡した場合は、死亡日の翌日に加入者資格を喪失する。
3) 加入者が国民年金の第3号被保険者となったときは、加入者資格を喪失する。
4) 加入者が国民年金の被保険者資格を喪失したときは、加入者資格を喪失する。

B《問13》 確定拠出年金の企業型年金を実施する事業主の責務と行為準則に関する次の記述のうち、不適切なものはどれか。
1) 企業型年金運用指図者に影響を及ぼす規約変更を行う場合に、その内容を周知させるために加入者等の氏名や住所等の個人情報を活用することは、「業務の遂行に必要な範囲内」での使用に該当する。
2) 緊密な取引関係を有する企業を運営管理機関として選任することは合理的な理由があれば認められるが、緊密な取引関係を有する企業を資産管理機関として選任することは禁止されている。
3) 加入者等に対して、特定の運用方法(商品)について指図を行うことを勧めることも、特定の運用方法(商品)について指図を行わないことを勧めることも、いずれも禁止されている。
4) 自社株式を運用方法(商品)として提示することは、もっぱら加入者等の利益のみを考慮して業務を遂行するという忠実義務の趣旨に照らして妥当であると認められる場合に限り、行うことができる。

B《問14》 確定拠出年金の運営管理機関が加入者等に対して行う運用商品の選定・提示における留意点等に関する次の記述のうち、不適切なものはどれか。
1) 少なくともリスク・リターン特性の異なる3以上の運用商品を選定・

提示する必要があり、かつ、そのうちの1以上は元本確保型のものでなければならない。
2) 運用商品の提示にあたっては、利益の見込みや損失の可能性等の情報を提供する必要があるが、当該商品を選定した理由を示すかどうかについては運営管理機関の任意とされている。
3) 運用商品として預貯金を提示する場合、預金保険制度等による保護の対象の有無、対象となっているときはその保護の内容についての情報を提供する必要がある。
4) 各運用商品について、加入者等が当該運用商品を選択し、または変更した場合に必要となる手数料その他の費用の内容等に関する情報を提供する必要がある。

B《問15》 確定拠出年金の企業型年金における加入者教育と情報の提供に関する次の記述のうち、適切なものはどれか。
1) 加入者等に対する投資教育については、確定拠出年金の導入時においてのみ実施することが求められており、継続的に実施することまでは求められていない。
2) 加入者等に対する投資教育は、一般的なレベルの投資知識等を有する加入者等に対応する内容を画一的に実施するものとされ、より高い知識や経験を有する者に対応する内容を考慮する必要はない。
3) 加入者等に対して運用プランモデルを示す場合には、元本確保型の商品のみで運用する方法による運用プランモデルとともに、価格変動リスクの高い株式等のみで運用する方法による運用プランモデルを必ず含める必要がある。
4) 事業主は、加入者等に対する投資教育を運営管理機関に委託することができる。

B《問16》 確定拠出年金の運営管理機関の役割と行為準則に関する次の記述のうち、不適切なものはどれか。

1) 運営管理機関は、運用関連業務については他の運営管理機関に委託することができるが、記録関連業務については他の運営管理機関に委託することができない。
2) 運営管理契約締結の際、運営管理機関は、相手方に対して、加入者等の損失の全部または一部を負担することを約束してはならない。
3) 運営管理契約締結の際、運営管理機関は、相手方に対して、加入者等または当該相手方に特別の利益を提供することを約束してはならない。
4) 運営管理機関は、加入者等に対して、提示した運用方法（商品）のうち特定のものについて指図を行うことまたは指図を行わないことを勧める行為をしてはならない。

B 《問17》 確定拠出年金の企業型年金規約に関する次の記述のうち、不適切なものはどれか。
1) 企業型年金を実施しようとするときは、企業型年金規約を作成し、当該規約について厚生労働大臣の承認を得なければならない。
2) 企業型年金規約の変更をしようとするときは、「軽微な変更」に該当する場合であっても、変更について厚生労働大臣の承認を得なければならない。
3) 企業型年金規約においては、60歳以上65歳以下の一定の年齢に達したときに企業型年金加入者の資格を喪失することを定めることができる。
4) 企業型年金規約において定めることができる事業主掛金の額の算定方法は、①定額、②定率、③定額と定率の組合せ、の3つの方法に限定されている。

B 《問18》 確定拠出年金等の掛金の税制上の取扱いに関する次の記述のうち、不適切なものはどれか。
1) 企業型年金加入者掛金は、小規模企業共済等掛金控除の対象となる。
2) 個人型年金加入者掛金は、社会保険料控除の対象となる。

3) 確定給付企業年金の加入者掛金は、生命保険料控除の対象となる。
4) 厚生年金基金の加入員掛金は、社会保険料控除の対象となる。

《問 19》 金融商品投資におけるリターンの考え方等に関する次の記述のうち、不適切なものはどれか。

1) 公社債や預貯金の利子、株式の金銭配当などの収益をインカムゲインといい、有価証券や土地等の価格変動に伴って生じる売買益または評価益をキャピタルゲイン（損失の場合はキャピタルロス）という。
2) 元本100万円を、税引後の年間利回りが5％の1年定期預金で3年間複利運用した場合の元利金合計は、「100万円×$(1+0.05)^3$」で算出される。
3) 複数の投資期間におけるリターンの算術平均と幾何平均とを比較した場合、算術平均のほうが期間全体の運用実績を表すのに適している。
4) 複数の投資期間におけるリターンの算術平均と幾何平均とを比較した場合、「算術平均≧幾何平均」の関係が成り立つ。

《問 20》 リスク（標準偏差）が2.5％（年率換算）、期待リターンが4.0％（年率換算）である投資信託の将来のリターンに関する次の記述のうち、不適切なものはどれか。なお、リターンの分布は正規分布に従うものとする。

1) 1年後にリターンが4.0％を下回る確率は、50％である。
2) 1年後にリターンが1.5％から6.5％までの範囲に入る確率は、約75％である。
3) 1年後にリターンが－1.0％から9.0％までの範囲に入る確率は、約95％である。
4) 1年後にリターンが9.0％を上回る確率は、約2.3％である。

《問 21》 各種係数に関する次の記述のうち、不適切なものはどれか。
1) 終価係数は、元本を一定期間にわたり一定利率で複利運用したとき

に、その期間終了時にいくらになるかを計算する場合に用いることができる。
2) 現価係数は、元本を一定期間にわたり一定利率で複利運用して、その期間終了時に目標とする資金を得るために、現在いくらの元本で運用を開始すればよいかを計算する場合に用いることができる。
3) 年金終価係数は、元本を一定利率で複利運用しながら毎年一定金額を一定期間にわたり取り崩していくときに、毎年いくらずつ受取りができるかを計算する場合に用いることができる。
4) 年金現価係数は、元本を一定利率で複利運用しながら毎年一定金額を一定期間にわたり取り崩していくときに、現在いくらの元本で運用を開始すればよいかを計算する場合に用いることができる。

《問22》 金融商品Ａと金融商品Ｂで構成されるポートフォリオにおいて、ＡおよびＢの期待リターン、リスク(標準偏差)、Ａ・Ｂの組入比率が以下のとおりであり、ＡとＢの相関係数が「－0.3」である場合、このポートフォリオの期待リターンとリスク(標準偏差)の組合わせとして、次のうち適切なものはどれか。なお、リスク(標準偏差)については、％表示における小数点以下第３位を四捨五入すること。

	期待リターン	リスク(標準偏差)	組入比率
金融商品Ａ	3.2 %	8.2 %	60 %
金融商品Ｂ	4.3 %	11.3 %	40 %

1) 期待リターン 3.64%、リスク 5.59%
2) 期待リターン 3.64%、リスク 7.61%
3) 期待リターン 3.86%、リスク 9.44%
4) 期待リターン 3.86%、リスク 9.75%

《問23》 債券の格付に関する次の記述のうち、適切なものはどれか。
1) ＡＡＡ格相当以上の格付の債券を、一般に、投資適格債という。
2) 同一の発行体による債券であれば、同じ格付会社で異なる格付となる

ことはない。
3) 同一の債券に対する格付であっても、格付会社によって異なる格付となることがある。
4) 他の条件が同じであれば、一般に、格付の高い債券ほど利回りが高い。

C 《問24》 利率年1.2%の利付国債（10年満期）を額面100円当たり101円で購入し、5年後に額面100円当たり99円で売却した場合の所有期間利回りとして、次のうち適切なものはどれか。なお、計算は単利の年率換算で求めるものとし、答は％表示における小数点以下第4位を切捨てとすること。また、手数料や税金は考慮しないこと。
1) －0.800％
2) 0.792％
3) 1.188％
4) 1.200％

C 《問25》 証券投資信託の特徴・リスクに関する次の記述のうち、適切なものはどれか。
1) 公社債投資信託は、元本が保証されており、確定拠出年金における「元本を確保する運用方法」に当たる。
2) 公社債投資信託と株式投資信託を比べた場合、一般に、公社債投資信託のほうがリスクは大きい。
3) 債券のみで運用する証券投資信託において、償還までの期間が長い債券を多く組み入れた証券投資信託は、償還までの期間が短い債券を多く組み入れた証券投資信託に比べて、一般に、金利変動リスクが大きい。
4) 一般に、外国通貨建資産に投資している証券投資信託は、為替変動リスクがあり、当該外国通貨に対して円安になれば、基準価額にマイナスの影響がある。

C 《問26》 アセットアロケーションとリスク許容度等に関する次の記述のうち、不適切なものはどれか。

1) アセットアロケーションとは、運用資産を株式、債券、短期金融商品など基本的な資産分類(アセットクラス)に配分することをいう。
2) リスク回避的な投資家の場合、同じリターンであればリスクの低い金融商品を選択するというリスク・リターンの選好特性を有している。
3) 現時点で同じ資産・負債状況にある同年齢の投資家であれば、そのリスク許容度は必ず同一となる。
4) 最適ポートフォリオとは、効率的(有効)フロンティア上のポートフォリオのうち、リスク回避的な投資家にとって効用が最大となるものをいう。

D 《問27》 給与所得者の一般的なライフプランニングとリタイアメントプランニングに関する次の記述のうち、最も不適切なものはどれか。

1) ライフプランニングにおいて、退職後の生活設計の要素も盛り込み、老後の必要生活資金のうち、公的年金・退職金等によっては確保できない不足額を把握し、退職までの必要積立額について現役時代から資産形成に取り組むことが望ましい。
2) リタイアメントプランニングにおいて重要な退職後の期間については、簡易生命表により、60歳時点または65歳時点の平均余命をもとに算出するのが一般的である。
3) 配偶者がいる場合、リタイアメントプランニングにおいては、退職後の期間として夫婦2人で過ごす期間と配偶者が単身で過ごす期間を想定したうえで、老後の生活設計をもとに経済的に安定した生活資金を確保することを検討する必要がある。
4) ライフプランについては定期的に見直しを行う必要があるが、リタイアメントプランについては、作成の際に前提とした状況や条件等が変動することは極めて限られるので、その見直しを行う必要はない。

《問28》 一般的なキャッシュフロー表に関する次の記述のうち、最も不適切なものはどれか。

1) キャッシュフロー表は、ライフイベントを勘案しながら、年間の収入・支出と貯蓄残高を把握して、その推移を時系列により表したものとして作成される。
2) キャッシュフロー表における年間収支は、常にプラスの数値であることが必要であり、試算を行って年間収支がマイナスの数値となる年度がある場合は、キャッシュフロー表を作成し直す必要がある。
3) キャッシュフロー表の作成にあたっては、収入や支出の項目ごとに、今後の上昇率や変動率を考慮した数値を計上することが望ましい。
4) キャッシュフロー表における当年末貯蓄残高は、前年末貯蓄残高に運用利率を乗じた額に、当年の年間収入を加算し、当年の年間支出を減算して算出する。

《問29》 退職金等に係る税金に関する次の記述のうち、適切なものはどれか。なお、各選択肢に記述した以外の退職手当等はなく、障害者になったことを原因とする退職ではないものとする。

1) 退職一時金を受け取った場合、退職所得控除の適用を受けるためには、退職時に「退職所得の受給に関する申告書」を提出しているか否かにかかわらず、確定申告をする必要がある。
2) 勤続2年未満の者の退職所得控除額は80万円であり、勤続25年の者の退職所得控除額は1,000万円である。
3) 確定拠出年金の企業型年金の加入者期間が15年ある者が、60歳時点で老齢給付金を一時金で受け取る場合、勤続年数を15年として、退職所得控除額が計算される。
4) 確定拠出年金の個人型年金加入者期間が10年、個人型年金運用指図者期間が5年ある者が60歳時点で老齢給付金を一時金で受け取る場合、勤続年数を15年として、退職所得控除額が計算される。

D《問 30》 年金に係る税金に関する次の記述のうち、不適切なものはどれか。

1) 国民年金の保険料および従業員が負担する厚生年金保険料は、いずれも、その全額が社会保険料控除の対象となる。
2) 個人年金保険契約(保険契約者・保険料負担者・被保険者・年金受取人が同一の場合)に基づき年金受取人が受け取る年金は、雑所得として、公的年金等控除の対象となる。
3) 公的年金として受給する年金は雑所得として課税の対象とされるが、障害年金や遺族年金については非課税とされる。
4) 公的年金等を受給する人が65歳未満の場合、公的年金等の収入金額の合計額が70万円までであれば、公的年金等に係る雑所得の金額はゼロとなる。

応用編

【第1問】～【第5問】の各問（《問31》～《問45》）について答を1つ選び、その番号を解答用紙にマークしなさい。

【第1問】次の設例に基づいて、下記の各問（《問31》～《問33》）に答えなさい。

―――《設 例》―――

Aさん（昭和30年8月21日生まれ）は、大学を卒業後、民間のK社に20年間勤務した後に退職し、4カ月経過後に民間のL社に就職した。その後、L社に勤務していたが、平成27年8月にL社を定年退職したところである。Aさんは、今後、再就職する予定はない。

また、妻のBさん（昭和31年10月3日生まれ）は、短大卒業後、家事手伝いをしていたが、昭和57年4月にAさんと結婚して被扶養配偶者となり、現在に至っている。Bさんは、Aさんの退職後も専業主婦として暮らし、60歳に達するまで国民年金の保険料を納付する予定である。

AさんとBさんの公的年金加入歴等をまとめると、次のとおりである。なお、「月数」は被保険者期間の計算における月数を表す。

〔Aさん〕（男性：昭和30年8月21日生まれ）

期間	月数	公的年金制度	備考
昭和50年8月～昭和53年3月	32月	国民年金未加入	大学生（加入は任意）
昭和53年4月～平成10年3月	240月	厚生年金保険	K社勤務
平成10年4月～平成10年7月	4月	国民年金	保険料未納
平成10年8月～平成27年7月	204月	厚生年金保険	L社勤務

〔Bさん〕（女性：昭和31年10月3日生まれ）

期間	月数	公的年金制度	備考
昭和51年10月〜昭和57年3月	66月	国民年金	第1号被保険者
昭和57年4月〜昭和61年3月	48月	国民年金未加入	（加入は任意）
昭和61年4月〜平成27年7月	352月	国民年金	第3号被保険者
平成27年8月〜平成28年9月（予定）	14月（予定）	国民年金	第1号被保険者（保険料納付予定）

※なお、Aさん夫妻には、子はいない。また、2人とも、障害者には該当せず、日本国籍を有し、日本国内に居住している。

A《問31》 Aさんの老齢年金給付に関する次の記述のうち、不適切なものはどれか。

1) Aさんには、62歳に達したときに、報酬比例部分のみの特別支給の老齢厚生年金の受給権が発生する。
2) Aさんは、60歳に達した日以降に裁定請求手続を行うことにより、定額部分の特別支給の老齢厚生年金の支給を受けることができる。
3) Aさんが繰上げ請求を行わない場合、Aさんには、65歳に達したときに、老齢基礎年金の受給権が発生する。
4) Aさんは、国民年金第1号被保険者としての保険料未納の4カ月分について、後納制度により保険料を納付することはできない。

A《問32》 Bさんの老齢年金給付に関する次の記述のうち、適切なものはどれか。なお、Bさんは、Aさんの退職後も、60歳に達するまで国民年金第1号被保険者として保険料を納付するものとする。

1) Bさんの昭和57年4月から昭和61年3月までの期間は、厚生年金保険の被保険者の配偶者については国民年金に任意加入の扱いとされていた期間として合算対象期間（カラ期間）となり、老齢基礎年金の額に反映される。
2) Bさんは、老齢基礎年金の受給資格期間を満たしており、繰上げ請求を行わなくても、60歳から老齢基礎年金を受け取ることができる。

3) Bさん--の夫であるAさんは厚生年金保険に20年以上加入しているため、Bさんの老齢基礎年金には65歳から振替加算が加算される。
4) Bさんの保険料納付済期間は25年を超えているので、Bさんは、満額の老齢基礎年金を受け取ることができる。

A《問33》 AさんおよびBさんに対してDCプランナーが行った次のアドバイスのうち、不適切なものはどれか。
1) Aさんが報酬比例部分のみの特別支給の老齢厚生年金の支給開始年齢に達した以降に再就職し、厚生年金保険の被保険者となった場合、総報酬月額相当額と基本月額によっては、在職老齢年金の調整が行われる。
2) Aさんは、報酬比例部分のみの特別支給の老齢厚生年金の支給開始年齢に達する前に、老齢厚生年金の繰上げ支給を請求することができない。
3) Bさんは、Aさんの退職に伴い、国民年金の第3号被保険者から第1号被保険者になるので、被保険者の種別変更の届出を自ら行う必要がある。
4) Bさんは、繰上げ請求を行わない場合、60歳以上65歳未満の間、保険料納付済期間が480月に達するまでは、国民年金の任意加入被保険者となることができる。

【第2問】 次の設例に基づいて、下記の各問（《問34》～《問36》）に答えなさい。

―――《設 例》―――

Cさん（男性：29歳）が勤務しているM社では、今般、確定拠出年金の企業型年金を導入することとなった。M社の定年は60歳であることから、Cさんは、企業型年金への加入を機に、定年後の資金の準備について勉強を始めたところである。

B 《問34》 M社が企業型年金加入者掛金（加入者掛金）を導入する場合に関する次の記述のうち、不適切なものはどれか。
1) M社は、各企業型年金加入者に係る事業主掛金の額と加入者掛金の額の合計額が、企業型年金の拠出限度額を超えないようにする必要がある。
2) M社は、各企業型年金加入者に係る加入者掛金の額が、当該加入者に係る事業主掛金の額の2分の1に相当する額を超えないようにする必要がある。
3) M社は、加入者掛金の額の決定方法等につき、加入者を不当に制約することのないようにする必要がある。
4) M社は、加入者掛金の額の決定方法等につき、特定の者に関して不当に差別的なものでないようにする必要がある。

D 《問35》 Cさんは、60歳時点で、住宅ローン残高（見込み）1,000万円を一括返済する原資と、公的年金の支給開始となる65歳までの5年間、毎年250万円ずつ受け取る「つなぎ年金」の原資の合計額を、確定拠出年金とは別に確保したいと考えている。60歳以降、年率2％で運用できるとした場合、Cさんが60歳時点で準備すべき金額として、次のうち適切なものはどれか。なお、答は万円未満を切上げすることとし、また、税金・手数料等は考慮しないこととする。
1) 1,202万円

2) 2,202万円
3) 2,328万円
4) 2,452万円

B 《問36》 Cさんが60歳になるまで企業型年金に30年間加入し、定年退職時に確定拠出年金の老齢給付金を一時金で受け取ることとした場合（収入金額は1,680万円）、Cさんの退職所得の金額として、次のうち適切なものはどれか。なお、Cさんには、役員としての勤続年数はなく、また、他の退職手当等はないものとする。

1) 0円
2) 90万円
3) 180万円
4) 240万円

【第3問】 次の設例に基づいて、下記の各問（《問37》～《問39》）に答えなさい。

―――《設　例》―――

Dさん（女性：39歳）は、確定拠出年金の企業型年金を導入しているN社に勤務し、企業型年金加入者であったが、平成27年8月末日に中途退職した。Dさんは、まもなく40歳になるので、夫であるEさんとともに、老後に向けた今後の生活設計を見直しているところである。

B《問37》 Dさんは、今後について、専業主婦（無収入）となるか、または自営業者として仕事を始めるかを検討しているものとする。この場合に関する次の記述のうち、適切なものはどれか。

1) Dさんが専業主婦となる場合、夫であるEさんが国民年金の第1号被保険者であるときは、Dさんは国民年金の第3号被保険者となるので、個人型年金加入者となることができる。
2) Dさんが専業主婦となる場合、夫であるEさんが国民年金の第2号被保険者であるときは、Dさんは国民年金の第3号被保険者となるので、個人型年金加入者となることができる。
3) Dさんが自営業者となる場合、Dさんは国民年金の第1号被保険者となるので、個人型年金に加入することができず、個人型年金運用指図者として運用を継続しなければならない。
4) Dさんが自営業者となる場合、Dさんは国民年金の第1号被保険者となるので、個人型年金加入者となるか、個人型年金運用指図者となるかを選択することができる。

B《問38》 Dさんが個人型年金加入者となり、併せて国民年金の付加保険料を納めることとした場合、Dさんの個人型年金加入者掛金の最大拠出額として、次のうち適切なものはどれか。

1) 27,500円
2) 55,000円

3) 67,000 円
4) 68,000 円

D 《問39》 Dさんは、60歳時点で2,500万円を確保し、60歳から65歳までの5年間運用し、65歳から15年間にわたり年金として受け取ることを考えている。この場合、Dさんの毎年の年金受取額として、次のうち適切なものはどれか。なお、全期間について年率3%で運用するものとし、答は万円未満を切捨てすることとする。また、税金・手数料等は考慮しないものとする。
1) 166万円
2) 203万円
3) 235万円
4) 259万円

【第4問】 次の設例に基づいて、下記の各問（《問40》～《問42》）に答えなさい。

《設 例》

会社員のFさんは、勤務先の会社が導入している確定拠出年金の企業型年金における運用対象として、①A投資信託、②B投資信託、③ポートフォリオX、④ポートフォリオYを検討している。なお、ポートフォリオXとポートフォリオYは、いずれもA投資信託とB投資信託により構成されているが、その組入比率が異なっている。A投資信託、B投資信託、ポートフォリオXおよびポートフォリオYのそれぞれの年率の期待リターンとリスク（標準偏差）は、次のとおりである。

	期待リターン	リスク（標準偏差）
①A投資信託	2.5％	8.0％
②B投資信託	4.5％	10.0％
③ポートフォリオX	3.7％	4.8％
④ポートフォリオY	3.3％	4.0％

《問40》 ポートフォリオXにおけるA投資信託とB投資信託の組入比率が、A投資信託40％、B投資信託60％であった場合、A投資信託とB投資信託の相関係数の値として、次のうち適切なものはどれか。なお、答は小数点以下第3位を四捨五入すること。

1) －0.54
2) －0.58
3) －0.60
4) －0.65

《問41》 リスクフリーレートの年平均値が1.1％であるとした場合、運用対象①～④のパフォーマンスをシャープ・レシオにより比較したときに、パフォーマンス評価が最も高いものはどれか。なお、シャープ・レシオの算出にあたっては、設例における各運用対象

の期待リターンを年平均値のリターンとして計算するものとし、また、小数点以下第 3 位を四捨五入すること。
1) 運用対象①〔A 投資信託〕
2) 運用対象②〔B 投資信託〕
3) 運用対象③〔ポートフォリオ X〕
4) 運用対象④〔ポートフォリオ Y〕

C 《問 42》 投資信託のパフォーマンス評価に関する次の記述のうち、不適切なものはどれか。
1) インフォメーション・レシオは、ベンチマークと比較した超過リターンの平均値を、ベンチマークと比較した超過リターンの標準偏差で除して求める。
2) シャープ・レシオによる場合と同様に、インフォメーション・レシオによる場合も、数値が大きいほうがパフォーマンスは優れているものと判断される。
3) シャープ・レシオもインフォメーション・レシオも、常にプラスの数値となり、マイナスの数値となることはない。
4) シャープ・レシオによる場合とインフォメーション・レシオによる場合とで、パフォーマンス評価の結果が異なることがある。

【第5問】 次の設例に基づいて、下記の各問（《問43》～《問45》）に答えなさい。

―《設 例》―

自営業を営むGさん（34歳）は、妻Hさん（34歳）と長男（3歳）の3人家族である。Gさんは、まもなく35歳になるので、それを機に、老後のための資産形成を始めようと考えており、確定拠出年金の個人型年金への加入や、国民年金基金への加入などについて検討しているところである。

なお、Gさん、Hさんは、ともに現在は国民年金のみに加入しており、付加保険料は支払っていない。

A《問43》 Gさんの国民年金基金への加入等に関する次の記述のうち、不適切なものはどれか。
1) Gさんは、国民年金基金に加入した場合は、国民年金の付加保険料を納めることができない。
2) Gさんが、国民年金の保険料を免除されている者である場合は、国民年金基金に加入することができない。
3) Gさんが、国民年金基金と確定拠出年金の個人型年金に加入した場合、その掛金の拠出限度額は、国民年金基金の掛金と個人型年金加入者掛金との合計で月額68,000円である。
4) Gさんは、国民年金基金に加入した場合、60歳に達して国民年金の任意加入被保険者となったときであっても、60歳になったときに国民年金基金の加入員資格を喪失する。

D《問44》 Gさん夫妻は、確定拠出年金の個人型年金に35歳から60歳になるまで25年間加入し、60歳到達時点での個人型年金の個人別管理資産を2人合計で3,000万円確保したいと考えている。この場合、Gさん夫妻の個人別管理資産が合計で3,000万円を超えるために最低限必要となる年間拠出額（2人合計の額）として、次

のうち適切なものはどれか。なお、確定拠出年金の拠出は年初に1回行うものとし、全期間について年率2%で運用するものとする。また、税金・手数料等は考慮しないものとする。

1) 900,000 円
2) 910,000 円
3) 920,000 円
4) 930,000 円

D 《問45》 Gさん夫妻は、60歳時点で確保できた原資を、60歳から65歳までの5年間運用し、65歳から15年間にわたり毎年300万円ずつ年金として受け取ることを考えている。この場合、Gさん夫妻が60歳時点で最低限確保しなければならない原資の額として、次のうち適切なものはどれか。なお、全期間について年率2%で運用するものとし、答は万円未満を切上げすることとする。また、税金・手数料等は考慮しないものとする。

1) 3,562 万円
2) 4,076 万円
3) 4,500 万円
4) 4,793 万円

第 21 回 DC プランナー認定試験 2 級の解答と解説

※正解と配点、分野は主催者の発表によるもの、解説は年金問題研究会が独自に作成したものである。

■正解と配点、分野一覧

＜基礎編＞（配点 60 点）

問題番号	問1	問2	問3	問4	問5	問6	問7	問8	問9	問10	問11	問12	問13	問14	問15
正解	2	3	3	2	4	3	3	2	1	3	4	1	2	2	4
配点	2	2	2	2	2	2	2	2	2	2	2	2	2	2	2
分野	A	A	A	A	A	A	A	A	A	B	B	B	B	B	B

問題番号	問16	問17	問18	問19	問20	問21	問22	問23	問24	問25	問26	問27	問28	問29	問30
正解	1	2	2	3	2	3	1	3	2	3	3	4	2	3	2
配点	2	2	2	2	2	2	2	2	2	2	2	2	2	2	2
分野	B	B	B	C	C	C	C	C	C	C	D	D	D	D	D

＜応用編＞（配点 40 点）

	第1問			第2問			第3問			第4問			第5問		
問題番号	問31	問32	問33	問34	問35	問36	問37	問38	問39	問40	問41	問42	問43	問44	問45
正解	2	3	2	2	2	2	4	3	3	3	4	3	4	3	1
配点	2	3	3	3	2	3	3	2	3	3	2	3	2	3	3
分野	A	A	B	B	D	B	B	B	D	C	C	C	A	D	D

分野 A：わが国の年金制度・退職給付制度
分野 B：確定拠出年金制度
分野 C：投資に関する知識
分野 D：ライフプランニングとリタイアメントプランニング

◆解答のポイントと解説

〈基礎編〉

問1 《正解 2》

1) 適切

2) 不適切。「免除月数」ではなく<u>免除月数の一定割合</u>(「税金＋保険料納付」部分)を加えた月数により計算される。免除期間の支給割合は以下のとおりである。

期間	国庫負担分(税金)				保険料分				支給割合
納付済期間	税金	税金	税金	税金	納付	納付	納付	納付	全額
1/4免除	税金	税金	税金	税金	納付	納付	納付	免除	7/8
半額免除	税金	税金	税金	税金	納付	納付	免除	免除	6/8 (3/4)
3/4免除	税金	税金	税金	税金	納付	免除	免除	免除	5/8
全額免除	税金	税金	税金	税金	免除	免除	免除	免除	4/8 (1/2)

▨ 年金支給部分

上の表でわかるように、免除期間の老齢基礎年金は2分の1の国庫負担分と保険料納付部分に相当する年金額が支給される。

（例）半額免除期間が36カ月の場合は、以下の月数分が支給される
36カ月 × (4/8 + 2/8) = 27カ月

保険料分(全体の2分の1つまり8分の4)の2分の1(つまり8分の2)の保険料が免除されるのが半額免除である。そのため、「税金分＋保険料納付分」= 4/8 + 2/8 = 6/8 = 3/4 が年金額に反映される。

なお、平成21年3月以前の免除期間については、国庫負担分が3分の1だったため、以下の支給割合で計算される。

期間	国庫負担分(税金)		保険料分				支給割合
納付済期間	税金	税金	納付	納付	納付	納付	全額
1/4免除	税金	税金	納付	納付	納付		5/6
半額免除	税金	税金	納付	納付			4/6 (2/3)
3/4免除	税金	税金	納付				3/6 (1/2)
全額免除	税金	税金					2/6 (1/3)

▨ 年金支給部分

3) 適切。学生納付特例制度による免除は、受給資格期間には反映されるが年金額には反映されない。年金額に反映させるためには保険料の追納が必要となる。追納は最大10年前の分まで可能である。

4) 適切。学生納付特例制度と同様、保険料の追納は10年前の分まで可能である。平成37年6月までの時限措置であるが、平成28年7月からは対象を50歳未満に拡大し、名称も「納付猶予制度」に変更される。

問2 《正解 3》

1) 適切。厚生年金保険は70歳になると資格喪失だが、老齢給付の受給資格期間を満たしていない場合に限り、70歳以降も受給資格期間を満たすまで厚生年金保険に任意加入できる。(厚年法附則4条の3、5)

2) 適切。従業員5人未満の個人事業などで厚生年金保険が適用されていない事業所の従業員が該当し、本人のみが加入する任意単独被保険者になる。任意単独被保険者に対しては、事業主に保険料半額負担・納付義務が生じる。(厚年法10条)

3) 不適切。個人事業主は厚生年金保険の被保険者になれないが、法人の代表者は、たとえ1人法人でも厚生年金保険の被保険者となる。

4) 適切。厚生年金保険の資格喪失日は、原則として退職した日などの翌日である。ただし、退職日に他の会社に就職(厚生年金保険加入)したときと70歳に達したときは、「その日」となる。(厚年法14条)

問3 《正解 3》
1) 適切。なお、合算対象期間は受給資格期間としてカウントするが、将来の年金額には反映しない。
2) 適切。つまり、65歳の本来支給開始月から1カ月繰り上げるごとに0.5％ずつ減額され、最大の60歳まで繰り上げると30％（＝0.5％×60カ月）減額される。（国年法施行令12の2）
3) 不適切。付加年金は、第3号被保険者は納付することができない。（国年法87条の2、43条）
4) 適切（国年法49条）

問4 《正解 2》
1) 適切（国年法30条）
2) 不適切。厚生年金保険の被保険者は国民年金の被保険者でもあるので、障害厚生年金も支給されるが、障害基礎年金も支給される。なお、3級の障害状態の場合は障害厚生年金のみが支給される。
3) 適切（国年法30条の2）
4) 適切。20歳前障害といい、国民年金に加入していなくても障害基礎年金の対象になる。ただし、一定の所得制限がある。なお、20歳前障害には先天性障害も含まれる。（国年法30条の4）

問5 《正解 4》
1) 適切。国民年金は分割制度の対象にならない。そのため、厚生年金保険の被保険者である国民年金の第2号被保険者の部分も分割の対象にならないことを併せて覚えておきたい。（厚年法78条の2、3、6）
2) 適切。離婚時の分割は厚生年金だけが対象であり、老齢基礎年金の額には影響しない。なお、厚生年金も報酬比例部分だけが対象であるので定額部分の額にも影響しない。（厚年法78条の2、3、6）
3) 適切。3号分割の場合、請求のみで可能であり、同意は不要である。（厚年法78条の13、14）

4) 不適切。3号分割は、制度ができた後の平成20年4月1日以降の第3号被保険者期間だけが対象である。それ以前の第3号被保険者期間に関しては、お互いの合意による分割（合意分割）になる。（厚年法78条の13、14）

問6 《正解 3》

1) 適切。1口目は終身年金（A型、B型）しか選択できず、2口目以降は終身年金（A型、B型）および確定年金（Ⅰ型〜Ⅴ型）の7種類から選択できる。
2) 適切。個人型確定拠出年金も全額所得控除だが小規模企業共済等掛金控除である。小規模企業共済等掛金控除は本人の所得からしか控除が受けられないが、社会保険料控除の場合、生計を同じくする親族の分も控除が受けられる。例えば、個人事業主が妻の掛金も払った場合、社会保険料控除なら自分と妻の2人分の掛金を自分の所得から控除できる。
3) 不適切。国民年金基金の加入は任意であるが、脱退は任意にできない。脱退は、自営業者が会社に入社して厚生年金保険被保険者になるなどの場合に限られる。
4) 適切。国民年金基金の支給開始は65歳が基本であるが、確定年金のうちⅢ型、Ⅳ型、Ⅴ型の3種類は60歳支給開始となっている。

問7 《正解 3》

1) 不適切。「10年以上」ではなく、5年以上である。（確給法33条）
2) 不適切。一時金として支給することもできる。ただし、規約で定めることが条件である。（確給法38条2項）
3) 適切（確給法36条4項）
4) 不適切。障害給付金と遺族給付金は任意に定めることができる。（確給法29条）

問8《正解 2》

1) 適切。なお、法人企業の役員のうち使用人兼務役員は加入できる。
2) 不適切。中退共の掛金は全額事業主負担で、従業員に負担させることはできない。
3) 適切。会社（事業主）を経由して支払ったり、会社が受け取ることはできない。
4) 適切

問9《正解 1》

1) 不適切。個人事業の場合、事業主以外に共同経営者2人まで小規模企業共済に加入することができる。
2) 適切
3) 適切。小規模企業共済は経営者のための退職金制度、中退共は従業員のための退職金制度である。そのため、事業主自身は中退共の加入者にはなれず、従業員は小規模企業共済に加入することはできない。
4) 適切。分割（年金）で受け取る場合は公的年金等控除の対象になる。

■分野Bでは、法令根拠等を以下のように表記する

法……確定拠出年金法
施行令……確定拠出年金法施行令、施行規則……確定拠出年金法施行規則
法令解釈……厚労省通達平成13年8月21日年発213号

問10《正解 3》

1) 「一定の職種」として認められる。（法3条3項6号、法令解釈第1-1 (1)①）
2) 「一定の勤続期間」として認められる。（法令解釈第1-1 (1)②）
3) 「一定の年齢」として認められるには「50歳未満」に設定する必要がある。「35歳未満」では、合理的な理由があると認められない可能性が高い。（法令解釈第1-1 (1)③）

4)「希望する者」として認められる。(法3条3項6号、法令解釈第1-1（1）④)

問11 《正解 4》

1) 不適切。勤続期間3年未満の場合、規約に定めれば受給権を制限することができる。受給権の制限を規約に定めなければ3年未満でも全額の受給権が付与される。(法3条3項10号)
2) 不適切。「受給を開始しなければならない」ではなく、<u>受給を開始できる</u>である。70歳到達までの任意の時期に受給開始できる。なお、通算加入者等期間とは、確定拠出年金の老齢給付金の受給開始年齢の判定基準となる期間のことである。通算加入者等期間が10年以上あれば、60歳から受給開始できる。通算加入者等期間は、「<u>60歳に達した日の前日が属する月</u>」以前の「<u>加入者期間（企業型年金と個人型年金の合計期間）＋運用指図者期間（企業型年金と個人型年金の合計期間）</u>」である。60歳以降の運用指図者期間（企業型年金、個人型年金）だけでなく、企業型年金の60歳以降の加入者期間も含まれないので注意が必要である。(33条1項、2項)
3) 不適切。企業型年金規約に定めれば、障害給付金を一時金として支給できる。(法38条2項)
4) 適切(法40条1項)

問12 《正解 1》

1) 不適切。「誕生日の当日」ではなく、<u>誕生日の前日</u>である。公的年金の年齢到達日も同様に誕生日の前日となる。年金関連の年齢到達日は、「年齢計算ニ関スル法律」の定めに基づいている。同法では、「年齢は出生日から起算する」となっており、「年齢の計算には民法第143条を準用する（民法第143条の方法で計算する）」と定められている。民法第143条では「期間は起算日の前日に満了する」と定められている。つまり、満了時点で次の年齢に到達し、年齢が1歳加算されることになって

いる。
2) 適切(法62条3項1号)。翌日の資格喪失は死亡のときのみである。
3) 適切(法62条3項4号)
4) 適切(法62条3項3号)

問13 《正解 2》
1) 適切(法令解釈第6-1 (2)①ウ)
2) 不適切。合理的な理由があれば、資産管理機関として選任することも認められる。(法令解釈第6-1 (1)①)
3) 適切(法43条3項2号、施行規則23条3号)
4) 適切(法令解釈第6-1 (1)③)

問14 《正解 2》
1) 適切(法23条1項、施行令12条、施行規則18条)
2) 不適切(施行令12条1項1号、2項)
3) 適切(施行規則20条1項5号イ)
4) 適切(施行規則20条1項4号)

問15 《正解 4》
1) 不適切。投資教育は、継続的に実施することが求められている。(法22条2項)
2) 不適切。基本的な事項からより高いレベルまで、加入者等の知識や経験に応じて対応できるメニューに配慮するのが望ましい。(法令解釈第2-3 (2)②)
3) 不適切。元本確保型の商品のみで運用する方法による運用プランモデルは必ず含める必要があるが、その他の運用プランモデルについては特に規定されていない。(法令解釈第2-3 (4))
4) 適切(法7条1項、法令解釈第2-1 (1))

問 16 《正解 1》

1) 不適切。記録関連業務についても委託できる。(法7条2項)
2) 適切(法100条1号)
3) 適切(法100条2号)
4) 適切(法100条6号)

問 17 《正解 2》

1) 適切。企業年金規約は、届出ではなく「承認」であることを覚えておく。(法3条1項)
2) 不適切。軽微な変更については「承認」ではなく届出でよい。(法5条1項)
3) 適切(法3条3項6の2号)
4) 適切(法3条3項7号、4条1項3号、法令解釈第1-2)

問 18 《正解 2》

1) 適切(所得税法75条)
2) 不適切。本人が拠出する確定拠出年金の加入者掛金は、企業型も個人型も小規模企業共済等掛金控除の対象である。(所得税法75条)
3) 適切(所得税法76条5項)
4) 適切(所得税法74条5項)

問 19 《正解 3》

1) 適切。$(1 + 0.05)^3$ の計算結果が終価係数の値である。
2) 適切
3) 不適切。算術平均は将来のリターンを推計するのに適しており、幾何平均は過去のリターン(運用実績)を表すのに適している。
4) 適切。算術平均は常に幾何平均以上になる。なお、「1年目2%、2年目2%、3年目2%、4年目2%」のように全期間同じリターンの場合のみ算術平均と幾何平均のリターンは等しくなる。

問20 《正解 2》

リターンが正規分布に従っている場合、リターンは平均値を中心とした範囲で両側に対称的に分布し、平均値に近いほど高さが高く（＝発生確率が高い）、離れるほど高さが低くなる（＝発生確率が低い）。正規分布は平均値を中心に対称に分布するので、平均値を上回る（下回る）確率は 0.5（50％）である。

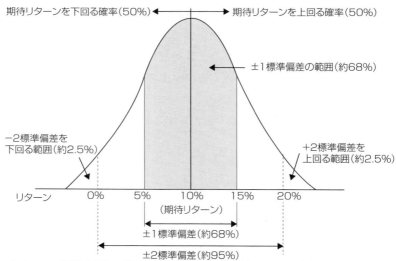

また、1標準偏差の範囲内（±1標準偏差）に入る確率は約68％、2標準偏差の範囲内（±2標準偏差）に入る確率は約95％である。本問では、平均値（中心値）となる期待リターンが年4.0％で、標準偏差が年2.5％であるから1標準偏差は±2.5％（期待リターン1.5％〜6.5％）、2標準偏差は±5.0％（期待リターン－1.0％〜9.0％）である。

1) 適切。4.0％とは正規分布の平均値の期待リターンの値であるから、中心値より上回る確率と下回る確率はそれぞれ半分(50％)である。
2) 不適切。1.5％から6.5％とは、1標準偏差の範囲内であるから確率は約68％である。
3) 適切。－1.0％から9.0％とは、2標準偏差の範囲内である。
4) 適切。プラス部分の2標準偏差の範囲内を超える確率であるから、

「(100％ − 95％) ÷ 2 = 2.5％」となる。なお、正確には2.28％なので約2.3％となる。

問21《正解 3》

1) 適切。いわゆる銀行の定期預金の利息計算でイメージできる。
2) 適切。運用後の金額(将来価値)を運用開始時の金額(現在価値)に換算することを割り引くといい、現価係数は割引率にあたる。
3) 不適切。問題文は資本回収係数の説明である。年金終価係数は、毎年一定額を積み立てていく場合、運用後の金額(元利合計)がいくらかを計算するときに使われる。確定拠出年金の掛金を毎年拠出していくときの運用結果の計算にあたる。
4) 適切。受け取る毎年の年金額に対する原資を計算するときに使われる。

問22《正解 1》

金融商品Aと金融商品Bのポートフォリオの期待リターンは、以下のように計算できる。

(Aの期待リターン×Aの組入比率) + (Bの期待リターン×Bの組入比率)
= (3.2％ × 0.6) + (4.3％ × 0.4) = 3.64％

金融商品Aと金融商品Bのポートフォリオのリスク(標準偏差)は、以下のように計算できる。

$\sqrt{(Aのリスク^2 × Aの組入比率^2) + (Bのリスク^2 × Bの組入比率^2) + 2 × 相関係数 × Aのリスク × Bのリスク × Aの組入比率 × Bの組入比率}$

$= \sqrt{(8.2^2 × 0.6^2) + (11.3^2 × 0.4^2) + 2 × (−0.3) × 8.2 × 11.3 × 0.6 × 0.4}$
$= \sqrt{31.29376} = 5.5940\cdots ≒ 5.59 (％)$

問23《正解 3》

1) 不適切。「AAA」ではなくBBB格相当以上である。BB格相当以下は、投資不適格として投機的格付債あるいはハイイールド債、ジャンク債などと呼ぶ。

2) 不適切。格付は発行体ではなく債券に対して評価されるものなので、同じ発行体の債券でも異なる格付となる場合もある。
3) 適切
4) 不適切。格付の高い債券は信用度が高くデフォルトリスク（債務不履行のリスク）が低い。そのため、格付の高い債券ほど利回りが低い。

問24 《正解 2》

所有期間利回りは、以下の計算式によって求められる。

$$所有期間利回り(\%) = \frac{表面利率(年利) + \dfrac{売却価格 - 購入価格}{所有期間}}{購入価格} \times 100$$

$$= \frac{1.2\% + \dfrac{99円 - 101円}{5年}}{101円} \times 100 ≒ 0.792\%$$

(注)所有期間利回りとは、債券を満期償還日まで所有せず、途中売却した場合の利回り計算である

問25 《正解 3》

1) 不適切。公社債投資信託は、元本は保証されていない。また、債券のうち国債、地方債、政府保証債は確定拠出年金における「元本を確保する運用方法」に該当するが、社債は該当しない。
2) 不適切。一般に、株式投資信託のほうがリスクは大きい。
3) 適切。一般に、償還までの期間（残存期間）が長いほど債券の金利変動リスクは大きい。
4) 不適切。一般に、円安になれば基準価額にプラスの影響があり、円高になればマイナスの影響がある。

問26 《正解 3》

1) 適切
2) 適切
3) 不適切。資産・負債状況や年齢はリスク許容度に大きな影響を与える

要因ではあるが、リスク許容度を決める要因にはさまざまなものがある。例えば、収入によっても違ってくる。
4) 適切

問27《正解 4》

1) 適切。特に、準備期間を要する「教育資金」「住宅購入資金」「老後資金」のことを人生の3大資金といい、その人の夢や希望をかなえ充実した人生を送るために、いつ、どのくらいの資金が必要なのかを把握し、それに合わせて資金をどのように準備していくかについて取り組むことが望ましい。
2) 適切。簡易生命表は、毎年、厚生労働省から公表される。平均寿命ではなく平均余命を使うことに注意。平均寿命は0歳児の平均余命である。平均余命は平均寿命よりも生きる期間が長くなる。
3) 適切。60歳時点での平均余命は男性約23年、女性約28年(厚生労働省「簡易生命表」平成25年)であるため、経済的に安定した生活資金をいかに確保するかを検討する必要がある。
4) 最も不適切。リタイアメントプランとは定年後(現役引退後)のライフプランのことである。作成時に前提とした状況や条件等は、経済状況や健康状態の変化などで変動することがありうるため、定期的に見直す必要がある。

問28《正解 2》

1) 適切。キャッシュフロー表とは、キャッシュフローを生涯の一定期間にわたって一つの表にまとめたものであり、キャッシュフロー表を分析することで、ライフプランに基づいた問題点を発見できる。
2) 最も不適切。住宅の購入時や子供の大学入学時など一時的に多額の資金が必要になることもあるので、キャッシュフロー表の年間収支は常にプラスの数値でなくてもよい。ただし、貯蓄残高がマイナスになる場合は見直しが必要となり、キャッシュフロー表を作成し直さなければなら

ないこともある。
3) 適切。将来の収支予測に欠かせないため、上昇率や変動率を考慮した数値を計上することが望ましい。
4) 適切

問29《正解 3》

1) 不適切。退職時に「退職所得の受給に関する申告書」を提出している場合は、原則として確定申告の必要はない。提出していない場合は退職所得控除が適用されず、退職一時金の金額にそのまま20.42%を乗じた額が源泉徴収されるため、還付等の精算をするには確定申告をする必要がある。
2) 不適切。勤続2年未満の場合、退職所得控除額は設問のとおり80万円であるが、勤続25年の場合、退職所得控除額は1,150万円である。計算式は以下のとおり。

勤続年数	退職所得控除額
20年以下	40万円×勤続年数（最低保障80万円）
20年超	{70万円×（勤続年数－20年）}＋800万円

(注)勤続1年未満の端数は切り上げ

上式に当てはめ勤続25年の退職所得控除額は、以下のように計算できる。

{70万円×(25年－20年)}＋800万円＝1,150万円

また、退職所得の金額(課税対象額)は、以下の計算式となる。

(退職一時金－退職所得控除額)×2分の1＝退職所得

なお、法改正により、平成25年1月以降は勤続年数5年以内の法人役員等(法人役員のほか、公務員、国会議員・地方議会議員)の場合は上記計算式で「2分の1」は乗じないこととなっている。

3) 適切。確定拠出年金の場合、加入者期間（掛金払込期間）を勤続年数とみなして退職所得控除額を計算する。
4) 不適切。運用指図者期間は勤続年数に含まない。したがって本設問の

場合、勤続年数を10年として退職所得控除額を計算する。

問30《正解 2》

1) 適切
2) 不適切。個人年金保険契約（保険契約者・保険料負担者・被保険者・年金受取人が同一の場合）に基づき年金受取人が受け取る年金は、公的年金等以外の雑所得として課税対象となる。公的年金等以外の雑所得の金額は、その年中に支払いを受けた年金額（公的年金等を除く）からその金額に対応する払込保険料または掛金の額を差し引いた金額である。なお、保険料負担者と年金受取人が異なる場合は、贈与税が課税される。
3) 適切
4) 適切。公的年金等の雑所得は、「公的年金等の収入金額（A）－公的年金等控除額（B）」で求められる。公的年金等控除額は、受給者の年齢が65歳以上か否かで異なり、65歳未満は70万円、65歳以上は120万円までは公的年金等の雑所得が非課税となる。

	公的年金等の収入金額(A)	公的年金等控除額(B)
65歳未満	130万円未満	70万円
	130万円以上410万円未満	(A)×0.25＋37万5,000円
	410万円以上770万円未満	(A)×0.15＋78万5,000円
	770万円以上	(A)×0.05＋155万5,000円
65歳以上	330万円未満	120万円
	330万円以上410万円未満	(A)×0.25＋37万5,000円
	410万円以上770万円未満	(A)×0.15＋78万5,000円
	770万円以上	(A)×0.05＋155万5,000円

〈応用編〉

問31 《正解 2》

1) 適切。生年月日が昭和30年4月2日～昭和32年4月1日の男性は、62歳より特別支給の老齢厚生年金の報酬比例部分が支給され、65歳より、老齢厚生年金と老齢基礎年金が支給される。
2) 不適切。昭和24年4月2日生まれ以降の男性には、特別支給の老齢厚生年金の定額部分は支給されない。
3) 適切
4) 適切。国民年金の未納期間が10年以上前であるため、後納制度（10年前までの未納期間に適用）は利用できない。

問32 《正解 3》

1) 不適切。合算対象期間は、受給資格期間としてカウントするが、年金額としては反映しない。
2) 不適切。老齢基礎年金の支給は、65歳からである。
3) 適切。厚生年金保険に20年以上加入している受給者には、65歳（定額部分のある場合は定額部分支給開始年齢）から、配偶者が65歳になるまで加給年金が支給される。配偶者が65歳になった時点で加給年金は打ち切りになり、配偶者自身の老齢基礎年金に振替加算が生涯支給される。本問のケースでは、夫のAさんに65歳から加給年金が加算され、約1年後にBさんが65歳になった時点から加給年金がなくなり、Bさんの老齢基礎年金に振替加算が加算される。
4) 不適切。満額の老齢基礎年金を受給するには保険料納付済期間が40年必要である。

問33 《正解 2》

1) 適切。総報酬月額相当額と基本月額（年金月額）を足して28万円を超えた場合、在職老齢年金の調整（減額）が始まる。
2) 不適切。Aさんの支給開始年齢は62歳であるから、60歳から62歳

になる前までの間で老齢厚生年金の繰上げ支給を請求できる。
3) 適切
4) 適切。Ｂさんの場合、保険料納付済期間はカラ期間の 48 カ月（4 年間）を除く 432 カ月であるから、最大 64 歳になるまで任意加入できる。48 カ月任意加入すれば 480 カ月の保険料納付済期間となり、65 歳から満額の老齢基礎年金が受給できる。

問 34 《正解 2》

企業型年金に加入者掛金（従業員拠出）を導入するマッチング拠出では、以下の 2 つを同時に満たしていなければならない。
・事業主掛金と加入者掛金の合計は企業型年金の拠出限度額以内
・加入者掛金は事業主掛金を超えることができない

1) 適切（法 20 条）
2) 不適切。事業主掛金を超えなければよい。なお、事業主掛金と加入者掛金の合計額は企業型年金掛金の拠出限度額までであるから、加入者掛金の額は最大で全体の拠出限度額の半分までである。（法 4 条 1 項 3 号の 2）
3) 適切。加入者が掛金額を指定しなかったときに特定の掛金額を選択したとみなすことや毎年自動的に加入者掛金が増加または減少するようにしたりしてはならない。（施行令 6 条 5 号、法令解釈第 1-3 (6)）
4) 適切。一定の資格（職種、勤続期間、年齢）を設けて加入者掛金の決定や変更方法等に差をつけたり、事業主返還において加入者掛金の返還額をゼロにすることなどはできない。（施行令 6 条 2 号、法令解釈第 1-3 (5)）

問 35 《正解 2》

まず、Ｃさんが 60 歳から 5 年間、毎年 250 万円を受け取る場合、60 歳時点で必要となる原資はいくらかを年金現価係数を用いて計算する。
 250 万円 × 4.8077（年率 2％、5 年の年金現価係数）＝ 1,201 万 9,250 円
この額に住宅ローン残高一括返済分 1,000 万円を加えた額が、Ｃさんの

60歳時点で準備すべき金額である。

1,201万9,250円 + 1,000万円 = 2,201万9,250円 ≒ <u>2,202万円</u>

問36 《正解 2》

退職所得の金額は、以下の計算式となる。

(退職一時金 − 退職所得控除額) × 2分の1 = 退職所得

退職所得控除額は、企業型年金の加入期間30年で計算するので以下のとおりである(計算式は問29の2)参照)。

{70万円 × (30年 − 20年)} + 800万円 = 1,500万円

したがって、退職所得の金額は、以下のとおりとなる。

(1,680万円 − 1,500万円) × 2分の1 = 90万円

問37 《正解 4》

1) 不適切。夫が国民年金の第1号被保険者である場合は、妻も<u>第1号被保険者</u>になるので個人型年金加入者となることができる。
2) 不適切。第3号被保険者は個人型年金加入者となることはできない。
3) 不適切。第1号被保険者であれば個人型年金に加入することができる。
4) 適切

問38 《正解 3》

Dさんは国民年金の第1号被保険者であるから、確定拠出年金の個人型年金では第1号加入者となり、掛金の拠出限度額は月額68,000円である。ただし、国民年金付加保険料との合計額なので、付加保険料を差し引くと

68,000円 − 400円 = 67,600円

となる。個人型年金の掛金は1,000円単位なので、Dさんの個人型年金加入者掛金の最大拠出額は67,000円になる。

問39 《正解 3》

60歳時点での資金2,500万円を5年間、年率3％で運用した場合、65

歳でいくらになるかは終価係数を用いて計算する。

　2,500万円×1.1593（年率3％、5年の終価係数）＝ <u>28,982,500円</u>

　次に、65歳から15年間、年率3％で運用した場合の毎年の年金受取額は、年金現価係数の逆数を用いて計算する。

　28,982,500円÷12.2961（年率3％、15年の年金現価係数）≒ <u>235万円</u>

問40 《正解 3》

　AとBの2資産から構成されているポートフォリオのリスク（標準偏差）は、以下の式で求められる。

$$\sqrt{(\text{Aのリスク}^2 \times \text{Aの組入比率}^2) + (\text{Bのリスク}^2 \times \text{Bの組入比率}^2) + 2 \times \text{相関係数} \times \text{Aのリスク} \times \text{Bのリスク} \times \text{Aの組入比率} \times \text{Bの組入比率}}$$

ここで、設問の数字を当てはめると

$= \sqrt{(8.0^2 \times 0.4^2) + (10.0^2 \times 0.6^2) + 2 \times \text{相関係数} \times 8.0 \times 10.0 \times 0.4 \times 0.6}$

$= \sqrt{46.24 + (38.4 \times \text{相関係数})} = 4.8$（％）

　ここから、分散（標準偏差を2乗したもの）の計算式に変えると以下のようになる。

　46.24 ＋（38.4 ×相関係数）＝ 4.8^2

　よって、相関係数は以下のように求められる。

　相関係数＝（23.04 － 46.24）÷ 38.4 ＝ － 0.604…… ≒ － 0.60

問41 《正解 4》

　シャープ・レシオは、以下の式で計算式によって求められる。

$$\text{シャープ・レシオ} = \frac{\text{ファンドのリターン} - \text{リスクフリーレート}}{\text{ファンドのリスク（標準偏差）}}$$

ここから、設問の各シャープ・レシオは以下のように計算できる。

1)　$\dfrac{2.5\% - 1.1\%}{8.0\%} = 0.175\cdots\cdots ≒ 0.18\%$

2)　$\dfrac{4.5\% - 1.1\%}{10.0\%} = 0.34\%$

3) $\dfrac{3.7\% - 1.1\%}{4.8\%} = 0.541\cdots\cdots \fallingdotseq 0.54\%$

4) $\dfrac{3.3\% - 1.1\%}{4.0\%} = 0.55\%$

問 42 《正解 3》

1) 適切　2) 適切

3) 不適切。問 41 の解説の計算式からわかるように「ファンドのリターン－リスクフリーレート」であるから、シャープ・レシオはファンドのリターンがリスクフリーレートを下回ればマイナスとなる（標準偏差は常にプラス）。同様に超過リターンがマイナス（つまりファンドのリターンがベンチマークのリターンを下回る）であればインフォメーション・レシオもマイナスとなる。

4) 適切。シャープ・レシオはリスクフリーレート（預金などの安全資産の利回り）に対する運用する資産のパフォーマンス（利回り）を示すものである。一方、インフォメーション・レシオはベンチマーク（東証株価指数など目標に設定した運用商品や指数の運用実績）に対する運用する資産のパフォーマンス（利回り）を示すものである。このように両者は別々のパフォーマンス評価を対象としているので、評価結果が異なるのが一般的である。例えば、A 投資信託と B 投資信託を比較する場合、シャープ・レシオでは A 投資信託が優れていても、インフォメーション・レシオでは B 投資信託のほうが優れているということもある。

問 43 《正解 4》

1) 適切。国民年金基金に加入すると、国民年金の付加保険料は納めることができなくなる。なお、付加保険料を納付している人が国民年金基金に加入する場合、市区町村役場で、付加保険料をやめる手続きが必要となる。

2) 適切

3) 適切。なお、国民年金の付加保険料を納付している場合には、国民年金基金には加入できないが確定拠出年金の個人型年金には加入できる。その場合は付加保険料と個人型年金の掛金の合計68,000円までが限度額となる。ただし、実際には個人型年金掛金拠出限度額は月額67,600円ではなく月額67,000円までとなることに注意する。付加年金は月額400円であるが、個人型年金の掛金は1,000円単位で設定しなければならないためである。
4) 不適切。日本国内に居住している60歳以上65歳未満の人で国民年金の任意加入被保険者は国民年金基金に加入できる。ただし、60歳未満の国民年金基金の継続ではなく、新たな加入となる。

問44 《正解 3》

年率2％、25年間で運用することによって3,000万円を確保する場合、2人合計で毎年いくらの拠出額が必要となるかを求めるには、年金終価係数の逆数を用いる。

3,000万円 ÷ 32.6709（年率2％、25年の年金終価係数）≒ 918,248円

したがって最低限必要となる年間拠出額は、3) の920,000円となる。なお、年金終価係数の逆数は減債基金係数である。目標額を設定して、毎年いくら積み立てればよいかを求める際に用いる。

問45 《正解 1》

まず、Gさん夫妻が65歳から15年間、毎年300万円を受け取る場合、65歳時点で必要となる金額がいくらになるかを年金現価係数を用いて計算する。

300万円 × 13.1062（年率2％、15年の年金現価係数）= 3,931万8,600円

次に、65歳時点で3,931万8,600円になるために、60歳時点で必要となる金額がいくらになるかを現価係数を用いて計算する。

3,931万8,600円 × 0.9057（年率2％、5年の現価係数）≒ 3,561万856円

したがって、1) の3,562万円が最も近い金額となる。

＜日商・金財＞
DCプランナー認定試験（2級）

第22回　2016年9月11日（日）実施

　以下に掲載しているのは、平成28(2016)年9月11日に行われた「第22回DCプランナー認定試験(2級)」の問題である。解答と解説はこの問題のあと、303〜323ページに掲載しているので参照されたい。

　なお、各問題の冒頭についているアルファベットは、出題範囲の各分野を表している。分野のA、B、C、Dは以下のとおり。

分野A：わが国の年金制度・退職給付制度
分野B：確定拠出年金制度
分野C：投資に関する知識
分野D：ライフプランニングとリタイアメントプランニング

■以下の認定試験問題の全文は「日本商工会議所掲載許可済 ― 禁無断転載」
■次回(第23回)の認定試験日は2017年9月10日(日)

基　礎　編

次の各問（《問1》～《問30》）について答を1つ選び、その番号を解答用紙にマークしなさい。

A 《問1》　国民年金の被保険者に関する次の記述のうち、適切なものはどれか。
1) 国民年金の保険料納付済期間が360月(30年)である60歳の自営業者が、国民年金の任意加入被保険者となった場合、65歳に達するまでは、本人の申出によりその資格を喪失することはできない。
2) 第2号被保険者が第1号被保険者に該当することとなったときは、原則として30日以内に種別変更の届出をする必要がある。
3) 第2号被保険者の配偶者（配偶者自身が第2号被保険者である場合を除く）であって20歳以上60歳未満の者は、その収入の如何にかかわらず第3号被保険者となる。
4) 第1号被保険者が、第2号被保険者または第3号被保険者に該当することなく60歳の誕生日を迎えた場合、60歳の誕生日の前日に第1号被保険者の資格を喪失する。

A 《問2》　老齢基礎年金の繰上げ支給・繰下げ支給に関する次の記述のうち、適切なものはどれか。なお、各選択肢におけるいずれの者も老齢基礎年金の受給資格期間は満たしているものとする。
1) 昭和28年9月10日生まれの男性が、63歳到達月に老齢基礎年金の繰上げ支給の請求をした場合、その減額率は16.8％である。
2) 昭和24年5月10日生まれの男性が、67歳到達月に老齢基礎年金の繰下げ支給の請求をした場合、その増額率は12％である。
3) 付加保険料納付済期間を有する昭和16年4月2日以後生まれの者が、老齢基礎年金の繰上げ支給を受ける場合、付加年金については減額されることはない。

4) 夫が受給している老齢厚生年金の加給年金額対象者である昭和28年11月3日生まれの妻が、63歳到達月に老齢基礎年金の繰上げ支給を請求した場合、妻が受給する繰上げ支給の老齢基礎年金には、63歳から65歳になるまでの間、振替加算の加算は行われない。

A《問3》 障害基礎年金に関する次の記述のうち、適切なものはどれか。なお、選択肢において、初診日前に保険料を納付しなければならない期間がある場合については、保険料納付要件を満たしているものとする。

1) 国民年金の被保険者期間中に初診日のある傷病によって、障害認定日に1級、2級または3級の障害の状態にあるときは、障害基礎年金が支給される。
2) 40歳の厚生年金保険の被保険者が、厚生年金保険の被保険者期間中に初診日のある傷病によって、障害認定日に1級または2級の障害の状態にあるときは、障害基礎年金と障害厚生年金が併せて支給される。
3) 障害基礎年金の加算額の対象となる子とは、障害基礎年金の受給権取得日において受給権者によって生計を維持している子(18歳到達年度末日までの間にある子、および20歳未満で障害等級の1級または2級に該当する子)で、かつ、現に婚姻していない子に限られる。
4) 20歳未満の時期に初診日のある傷病によって1級または2級の障害の状態にある場合には、障害基礎年金の支給対象とはならない。

A《問4》 65歳未満の厚生年金保険の被保険者に係る在職老齢年金に関する次の記述のうち、不適切なものはどれか。

1) 基本月額が12万円、総報酬月額相当額が14万円の場合、老齢厚生年金は全額が支給される。
2) 基本月額が12万円、総報酬月額相当額が30万円の場合、老齢厚生年金は月額7万円が支給停止となる。
3) 厚生年金保険の被保険者である者について、平成28年6月に係る標

準報酬月額が30万円、その者が支払を受けた最近の標準賞与額が、平成27年6月に60万円、平成27年12月に60万円、平成28年6月は賞与なしである場合、平成28年6月に係る総報酬月額相当額は40万円となる。

4) 加給年金額が加算される者の場合、基本月額が10万円であり、老齢厚生年金につき月額8万円が支給停止となるときであっても、加給年金額については全額が支給される。

A 《問5》 離婚等の場合における厚生年金の分割制度に関する次の記述のうち、不適切なものはどれか。なお、各選択肢における当事者は、いずれも障害厚生年金の受給権者ではないものとする。

1) 「合意分割」は、当事者の婚姻期間中の厚生年金保険の保険料納付記録（標準報酬）を当事者間で分割することを認めるもので、当事者間の合意または家庭裁判所の審判等に基づいて請求が行われることが必要である。

2) 「第3号分割」では、第3号被保険者または第3号被保険者であった人の請求に基づき、制度施行後の第3号被保険者期間に係る保険料納付記録（標準報酬）について、相手方の同意の有無にかかわらず、2分の1の分割が行われる。

3) 「合意分割」については、当事者双方の対象期間標準報酬総額の合計額に占める第2号改定者（分割を受ける側）の持分割合（按分割合）の上限は定められていない。

4) 「合意分割」により分割が行われた場合も、「第3号分割」により分割が行われた場合も、分割が老齢基礎年金の額に影響することはない。

A 《問6》 国民年金基金に関する次の記述のうち、適切なものはどれか。

1) 国民年金基金に加入する場合、1口目については終身年金を選択する必要があるが、終身年金の支給開始年齢は、A型65歳、B型60歳である。

2) 国民年金基金に加入する場合、1口目については、途中での掛金の減額や給付の型の変更を行うことはできない。
3) 国民年金基金に加入する場合、2口目の加入は任意であるが、2口目に加入するときは確定年金を選択する必要がある。
4) 国民年金基金に加入する場合、終身年金の年金額が確定年金の年金額を超えないように、給付の型を選択する必要がある。

A 《問7》 確定給付企業年金に関する次の記述のうち、不適切なものはどれか。
1) 年金として支給する老齢給付金は、終身または5年以上にわたり、年1回以上定期的に支給するものである必要がある。
2) 規約において定めた場合には、老齢給付金のほかに、障害給付金、遺族給付金を支給することができる。
3) 年金として老齢給付金を受け取る場合は、所得税法上、その全額が公的年金等以外の雑所得として課税の対象となる。
4) 確定給付企業年金においては、規約で定めるところにより加入者も掛金を拠出することができ、その掛金については、所得税法上、生命保険料控除の対象となる。

A 《問8》 中小企業退職金共済（中退共）における被共済者とすることができない者は、次のうちどれか。
1) 使用人兼務役員
2) 事業主と生計を一にする同居の親族で、使用従属関係が認められる者
3) 小規模企業共済制度における共済契約者
4) 短時間労働者

A 《問9》 小規模企業共済と特定退職金共済（特退共）に関する次の記述のうち、不適切なものはどれか。
1) 小規模企業共済と特退共の掛金は、いずれも加入事業者に雇用される

使用人が全額を負担する。
2) 所得税法上、小規模企業共済の掛金については全額が小規模企業共済等掛金控除の対象となるが、特退共の掛金については小規模企業共済等掛金控除の対象とならない。
3) 小規模企業共済における分割受取りの共済金（老齢給付）も、特退共における退職年金も、所得税法上、公的年金等に係る雑所得として扱われる。
4) 小規模企業共済における一括受取りの共済金（老齢給付）も、特退共における退職一時金も、所得税法上、退職所得として扱われる。

B《問10》 確定拠出年金の企業型年金規約において企業型年金加入者とすることについての一定の資格を定める場合の定め方として、法令上認められない可能性が高いものは次のうちどれか。なお、企業型年金加入者とならない従業員については、相当な措置が講じられているものとする。
1) 労働協約または就業規則等において、研究職に属する従業員に係る給与・退職金等の労働条件が他の職に属する従業員の労働条件とは別に規定されている場合に、「一定の職種」として研究職に属する従業員のみを企業型年金加入者とすること
2) 「一定の勤続期間以上」の従業員のみを企業型年金加入者とすること
3) 「一定の年齢」を30歳に設定して、30歳以上の従業員を企業型年金加入者とせずに、30歳未満の従業員のみを企業型年金加入者とすること
4) 従業員のうち、「加入者となることを希望した者」のみを企業型年金加入者とすること

B《問11》 確定拠出年金の企業型年金における受給権および給付に関する次の記述のうち、適切なものはどれか。
1) 企業型年金規約において、勤続期間が3年未満の従業員に対して全額

の受給権を付与することを定めることはできない。
2) 年金としての老齢給付金(終身年金を除く)の支給予定期間は、5年以上25年以下でなければならない。
3) 年金給付の支給期間については、支給すべき事由が生じた月の翌月から始め、権利が消滅した月に終わるものとされている。
4) 年金としての老齢給付金を受給している者が死亡し、その者の個人別管理資産が残っているときは、その者の遺族に対して年金が支給される。

B《問12》 確定拠出年金の個人型年金における加入者資格の喪失に関する次の記述のうち、不適切なものはどれか。
1) 個人型年金加入者が死亡したときは、該当するに至った日の翌日に個人型年金加入者の資格を喪失する。
2) 個人型年金加入者が60歳に達したときは、該当するに至った日に個人型年金加入者の資格を喪失する。
3) 個人型年金加入者が国民年金の被保険者の資格を喪失したとき(死亡の場合および60歳到達の場合を除く)は、該当するに至った日の翌日に個人型年金加入者の資格を喪失する。
4) 個人型年金加入者が国民年金基金連合会に申し出て個人型年金運用指図者となったときは、該当するに至った日に個人型年金加入者の資格を喪失する。

B《問13》 確定拠出年金の個人型年金における受給権および給付に関する次の記述のうち、不適切なものはどれか。なお、いずれの選択肢においても、個人型年金に個人別管理資産があるものとする。
1) 個人型年金における老齢給付金は、年金として支給しなければならないのが原則であるが、個人型年金規約で定めることにより、その全部または一部を一時金として支給することができる。
2) 個人型年金の老齢給付金の支給要件としての通算加入者等期間とは、その者が60歳に達した日の前日が属する月以前の企業型年金加入者期

間、企業型年金運用指図者期間、個人型年金加入者期間、個人型年金運用指図者期間を合算した期間をいう。
3) 個人型年金加入者であった者が60歳到達時に老齢給付金を受給するためには、通算加入者等期間が10年以上である必要がある。
4) 個人型年金の老齢給付金の受給権を有する個人型年金加入者で、あった者が、老齢給付金の支給を請求することなく65歳に達したときは、裁定業務を行う運営管理機関の裁定に基づき老齢給付金が支給される。

B《問14》 確定拠出年金の企業型年金規約に関する次の記述のうち、不適切なものはどれか。
1) 企業型年金を実施しようとするときは、企業型年金規約を作成し、当該規約について厚生労働大臣の承認を得なければならない。
2) 企業型年金規約を作成するにあたっては、使用される厚生年金保険の被保険者の過半数で組織する労働組合があるときはその労働組合の同意を、使用される厚生年金保険の被保険者の過半数で組織する労働組合がないときは当該厚生年金保険の被保険者の過半数を代表する者の同意を得なければならない。
3) 企業型年金の加入者資格について、企業型年金規約において、60歳以上65歳以下の一定の年齢に達したときに企業型年金加入者の資格を喪失することを定めることはできない。
4) 企業型年金規約の変更が政令で定める「軽微な変更」に該当する場合であれば、その変更について厚生労働大臣の承認を得る必要はない。

B《問15》 確定拠出年金の企業型年金を実施する事業主の責務と行為準則に関する次の記述のうち、不適切なものはどれか。
1) 運営管理機関および資産管理機関については、もっぱら加入者等の利益の観点から、業務の専門的能力の水準や業務・サービス内容、手数料の額等に関して、複数の機関について適正な評価を行う等により選任する必要がある。

2) 加入者等に対して、自己に運用の指図を委託することを勧めることは禁止されているが、第三者（自己または加入者等以外の者）に運用の指図を委託することを勧めることは禁止されていない。
3) 加入者等に対して、自社株式や関連会社の株式についてだけでなく、自社債券や関連会社の債券についても、運用の指図を行うことを勧めることは禁止されている。
4) 加入者等が自己に係る運営管理業務を行う運営管理機関を選択できる場合において、加入者等に対して、特定の運営管理機関を選択することを勧めることは禁止されている。

B 《問16》 確定拠出年金の企業型年金における運営管理機関の役割等に関する次の記述のうち、不適切なものはどれか。
1) 運営管理業は、主務大臣である厚生労働大臣および内閣総理大臣の登録を受けた法人でなければ営むことができない。
2) 記録関連運営管理機関は、加入者等が行った運用の指図を取りまとめて、資産管理機関に通知する役割を担い、資産管理機関は、当該通知に従って、それぞれの運用方法（商品）について契約の締結、変更または解除その他の必要な措置を行う役割を担っている。
3) 運営管理機関は、運営管理業以外の事業を営む者として行うことを明示した場合を除き、加入者等に対して、提示した運用方法（商品）のうち特定のものについて指図を行うことまたは指図を行わないことを勧める行為をしてはならない。
4) 運営管理機関が、加入者等に対して、提示した他の運用商品と比較して特定の運用商品が有利であることを告知・表示することは、加入者の利益に資することになるため禁止されていない。

B 《問17》 確定拠出年金の企業型年金における加入者教育と情報の提供に関する次の記述のうち、適切なものはどれか。
1) 事業主は、加入者等に対し資産の運用に関する基礎的な資料の提供そ

の他の必要な措置を講ずるよう努めなければならず、その措置の内容について企業型年金規約に定める必要がある。
2) 加入者等の投資知識や投資経験は多様であるため、加入者等に対する投資教育は、一般的なレベルの投資知識等を有する加入者等に対応する内容を画一的に実施する必要がある。
3) 事業主は、運営管理機関が金融機関でない場合には、加入者等に対する投資教育を運営管理機関に委託することができない。
4) 加入者等に対する投資教育において、加入者等が運用商品を容易に選択できるよう運用リスク度合いに応じた資産配分例を提示することは、特定の運用商品についての指図を勧めることに該当するので禁止されている。

B 《問18》 国民年金基金連合会が行う業務に係る次の㋐～㋓の事務のうち、他の機関に委託することができないものをすべて挙げた組合せはどれか。1)～4)のなかから選びなさい。

> ㋐ 個人型年金加入者の資格の確認に関する事務
> ㋑ 掛金の収納または還付に関する事務
> ㋒ 給付(脱退一時金を含む)の支給に関する事務
> ㋓ 掛金の限度額の管理に関する事務

1) ㋐、㋑
2) ㋐、㋓
3) ㋒、㋓
4) ㋐、㋑、㋓

C 《問19》 金融商品投資におけるリターンの一般的な考え方等に関する次の記述のうち、適切なものはどれか。
1) リスクとリターンはトレードオフの関係にあるので、積極的に大きいリスクをとることにより、大きいリターンを必ず実現することができる。

2) 正規分布はリターンの分布を表すのに用いられる場合があるが、正規分布においては、平均値、最頻値（モード）、および中央値（メディアン）がすべて一致する。
3) 1年間の月次リターンをもとにリターンの標準偏差を算出する場合、各月次リターンと1年間の月次リターンの算術平均値との差（偏差）を合計し、その平均を求めることにより算出する。
4) リターンの分布が正規分布に従う場合、将来の実現リターンが期待リターン±1標準偏差の範囲内に入る確率は約95%である。

C 《問20》 金融商品投資における相関係数に関する次の記述のうち、適切なものはどれか。
1) 金融商品Aと金融商品Bの相関係数は、金融商品Aのリスク（標準偏差）と金融商品Bのリスク（標準偏差）を乗じたものを、金融商品Aと金融商品Bの共分散で除することにより算出される。
2) 金融商品Aの価格が下落したときに金融商品Bの価格も下落する関係にある場合、金融商品Aと金融商品Bは負の相関関係にあり、金融商品Aと金融商品Bの相関係数はマイナスの値となる。
3) 金融商品Aと金融商品Bの相関係数が－1である場合、金融商品Aと金融商品Bにより構成されるポートフォリオのリスク（標準偏差）は、その組入比率を調整することにより、0（ゼロ）にすることができる。
4) 金融商品Aと金融商品Bの相関係数が1である場合、金融商品Aと金融商品Bにより構成されるポートフォリオのリスク（標準偏差）は、金融商品Aと金融商品Bのリスク（標準備差）の組入比率をウエイトとする加重平均よりも小さくなる。

《問21》 各種係数に関する次の㋐～㋓の記述のうち、適切なものはいくつあるか。1）～4）のなかから選びなさい。

> ㋐ 現価係数は、元本を一定期間にわたり一定利率で運用して、その期間終了時に目標とする資金を得るために、現在いくらの元本で運用を開始すればよいかを計算する場合に用いることができる。
> ㋑ 年金終価係数は、一定期間にわたり毎年一定金額を積み立てながら、一定利率で運用したときに、期間終了時にいくらになるかを計算する場合に用いることができる。
> ㋒ 資本回収係数は、元本を一定利率で運用しながら、毎年一定金額を一定期間にわたり取り崩していくときに、毎年いくらずつ受取りができるかを計算する場合に用いることができる。
> ㋓ 年金終価係数は減債基金係数と逆数の関係にあり、年金現価係数は資本回収係数と逆数の関係にある。

1) 1つ　　2) 2つ　　3) 3つ　　4) 4つ

《問22》 金融商品Aと金融商品Bにより構成されるポートフォリオにおいて、AおよびBの期待リターン、リスク（標準偏差）、A・Bの組入比率が以下のとおりであり、AとBの相関係数が「0.7」である場合、このポートフォリオの期待リターンとリスク（標準偏差）の組合せとして、次のうち適切なものはどれか。なお、リスク（標準偏差）については、％表示における小数点以下第3位の四捨五入によるものとする。

	期待リターン	リスク（標準偏差）	組入比率
金融商品A	2.8 %	7.2 %	40 %
金融商品B	3.5 %	8.5 %	60 %

1) 期待リターン 3.08%、リスク 1.69%
2) 期待リターン 3.08%、リスク 3.71%

3) 期待リターン 3.22%、リスク 6.19%
4) 期待リターン 3.22%、リスク 7.41%

《問23》 利率年1.4%の利付国債（10年満期）を額面100円当たり102円で購入し、4年後に額面100円当たり98円で売却した場合の所有期間利回りとして、次のうち適切なものはどれか。なお、計算は単利の年率換算によることとし、答は％表示における小数点以下第4位切捨てにより求め、また、税金・手数料等は考慮しないものとする。

1) − 0.980%　　2) 0.016%　　3) 0.392%　　4) 1.569%

《問24》 投資信託の種類と特徴に関する次の㋐～㋓の記述のうち、適切なものをすべて挙げた組合せはどれか。1)～4)のなかから選びなさい。

㋐ 公社債投資信託は、信託約款において、株式を組み入れることができないと定められている。
㋑ 公社債投資信託は、確定拠出年金における「元本を確保する運用方法」には当たらない。
㋒ 信託約款上、株式を組み入れることができるとされている投資信託は、実際に株式を組み入れていないものであっても、株式投資信託に分類される。
㋓ 設定後の資金の受入れに着目した分類として単位型と追加型があり、解約に着目した分類としてオープン・エンド型とクローズド・エンド型がある。

1) ㋑、㋒
2) ㋐、㋓
3) ㋐、㋒、㋓
4) ㋐、㋑、㋒、㋓

C《問25》 株価指数に関する次の㋐～㋓の記述のうち、適切なものはいくつあるか。1)～4)のなかから選びなさい。

> ㋐ 日経平均株価は、東京証券取引所市場第1部で取引されている銘柄のうち代表的な225銘柄の株価を対象として、株式分割や銘柄の入替えなど、市況変動によらない価格変動を調整する修正を加えた平均株価指数である。
> ㋑ 日経平均株価は、「ダウ」式の修正平均株価であるため、値がさ株の値動きの影響が大きくなるという傾向がある。
> ㋒ 東証株価指数(TOPIX)は、上場株式数ベースではなく、浮動株式数ベースで算出した時価総額をもとに算出されている。
> ㋓ 東証株価指数(TOPIX)は、時価総額の大きい大型株の値動きの影響が大きくなるという傾向がある。

1) 1つ　　2) 2つ　　3) 3つ　　4) 4つ

C《問26》 アセットアロケーションとリスク許容度等に関する次の記述のうち、適切なものはどれか。

1) アセットアロケーションとは、運用資産を株式、債券、短期金融商品など基本的な資産分類(アセットクラス)に配分することをいうが、アセットアロケーションを決定する際には、外貨建金融商品はリスクが大きいので考慮対象とすべきではない。
2) 通常、アセットアロケーションの最適化を行う際に必要となるデータは、投資商品それぞれの期待リターンとリスク、各商品間の相関係数であるが、これらの数値は過去の数値を流用することにより容易に算出できる。
3) リスク回避的な投資家にとって、最適ポートフォリオとは、効率的(有効)フロンティア上のポートフォリオのうち効用が最大となるものをいう。
4) 現時点において、同じ資産・負債状況にある同年齢の投資家であれば、

そのリスク許容度は常に同一となる。

《問27》 一般的なリタイアメントプランニングに関する次の記述のうち、最も不適切なものはどれか。

1) 配偶者のいる給与所得者のリタイアメントプランニングにおいては、退職後の生活として、夫婦で過ごす期間と配偶者が単身で過ごす期間の両方を想定して、それぞれの期間において安定した生活資金を確保できるよう検討することが必要である。

2) 給与所得者のリタイアメントプランを作成する際は、退職後の期間について平均余命をもとに設定するのが一般的であるが、老後資金について、「拠出＋運用」の期間、「運用のみ」の期間、「運用＋取崩し」の期間に分けて考えることが重要である。

3) 金融広報中央委員会の調査「家計の金融行動に関する世論調査〔2人以上世帯〕（2015年）」の結果によると、老後の生活について「心配である」（「非常に心配である」と「多少心配である」の合計）と回答した世帯は、約50％近くを占めている。

4) 金融広報中央委員会の「家計の金融行動に関する世論調査〔2人以上世帯〕（2015年）」の結果によると、年金（公的年金と企業年金）により老後の必要資金を賄えるかどうかについて、「日常生活費程度も賄うのが難しい」と回答した世帯は、約50％近くを占めている。

《問28》 ライフプランニングと一般的なキャッシュフロー表の作成・分析等に関する次の記述のうち、最も不適切なものはどれか。

1) キャッシュフロー表は、ライフイベントを勘案しながら、現在から将来にわたる年間の収入・支出と貯蓄残高を把握して、その推移を時系列により表したものとして作成される。

2) 一般に、可処分所得とは、収入から所得税・地方税等の税金や社会保険料等を差し引いた金額をいうが、キャッシュフロー表における収入については、可処分所得ではなく、実収入（いわゆる税込み収入）に基づか

なければならない。
3) キャッシュフロー表の作成にあたっては、収入や支出の項目ごとに今後の上昇率や変動率を考慮した検討を行うことが望ましい。
4) キャッシュフロー表の試算を行ったところ、ライフイベントの内容等により年間収支がマイナスの数値となる年度が1年度だけあるという場合、その対応として新規借入債務の負担または貯蓄の取崩し等が発生することが考えられるので、それをキャッシュフロー表に反映させる必要がある。

《問29》 退職手当等に係る税金に関する次の記述のうち、不適切なものはどれか。なお、各選択肢に記述した以外に支払を受けた退職手当等はないものとする。
1) 退職一時金を受け取った場合、退職時に「退職所得の受給に関する申告書」を提出しているときは、退職所得に係る所得税（復興特別所得税を含む）については源泉徴収により課税関係が終了するため、原則として確定申告をする必要はない。
2) 退職一時金を受け取った場合、退職時に「退職所得の受給に関する申告書」を提出していないときは、退職手当等の支給額に20.42％の税率を乗じて計算した所得税（復興特別所得税を含む）の額が源泉徴収される。
3) 死亡退職により、退職者に支払われるべき退職一時金がその遺族に支払われた場合、その退職一時金については退職所得として所得税（復興特別所得税を含む）が課税される。
4) 障害者となったことに直接基因して退職したと認められる場合は、退職所得控除額について100万円が加算される。

《問 30》 年金に係る税金に関する次の記述のうち、適切なものはどれか。

1) 公的年金等を受給する人が 65 歳未満の場合、公的年金等の収入金額の合計額が 80 万円までであれば、公的年金等に係る雑所得の金額はゼロとなる。
2) 公的年金等を受給する人が 65 歳以上の場合、公的年金等の収入金額の合計額が 120 万円までであれば、公的年金等に係る雑所得の金額はゼロとなる。
3) 公的年金として受給する年金のうち、遺族年金については相続税が課税されるが、障害年金については非課税とされる。
4) 個人年金保険契約(保険契約者・保険料負担者・被保険者・年金受取人が同一の場合)に基づき受け取る年金については、公的年金等に係る雑所得として、公的年金等控除が適用される。

応 用 編

【第1問】〜【第5問】の各問（《問31》〜《問45》）について答を1つ選び、その番号を解答用紙にマークしなさい。

【第1問】次の設例に基づいて、下記の各問（《問31》〜《問33》）に答えなさい。

―――――――《設　例》―――――――

　会社員のAさん（男性：昭和34年（1959年）9月5日生まれ、57歳）は、大学卒業以来、厚生年金保険の適用事業所であるK社に勤務しているが、定年（60歳）が近くなってきたこともあって、60歳以降の生活設計をどうするか悩んでいるところである。Aさんは、公的年金と確定拠出年金の企業型年金からの年金給付だけでは生活資金に不足が生ずるのではないかと漠然と考えていることから、年金の受給について調べてみることにした。

　また、妻Bさん（昭和36年（1961年）9月10日生まれ、55歳）は、会社の勤務経験はなく、結婚後は専業主婦として暮らして現在に至っており、今後も専業主婦を続ける予定である。平成28年8月末までの期間におけるBさんの国民年金の保険料納付済月数は400月である。なお、AさんとBさんは、障害年金の対象となる障害者には該当しない。

A《問31》　Aさんの老齢年金給付に関する次の記述のうち、適切なものはどれか。

1) Aさんには、63歳に達したときに、報酬比例部分のみの特別支給の老齢厚生年金の受給権が発生する。
2) Aさんは、報酬比例部分の特別支給の老齢厚生年金の受給権が発生すれば、裁定請求手続を行うことにより、定額部分の特別支給の老齢厚生年金の支給も受けることができる。
3) Aさんが特別支給の老齢厚生年金の受給権を取得したときに、Bさん

が加給年金額の対象となる配偶者としての要件を満たしている場合には、Aさんの受給する特別支給の老齢厚生年金に加給年金額の加算が行われる。
4) Aさんは、60歳に達した以降、特別支給の老齢厚生年金の支給開始年齢に到達する前に、経過的な老齢厚生年金の繰上げ支給を請求することができるが、その繰上げ支給の請求を行う場合には、老齢基礎年金の全額繰上げ支給の請求を同時に行わなければならない。

A 《問32》 Aさんは、60歳で定年となった後も70歳までの10年間は、厚生年金保険の適用事業所に勤務することにより給与収入を得ることも選択肢の一つと考えており、在職老齢年金についてDCプランナーに聞いてみることにした。65歳時のAさんに係る条件が以下のとおりである場合、Aさんが65歳時に受け取ることができる年金額（年額）として、適切なものは次のうちどれか。なお、平成28年度における在職老齢年金制度に基づき計算するものとし、経過的加算および税金について考慮する必要はないものとする。

・年金額
　老齢基礎年金　　：　720,000円
　老齢厚生年金　　：　2,040,000円
　加給年金額　　　：　390,100円
・総報酬月額相当額　：　340,000円

1) 2,310,100円
2) 2,520,000円
3) 2,670,100円
4) 2,910,100円

A《問33》 Bさんに係る国民年金等に関する次の記述のうち、不適切なものはどれか。なお、Bさんは、今後も専業主婦（無収入）を続けるものとする。

1) Aさんが60歳でK社を退職して再就職をしない場合、Bさんは国民年金の第1号被保険者となるので、60歳に達するまで国民年金保険料を納付する必要がある。
2) Bさんが60歳到達時点で国民年金の任意加入被保険者となった場合、Bさんの納付する国民年金保険料は、平成28年度価額によれば月額16,260円である。
3) Bさんが60歳到達時点で老齢基礎年金の繰上げ支給を請求した場合であっても、Bさんは、国民年金の任意加入被保険者となることができる。
4) Bさんが老齢基礎年金の繰上げ支給・繰下げ支給の請求を行わず、65歳到達時の保険料納付済月数が480月であった場合、Bさんの受け取る老齢基礎年金の額は、平成28年度価額によれば年額780,100円である。

【第2問】 次の設例に基づいて、下記の各問(《問34》〜《問36》)に答えなさい。

―《設 例》―

　自営業を営むCさん(34歳)は、妻Dさん(34歳)と長男(3歳)、二男(1歳)の4人家族である。Dさんの両親がすぐ近くに居住していることから、Dさんは地元ストアのパートタイマーとして週3日(計15時間)勤務している。CさんとDさんは、まもなく35歳になるので、老後のための資産形成について検討を始めたところであり、確定拠出年金の個人型年金への加入や、国民年金基金への加入、付加保険料の支払などについて調べてみようと考えている。

　なお、CさんとDさんは、ともに現在は国民年金のみに加入し、付加保険料は支払っておらず、また、障害年金の対象となる障害者には該当しない。

A 《問34》 Cさんの国民年金基金への加入等に関する次の記述のうち、不適切なものはどれか。
1) Cさんは、国民年金の付加保険料の納付を始めた後に国民年金基金の加入員となった場合には、付加保険料の納付を継続することができない。
2) Cさんは、国民年金の付加保険料の納付を始めた場合、国民年金保険料の納付(追納を除く)を行った月についてのみ、付加保険料を納付することができる。
3) Cさんは、60歳に達して国民年金の任意加入被保険者になった場合でも、国民年金基金に加入することができる。
4) Cさんは、60歳に達して国民年金の任意加入被保険者になった場合には、付加保険料を納付することができない。

B《問 35》 Dさんの付加保険料の支払や確定拠出年金の個人型年金への加入等に関する次の記述のうち、適切なものはどれか。
1) Dさんが国民年金の付加保険料を納付する場合、付加保険料の納付額は月額 400 円であり、また、付加年金の年金額は「100 円×付加保険料納付済期間の月数」に相当する額となる。
2) Dさんが国民年金の付加保険料を納付するとともに、確定拠出年金の個人型年金に加入する場合、個人型年金加入者掛金の拠出限度額は月額 67,000 円となる。
3) Dさんが確定拠出年金の個人型年金と国民年金基金に加入する場合、個人型年金加入者掛金の拠出限度額は月額 23,000 円、国民年金基金の掛金の拠出限度額は月額 55,000 円となる。
4) Dさんのパートタイマー勤務の年間収入が 100 万円である場合、Dさんは国民年金の第 2 号被保険者となるので、確定拠出年金の個人型年金に加入することはできない。

D《問 36》 Cさん夫妻は、60 歳時点で確保できた原資を、60 歳から 65 歳までの 5 年間運用し、65 歳から 15 年間にわたり毎年年初に 400 万円ずつ年金として受け取ることを考えている。この場合、Cさん夫妻が 60 歳時点で最低限確保しなければならない原資の額として、次のうち適切なものはどれか。なお、全期間について年率 2％ で運用するものとし、答は万円未満切上げによることとする。また、税金・手数料等は考慮しないものとする。
1) 4,749 万円
2) 5,243 万円
3) 5,435 万円
4) 5,789 万円

【第3問】 次の設例に基づいて、下記の各問（《問37》～《問39》）に答えなさい。

《設 例》

Eさん(39歳)は、勤務先L社が導入している確定拠出年金の企業型年金加入者である。妻Fさん(39歳)は、勤務先M社が導入している確定拠出年金の企業型年金に加入しているが、平成29年1月末日で中途退職することが決まっている（なお、Fさんには、退職時点において企業型年金の個人別管理資産があるものとする）。Fさんは、友人から一緒にフラワーデザインの個人事業を始めないかと誘いを受けており、事業を始めるか専業主婦となるか検討しているところである。

EさんとFさんは、まもなく40歳になるので、この機会に2人で老後に向けた今後の生活設計も見直すこととしている。

B《問37》 Fさんの退職後の確定拠出年金の個人型年金への加入の可否等に関する次の記述のうち、適切なものはどれか。なお、本設問については、平成28年6月3日に公布された「確定拠出年金法等の一部を改正する法律」（平成28年法律第66号）による改正内容のうち、平成29年1月1日から施行される改正部分に基づき解答するものとする。

1) Fさんが自営業者となる場合、Fさんは、個人型年金加入者になることも、個人型年金運用指図者になることもできない。
2) Fさんが自営業者となる場合、Fさんは、個人型年金加入者になることはできるが、個人型年金運用指図者になることはできない。
3) Fさんが専業主婦（無収入）となる場合、選択により、個人型年金加入者になることも、個人型年金運用指図者になることもできる。
4) Fさんが専業主婦（無収入）となる場合、個人型年金加入者になることはできないが、個人型年金運用指図者になることができる。

◇第 22 回試験問題

《問 38》 E さんが 35 歳から定年退職年齢の 60 歳になるまで企業型年金に 25 年間加入した場合において、定年退職時に一時金で受け取ることとした老齢給付金の収入金額が 1,450 万円であったとき、E さんの退職所得の金額として、次のうち適切なものはどれか。なお、E さんには、役員としての勤続年数はなく、また、他の退職手当等はないものとする。

1) 0 円   2) 150 万円   3) 225 万円   4) 300 万円

《問 39》 E さんが、35 歳から定年退職年齢の 60 歳になるまで企業型年金に 25 年間加入した場合において、以下の条件に基づいたときに、60 歳時点で最大限確保できる企業型年金の個人別管理資産の額として、適切なものは次のうちどれか。なお、E さんの勤務する L 社は、確定拠出年金の企業型年金のみを実施しており、確定給付型年金に係る制度は実施していないものとする。

> ・35 歳から 40 歳に達するまでの 5 年間：
>   事業主掛金のみ　年額 36 万円
> ・40 歳から 60 歳に達するまでの 20 年間：
>   事業主掛金　年額 36 万円
>   加入者掛金　年額 ＊ 万円
> （加入者掛金の額についての「＊」印は、問題の性質上明らかにできないことを意味しているが、加入者掛金は、法定の拠出限度額の範囲内で最大額を拠出するものとする。）
> ・掛金は、年初に 1 回拠出するものとする。
> ・全期間を通じて年率 2% で運用するものとする。
> ・答は、万円未満切捨てによる。

1) 1,860 万円   2) 1,919 万円   3) 2,068 万円   4) 2,217 万円

【第4問】 次の設例に基づいて、下記の各問(《問40》～《問42》)に答えなさい。

《設 例》

Gさん(34歳)と妻Hさん(34歳)は、共働きの夫婦であり、子どもはいない。GさんとHさんは、それぞれの勤務先における確定拠出年金の企業型年金の加入者であるが、35歳になるのを契機に、今後の生活設計を見直すとともに、老後に向けた資産形成について試算を行っているところである。

《問40》 GさんとHさんは、老後の生活資金のための資産として2,000万円をできる限り早く確保したいと考えている。そこで、これから2人合わせて毎年120万円を拠出する場合について試算してみた。この場合、その資産が2,000万円を超えるために最低限必要となる拠出継続年数として、適切なものは次のうちどれか。なお、拠出は年初に1回行うものとし、全期間について年率3%で運用するものとする。また、税金・手数料等は考慮しないものとする。
1) 13年
2) 14年
3) 15年
4) 16年

《問41》 Gさんは、60歳で定年退職したときから公的年金の支給開始となるまでの5年間に備えて、毎年350万円ずつ受け取るつなぎ年金の原資を確定拠出年金とは別に確保することが必要であると考えている。60歳から65歳に達するまでの5年間、年金を年初に1回受け取るものとし、また、60歳以降につき年率1%で運用できるとした場合、Gさんが60歳時点で準備すべき原資の金額として、適切なものは次のうちどれか。なお、答は万円未満切上げ

によることとし、税金・手数料等は考慮しないものとする。
1) 1,666万円
2) 1,716万円
3) 1,750万円
4) 1,794万円

D 《問42》 Hさんは、60歳時点で4,000万円を確保し、60歳から65歳までの5年間運用し、65歳から15年間にわたり年金として受け取る場合について試算してみた。この場合、Hさんの毎年の年金受取額として、適切なものは次のうちどれか。なお、全期間について年率1％で運用し、年金は年初に1回受け取るものとする。また、答は万円未満切捨てによることとし、税金・手数料等は考慮しないものとする。
1) 226万円
2) 241万円
3) 300万円
4) 307万円

【第5問】 次の設例に基づいて、下記の各問（《問43》～《問45》）に答えなさい。

― 《設 例》 ―

会社員のIさんは、勤務先の会社が導入している確定拠出年金の企業型年金における運用資産の選択肢として、①A投資信託、②B投資信託、③ポートフォリオX、④ポートフォリオYを検討している。なお、ポートフォリオXとポートフォリオYは、いずれもA投資信託とB投資信託により構成されているが、その組入比率が異なっている。

A投資信託、B投資信託、ポートフォリオXおよびポートフォリオYのそれぞれの年率の期待リターンとリスク（標準偏差）は、次のとおりである。

	期待リターン	リスク（標準偏差）
①A投資信託	2.5%	8.0%
②B投資信託	5.5%	10.0%
③ポートフォリオX	3.1%	6.1%
④ポートフォリオY	4.3%	5.9%

《問43》 ポートフォリオXにおけるA投資信託とB投資信託の組入比率が、A投資信託80%、B投資信託20%であった場合、A投資信託とB投資信託の相関係数の値として、次のうち適切なものはどれか。なお、答は小数点以下第3位の四捨五入によるものとする。
1) −0.15
2) −0.30
3) −0.40
4) −0.60

《問44》 リスクフリーレートの年平均値が1.1%であるとした場合、運用対象①～④のパフォーマンスをシャープ・レシオにより比較し

たときに、パフォーマンス評価が最も高いものはどれか。なお、シャープ・レシオの算出にあたっては、設例における各運用対象の期待リターンを年平均値のリターンとして計算することとし、また、小数点以下第3位の四捨五入によるものとする。

1) 運用対象①〔A投資信託〕
2) 運用対象②〔B投資信託〕
3) 運用対象③〔ポートフォリオX〕
4) 運用対象④〔ポートフォリオY〕

C 《問45》 投資信託のパフォーマンス評価に関する次の㋐～㋓の記述のうち、適切なものをすべて挙げた組合せはどれか。1）～4）のなかから選びなさい。

㋐ トラッキングエラー（アクティブリスク）とは、評価対象のリターンとベンチマークのリターンの乖離の大きさを示す指標であり、ベンチマークに対する超過リターンの標準偏差により表される。
㋑ インフォメーション・レシオは、アクティブリターンを、トラッキングエラー（アクティブリスク）の2乗で除して求める。
㋒ シャープ・レシオは常にプラスの数値となるが、インフォメーション・レシオはマイナスの数値となることがある。
㋓ シャープ・レシオによる場合とインフォメーション・レシオによる場合とで、パフォーマンス評価の結果が異なることがある。

1) ㋐、㋑ 2) ㋐、㋓ 3) ㋑、㋓ 4) ㋐、㋑、㋒

第22回 DCプランナー認定試験2級の解答と解説

※正解と配点、分野は主催者の発表によるもの、解説は年金問題研究会が独自に作成したものである。

■正解と配点、分野一覧

＜基礎編＞（配点60点）

問題番号	問1	問2	問3	問4	問5	問6	問7	問8	問9	問10	問11	問12	問13	問14	問15
正解	4	4	2	3	3	2	3	3	1	3	3	3	3	4	2
配点	2	2	2	2	2	2	2	2	2	2	2	2	2	2	2
分野	A	A	A	A	A	A	A	A	A	B	B	B	B	B	B

問題番号	問16	問17	問18	問19	問20	問21	問22	問23	問24	問25	問26	問27	問28	問29	問30
正解	4	1	2	2	3	4	4	3	4	4	3	3	2	3	2
配点	2	2	2	2	2	2	2	2	2	2	2	2	2	2	2
分野	B	B	B	C	C	C	C	C	C	C	C	D	D	D	D

＜応用編＞（配点40点）

	第1問			第2問			第3問			第4問			第5問		
問題番号	問31	問32	問33	問34	問35	問36	問37	問38	問39	問40	問41	問42	問43	問44	問45
正解	4	4	3	4	2	1	3	2	2	2	2	3	2	4	2
配点	3	3	2	3	3	2	3	2	3	3	2	3	2	3	3
分野	A	A	A	A	B	D	B	D	B	D	D	D	C	C	C

分野A：わが国の年金制度・退職給付制度
分野B：確定拠出年金制度
分野C：投資に関する知識
分野D：ライフプランニングとリタイアメントプランニング

◆解答のポイントと解説

〈基礎編〉

問1 《正解 4》

1) 不適切。任意加入被保険者は、本人の申し出により、いつでもその資格を喪失することができる。（国年法附則5条5項）
2) 不適切。「30日以内」ではなく、14日以内である。（国年法12条1項、同法施行規則6条の2）
3) 不適切。第3号被保険者は、年収要件130万円未満を満たしていなければならない。（平5年3月5日庁保発第15号）
4) 適切。年齢計算に関する法律により60歳の誕生日の前日に資格を喪失する。年齢到達日に資格喪失となるが、年金でいう年齢到達日とは、誕生日の前日であることに注意。

問2 《正解 4》

1) 不適切。老齢基礎年金を繰り上げると毎月0.5％ずつ減額されるので、63歳到達月の場合、2年間(24カ月)の繰上げになるので12％（0.5％×24カ月)の減額率となる。（国年法施行令12条の4）
2) 不適切。老齢基礎年金を繰り下げると毎月0.7％ずつ増額され、66歳以降に請求ができる。67歳到達月に繰下げ支給の請求をした場合、2年間(24カ月)の繰下げになるので16.8％（0.7％×24カ月）の増額率となる。（国年法28条、同施行令4条の5）
3) 不適切。老齢基礎年金を繰り上げると、付加年金も同率で減額される。（国年法附則9条の2第6項）
4) 適切。老齢基礎年金を繰り上げても振替加算は繰上げにならず、振替加算は65歳になってから支給開始される。（昭60法附則14条1項、2項）

問3 《正解 2》

1) 不適切。障害認定日に1級、2級の場合、障害基礎年金が支給される。しかし、障害基礎年金の3級はない。（国年法30条）

2) 適切(国年法30条、厚年法47条)
3) 不適切。以前は、障害基礎年金の受給権を取得した時点で子がいることが子の加算の要件だったが、法改正により平成23年4月以降は障害基礎年金の受給権を取得した以後に生まれた子も加算対象となった。なお、障害厚生年金の配偶者加算も同様に、平成23年4月以降は受給権取得後の結婚で配偶者となった場合も加算の対象となった。(国年法33条の2第2項)
4) 不適切。20歳前(先天性障害含む)に初診日のある障害に対しても障害基礎年金の対象となる。ただし、支給開始は20歳以降となる。なお、20歳前障害の場合は保険料を納付していないため、所得によって年金額の半分もしくは全部が支給停止となる。(国年法30条の4)

問4 《正解 3》

1) 適切。基本月額(年金月額)と総報酬月額相当額の合計額が28万円となるまでは老齢厚生年金は全額支給される。よって基本月額12万円と総報酬月額相当額14万円を足すと26万円になり、28万円を下回るので全額支給される。(厚年法46条)
2) 適切。基本月額と総報酬月額相当額の合計額が28万円を超えた場合、超えた額の半額分が年金から減額される。よって基本月額12万円と総報酬月額相当額30万円を足すと42万円になり、28万円を14万円超えるので、14万円の半額の7万円が年金の支給停止額になる。(厚年法46条)
3) 不適切。「40万円」ではなく35万円である。総報酬月額相当額とは、その月の標準報酬月額に、その月を含む過去1年間に受けた賞与額を月割りにした額を足した額をいう。よって、平成28年6月の総報酬月額相当額は、その月の標準報酬月額30万円に過去1年間の賞与額を月割りにした額、つまり平成27年12月の賞与額60万円を月割りにすると5万円になり、30万円と5万円を足すと35万円になる。平成27年6月の賞与60万円は含まないことに注意。(厚年法46条)

4) 適切。老齢厚生年金が一部でも支給される場合は、加給年金額は全額支給される。

問5 《正解 3》

1) 適切(厚年法78条の2)
2) 適切。第3号分割は、制度施行後(平成20年4月1日以降)の婚姻期間のみが対象となる。制度施行前の婚姻期間部分は合意分割の対象となる。(厚年法78条の14)
3) 不適切。分割をする側(元の年金額〈標準報酬総額〉の多い側)を第1号改定者、分割を受ける側(元の年金額の少ない側)を第2号改定者という。合意分割の第2号改定者の持分割合の上限は2分の1である。また、下限は第2号改定者の持分割合であり、分割を受ける側の年金額を減らすことはできない。(厚年法78条の3)
4) 適切(厚年法78条の2、78条の14)。離婚分割は、婚姻期間中の老齢厚生年金(報酬比例部分)だけが対象である。特別支給の老齢厚生年金の定額部分や老齢基礎年金などは対象とならない。また、障害厚生年金を受給している場合、障害認定日前の期間部分は合意分割は可能だが第3号分割はできない。さらに300カ月みなし被保険者期間は合意分割も不可となる。(厚年法78条の10、78条の14)

問6 《正解 2》

1) 不適切。終身年金はA型、B型とも65歳支給開始である。
2) 適切。なお、1口目についても掛金納付を一時停止することはできる。
3) 不適切。2口目以降は終身年金(A型、B型)、確定年金(Ⅰ型、Ⅱ型、Ⅲ型、Ⅳ型、Ⅴ型)の7種類から選択できる。
4) 不適切。確定年金の年金額が終身年金の年金額を超えないようにしなければならない。つまり、終身年金が半分以上でなければならない。

問7 《正解 3》

1) 適切(確給法33条)
2) 適切。老齢給付金と脱退一時金は必須であるが、障害給付金と遺族給付金を支給するには規約で定める必要がある。(確給法29条)
3) 不適切。「公的年金等以外の雑所得」ではなく、<u>公的年金等の雑所得</u>である。なお、加入者掛金がある場合は加入者掛金部分を控除した額となる。また老齢給付金を一時金で受け取る場合は退職所得(加入者掛金部分控除後)となる。
4) 適切(確給法55条2項、所得税法76条5項4号、6項2号)

問8 《正解 3》

1) 被共済者とすることができる(加入できる)
2) 被共済者とすることができる(法改正:平23.1.1施行)
3) 被共済者とすることができない。中退共と小規模企業共済に重複して加入することはできない。
4) 被共済者とすることができる。なお、通常の掛金月額は最低5,000円だが、短時間労働者の場合は「2,000円、3,000円、4,000円」の3種類の特例掛金での加入も可能となっている。

問9 《正解 1》

1) 不適切。特退共の掛金は事業主が全額負担し、使用人に負担させることはできない。小規模企業共済は小規模事業(業種により20人以下または5人以下)の個人事業主または会社の役員が加入することができ、使用人は加入することができない。小規模企業共済の掛金は全額本人の収入から払い込み(本人負担)、事業上の損金や必要経費に算入することはできない。
2) 適切。特退共の掛金は、全額が事業上の損金または必要経費となる。
3) 適切
4) 適切

■分野Bでは、法令根拠等を以下のように表記する
法……確定拠出年金法
施行令……確定拠出年金法施行令、施行規則……確定拠出年金法施行規則
法令解釈……厚労省通達平成13年8月21日年発213号

問10《正解 3》

1) 「一定の職種」として認められる。(法3条3項6号、法令解釈第1-1(1)①)
2) 「一定の勤続期間」(以上または未満)として認められる。(法令解釈第1-1(1)②)
3) 「一定の年齢」として認められるには「50歳未満」に設定する必要がある。「30歳未満」では、合理的な理由があると認められない可能性が高い。(法令解釈第1-1(1)③)
4) 「希望する者」として認められる。(法3条3項6号、法令解釈第1-1(1)④)

問11《正解 3》

1) 不適切。勤続期間3年未満の場合、規約に定めれば受給権を制限することができる。受給権の制限を規約に定めなければ3年未満でも全額の受給権が付与される。(法3条3項10号)
2) 不適切。「5年以上25年以下」ではなく、「5年以上 20年以下」である。(施行規則4条1項1号ニ)
3) 適切(法31条)
4) 不適切。遺族に対して「年金」ではなく「死亡一時金」が支給される。遺族に対する給付は一時金のみで年金給付はない。(法40条)

問12《正解 3》

1) 適切。なお、翌日の資格喪失は死亡のときのみである。また、保険料免除者となったときは免除開始月の初日、それ以外はすべて当日に資格

喪失となる。(法62条3項1号)
2) 適切(法62条3項2号)
3) 不適切。「該当するに至った日の翌日」ではなく、<u>該当するに至った日</u>である。つまり当日に資格を喪失する。(法62条3項3号)
4) 適切(法62条3項4号)

問13 《正解 4》
1) 適切(法35条、73条)
2) 適切(法33条2項)
3) 適切(法33条1項)
4) 不適切。「65歳」ではなく<u>70歳</u>である。(法34条)

問14 《正解 3》
1) 適切(法3条1項)
2) 適切(法3条1項)
3) 不適切。定めることができる。(法3条1項6の2号)
4) 適切。なお、加入者の同意は必要である。(法5条1項、施行規則5条)

問15 《正解 2》
1) 適切(法令解釈第6-1 (1)①)
2) 不適切。事業主が加入者等に運用の指図の委託を勧めることについては、自己(事業主)への委託、第三者への委託にかかわらず禁止されている。(法43条3項2号、施行規則23条4号、法令解釈第6-1 (3)②)
3) 適切。なお、自社関連の有無にかかわらず提示されている運用方法(商品)すべてについて特定の運用方法の指図または指図しないことを勧めることは禁止されている。(法43条3項2号、施行規則23条3号、法令解釈第6-1 (3)①)
4) 適切(法43条3項2号、施行規則23条5号)

問16《正解 4》

1) 適切。金融機関に限らず「法人」であれば登録できる。（法88条）
2) 適切
3) 適切。なお、商品を販売する営業職員は運用関連業務を兼務できない。（法100条6号、法令解釈第6-2（4）、（5））
4) 不適切。有利であっても特定の運用方法を勧めることに該当するので禁止されている。（法100条6号、法令解釈第6-2（4）①ウ）

問17《正解 1》

1) 適切（法3条3項12号、施行令3条3号、法22条）
2) 不適切。特に、加入後の継続教育では加入者等の知識や経験の差が拡大していることから、レベルに合わせた対応ができる内容を工夫する必要がある。（法令解釈第2-3（2）②）
3) 不適切。金融機関でない運営管理機関にも、投資教育の委託ができる。（法97条）
4) 不適切。特定の運用商品についての指図には該当しないので禁止されていない。ただし、元本確保型の運用商品のみで運用するプランモデルを必ず含める必要がある。（法令解釈第2-3（4））

問18《正解 2》

㋐ 委託することができない（法61条1項5号）
㋑ 委託することができる（施行規則37条1項1号）
㋒ 委託することができる（施行規則37条1項3号）
㋓ 委託することができない（法61条1項5号）

以上から、委託することができない組合せは㋐と㋓の2つである。

問19《正解 2》

1) 不適切。トレードオフとは二律背反のことで、一方を追求すれば他方が犠牲になるという意味である。つまり、大きなリターン（収益）を追求

すればリスク(リターンのブレ)も大きくなるので、リターンを高めることとリスク回避は両立しない。大きなリスクをとれば大きなリターンの実現が期待できる一方、リターンが下ブレしたときの損失も大きくなる。
2) 適切。正規分布は左右対称なので、平均値、最頻値、中央値はすべて一致する。
3) 不適切。算術平均との差(偏差)の2乗を合計し、その合計の平均の平方根を求めることにより算出する。一般に、過去の実績値から求める標準偏差は、全期間のリターンの算術平均と各期ごとの差の2乗を合計し、その合計の平均の平方根を求めることにより計算する。ここで、算術平均との差の2乗の合計の平均を「分散」という。分散の平方根の値が「標準偏差」である。

(例) 4期間の標準偏差の計算例

	第1期	第2期	第3期	第4期
リターン	1%	1.7%	-2.1%	0.3%

全期間の算術平均値 = ($1\% + 1.7\% + \langle -2.1\% \rangle + 0.3\%$) ÷ 4期 = 0.9%
算術平均との差の2乗の合計の平均(分散) = $\{(1\% - 0.9\%)^2 + (1.7\% - 0.9\%)^2 + (-2.1\% - 0.9\%)^2 + (0.3\% - 0.9\%)^2\}$ ÷ 4期 = 2.5025 ($\%^2$)
分散の平方根(標準偏差) = $\sqrt{2.5025\ (\%^2)}$ ≒ 1.58%

4) 不適切。標準偏差別の確率は以下のとおりである。
　　期待リターン ± 1 標準偏差……約68% (約3分の2)
　　期待リターン ± 2 標準偏差……約95%

問20 《正解 3》

1) 不適切。2資産の相関係数は、以下の式で算出される。問題文は分母と分子が逆である。

　　相関係数 = $\dfrac{金融商品Aと金融商品Bの共分散}{金融商品Aのリスク \times 金融商品Bのリスク}$

2) 不適切。増加でも減少でも、<u>同じ動きをする場合</u>は<u>正の相関関係</u>にある。正の相関関係では<u>相関係数はプラスの値</u>となる。

　　　　0＜相関係数≦1……正の相関
　　　　－1≦相関係数＜0……負の相関
　　　　相関係数＝0……相関なし
3）　適切。金融商品Aと金融商品Bに50％ずつ投資するポートフォリオを作ると、それぞれの影響は均等になる。よって、相関係数が－1であれば、AとBのリターンの動きが相反し、ポートフォリオのリスクを0にすることが可能になる。
4）　不適切。相関係数が1のときは、ポートフォリオのリスク（標準偏差）は、構成する資産のリスクの加重平均と等しくなる。つまり、AとBで構成されるポートフォリオのリスクは、AのリスクとBのリスクの加重平均と等しくなる。

問21《正解 4》

- ㋐　適切
- ㋑　適切
- ㋒　適切
- ㋓　適切

問22《正解 4》

　金融商品Aと金融商品Bのポートフォリオの期待リターンは、以下のように計算できる。
（Aの期待リターン×Aの組入比率）＋（Bの期待リターン×Bの組入比率）
＝（2.8％×0.4）＋（3.5％×0.6）＝3.22％

　金融商品Aと金融商品Bのポートフォリオのリスク（標準偏差）は、以下のように計算できる。

$$\sqrt{(Aのリスク^2 \times Aの組入比率^2) + (Bのリスク^2 \times Bの組入比率^2) + 2 \times 相関係数 \times Aのリスク \times Bのリスク \times Aの組入比率 \times Bの組入比率}$$

$$= \sqrt{(7.2^2 \times 0.4^2) + (8.5^2 \times 0.6^2) + 2 \times 0.7 \times 7.2 \times 8.5 \times 0.4 \times 0.6}$$

$= \sqrt{54.8676} = 7.407\cdots \fallingdotseq 7.41$ (％)

なお、ポートフォリオのリスクは、小さいほうの構成商品（金融商品 A）のリスクより小さくなることはないので、この設問の場合、計算しなくても答はわかる。7.2％より大きいリスクは 4) しかないからだ。

問23《正解 3》

所有期間利回りは、以下の計算式によって求められる。

$$\text{所有期間利回り（％）} = \frac{\text{表面利率（年利）} + \dfrac{\text{売却価格} - \text{購入価格}}{\text{所有期間}}}{\text{購入価格}} \times 100$$

$$= \frac{1.4\% + \dfrac{98円 - 102円}{4年}}{102円} \times 100 \fallingdotseq 0.392\%$$

(注)所有期間利回りとは、債券を満期償還日まで所有せず、途中売却した場合の利回り計算である

問24《正解 4》

㋐　適切。なお、株式を組み入れていなくても信託約款上で株式を組み入れることが可能であれば株式投資信託となるので注意が必要である。

㋑　適切。国債や地方債は元本確保型商品だが、社債は元本確保型商品ではないので公社債投資信託は元本確保型商品にはならない。

㋒　適切。㋐参照。

㋓　適切。単位型（ユニット型）は設定後に資金の追加を受け入れず、追加型（オープン型）は設定後も資金の追加を受け入れる。オープン・エンド型はいつでも純資産額（時価）による解約（換金）が可能で、クローズド・エンド型は原則として純資産額による解約ができない。

問25《正解 4》

㋐　適切

㋑　適切。値がさ株とは、1 単元(最低売買単位)の株価の高い銘柄の株の

こと。株価が中程度の株は「中位株」、株価が低い株は「低位株」と呼ばれる。
（ウ）　適切。浮動株式とは市場で売買されている株式のことをいい、創業者や金融機関などの安定株主が保有している特定株（固定株）を上場株式数から除いたものである。TOPIX は上場株式（発行済み株式）ベースによる算出だったが、2006年6月30日から浮動株式ベースに移行した。
（エ）　適切。

問26 《正解 3》

1)　不適切。リスク許容度に応じてリスクの大きい商品を考慮対象とすることは可能である。
2)　不適切。過去の数値は将来の数値を保証するものではなく、過去の数値をそのまま流用して容易に算出できるわけではない。
3)　適切
4)　不適切。常に同一とは限らない。資産・負債状況や年齢はリスク許容度に大きな影響を与える要因ではあるが、リスク許容度を決める要因にはさまざまなものがある。例えば、収入によっても違ってくる。

問27 《正解 3》

1)　適切。なお、60歳時点での平均余命は男性23.55年、女性28.83年（厚生労働省「簡易生命表」平成27年）である。そのため、夫の死後、妻が約6年単身で過ごすことを考慮した生活資金の確保を検討することが必要である。
2)　適切。なお、作成時に前提とした状況や条件等は、経済状況や健康状態の変化などで変動することがありうるため、定期的に見直す必要がある。
3)　最も不適切。「心配である」（「非常に心配である（39.6％）」と「多少心配である（41.0％）」の合計）と回答した世帯は、80％を超えている。
4)　適切。「日常生活費程度も賄うのが難しい」と回答した世帯は、

47.3％である。他方、「ゆとりはないが、日常生活費程度は賄える」と回答した世帯は46.5％となっている。

問28《正解 2》

1) 適切。キャッシュフロー表とは、キャッシュフローを生涯の一定期間にわたって一つの表にまとめたものであり、キャッシュフロー表を分析することで、ライフプランに基づいた資金収支に関する問題点を発見できる。
2) 最も不適切。キャッシュフロー表は資金収支（実際に使える額）を把握するために利用する。そのため、キャッシュフロー表を作成する上での収入金額は手取り額（可処分所得）ベースとなる。
3) 適切。将来の収支予測に欠かせないため、上昇率や変動率を考慮した数値を計上することが望ましい。
4) 適切。住宅の購入時や子供の大学入学時など一時的に多額の資金が必要になり、設問のように年間収支がマイナスになることもある。キャッシュフロー表の年間収支は常にプラスの数値でなくてもよいが、一時的なマイナスを補う対応（貯蓄の取崩しによる貯蓄残高の減少、ローンなどの借入れの発生）を把握・検討し、キャッシュフロー表に反映させる必要がある。

問29《正解 3》

1) 適切。逆に、提出していない場合は退職所得控除が適用されず、退職一時金の金額にそのまま20.42％を乗じた額が源泉徴収される。そのため、還付等の精算をするには確定申告をする必要がある。
2) 適切
3) 不適切。退職者に支払われるべきであった退職一時金をその遺族が受け取る場合、死亡後3年以内に支給が確定したものは相続財産として相続税の課税対象となる。
4) 適切。なお、退職所得控除額および退職所得の求め方は以下のとおり。

勤続年数	退職所得控除額
20年以下	40万円×勤続年数（最低保障80万円）
20年超	{70万円×（勤続年数－20年）} ＋ 800万円

(注)勤続1年未満の端数は切り上げ

（退職一時金 － 退職所得控除額）×2分の1 ＝ 退職所得

問30《正解 2》

1) 不適切。「80万円まで」ではなく、70万円までである。公的年金等の雑所得は、「公的年金等の収入金額（A）－公的年金等控除額（B）」で求められる。公的年金等控除額は、受給者の年齢が65歳以上か否かで異なり、以下の表により求められる。表でわかるように65歳未満は70万円、65歳以上は120万円までは公的年金等の雑所得が非課税となる。

	公的年金等の収入金額(A)	公的年金等控除額(B)
65歳未満	130万円未満	70万円
	130万円以上410万円未満	(A)×0.25＋37万5,000円
	410万円以上770万円未満	(A)×0.15＋78万5,000円
	770万円以上	(A)×0.05＋155万5,000円
65歳以上	330万円未満	120万円
	330万円以上410万円未満	(A)×0.25＋37万5,000円
	410万円以上770万円未満	(A)×0.15＋78万5,000円
	770万円以上	(A)×0.05＋155万5,000円

2) 適切。65歳以上のケースである。
3) 不適切。遺族年金、障害年金ともに非課税である。
4) 不適切。「公的年金等に係る雑所得」ではなく、公的年金等以外の雑所得として課税対象となり、公的年金等控除は適用されない。公的年金等以外の雑所得の金額は、その年中に支払いを受けた年金額（公的年金等を除く）からその金額に対応する払込保険料または掛金の額を差し引いた金額である。なお、保険料負担者と年金受取人が異なる場合は、贈与税が課税される。

〈応用編〉

問31 《正解 4》

1) 不適切。生年月日が昭和34年4月2日～昭和36年4月1日の男性は、64歳より特別支給の老齢厚生年金の報酬比例部分が支給され、65歳より、老齢厚生年金と老齢基礎年金が支給される。

2) 不適切。昭和24年4月2日生まれ以降の男性には、特別支給の老齢厚生年金の定額部分は支給されない。

3) 不適切。特別支給の老齢厚生年金の受給権が発生した際ではなく、65歳からの老齢厚生年金が支給されるときより加給年金が加算される。

4) 適切。特別支給の老齢厚生年金(特老厚)の支給開始年齢到達前に老齢厚生年金の繰上げを行う場合は同時に老齢基礎年金の全額繰上げも行うルールになっている。この場合、特老厚は支給開始年齢からの減額率であるが、老齢基礎年金は65歳からの減額率になる。

問32 《正解 4》

60歳台後半の在職老齢年金の計算は、60歳台前半の計算より支給停止が緩やかになる。具体的には、総報酬月額相当額と老齢厚生年金(報酬比例部分)の月額の合計額が47万円となるまでは老齢厚生年金は全額支給される。合計額が47万円を超えた場合、超えた分の半額が老齢厚生年金から減額される。

なお、老齢基礎年金は支給停止せず全額支給される。また、加給年金額は、老齢厚生年金が全額支給停止の場合は支給停止となるが、一部でも支給される場合は支給される。支給される加給年金額には減額がなく、全額支給される。

よって本問の場合、老齢厚生年金2,040,000円は月額170,000円になり、総報酬月額相当額340,000円を加算すると510,000円となる。47万円を4万円上回るので、その半分の2万円が老齢厚生年金から減額され老齢厚生年金は月額150,000円(年額1,800,000円)になる。

以上からAさんが65歳時に受け取る年金額は、以下のようになる。

720,000 円 + 1,800,000 円 + 390,100 円 = 2,910,100 円

なお、平成 29 年度は 47 万円は 46 万円に変更されているので注意したい。

問 33 《正解 3》

1) 適切　　2) 適切
3) 不適切。老齢基礎年金の繰上げ支給の請求をした場合は、国民年金の任意加入被保険者になれない。
4) 適切

問 34 《正解 4》

1) 適切。国民年金基金の給付の一部は国民年金の付加年金を含んでいるので国民年金基金加入中は付加保険料を納めることができない。(国年法 87 条の 2)
2) 適切。国民年金保険料を納めていない月は付加保険料を納めることはできない。
3) 適切。法改正により平成 25 年 4 月から日本国内に居住する(平成 29 年 1 月からは海外居住者にも拡大) 60 歳以上 65 歳未満の国民年金任意加入被保険者も国民年金基金に加入できるようになった。ただし、60 歳前の加入を継続することはできず新たな加入となる。
4) 不適切。60 歳以上 65 歳未満の国民年金任意加入被保険者も付加保険料を納付することができる。なお、65 歳以上の任意加入被保険者は付加保険料を納めることはできない。

問 35 《正解 2》

1) 不適切。付加年金の年金額は「100 円×付加保険料納付済期間の月数」ではなく、200 円×付加保険料納付済期間の月数である。
2) 適切。付加保険料は月額 400 円なので、個人型年金の拠出限度額月額 68,000 円から 400 円を差し引くと月額 67,600 円となる。しかし、個人型年金の掛金拠出は 5,000 円以上 1,000 円単位でしか設定できないので、

付加保険料を納付する場合の個人型年金の掛金拠出限度額は月額 67,000 円となる。
3) 不適切。第1号被保険者の掛金限度額は、個人型年金と国民年金基金の掛金の合計で月額 68,000 円である。
4) 不適切。厚生年金保険の加入（国民年金第2号被保険者）に収入要件はないので、Dさんは第1号被保険者として確定拠出年金の個人型年金に加入することができる。

問 36 《正解 1》

まず、Cさん夫妻が 65 歳から 15 年間、毎年 400 万円を受け取る場合、65 歳時点で必要となる金額がいくらになるかを年金現価係数を用いて計算する。

400 万円 × 13.1062（年率2％、15 年の年金現価係数）＝ 5,242.48 万円

次に、65 歳時点で 5,242.48 万円になるために、60 歳時点で必要となる金額がいくらになるかを現価係数を用いて計算する。

5,242.48 万円 × 0.9057（年率2％、5年の現価係数）
＝ 4,748.114…… ≒ 4,749 万円

問 37 《正解 3》

1) 不適切。自営業者は国民年金の第1号被保険者であるので、退職前に加入していた企業型年金から個人別管理資産を国民年金基金連合会に移換し、個人型年金加入者あるいは個人型年金運用指図者となることができる。（法 62 条、64 条）
2) 不適切。個人型年金運用指図者となることもできる。（法 64 条）
3) 適切。なお、Fさんは無収入の専業主婦となる場合は夫Eさん（国民年金第2号被保険者）の被扶養配偶者となるので国民年金第3号被保険者となる。従来は専業主婦（第3号被保険者）は個人型年金加入者になることはできなかったが、法改正により、平成 29 年1月から加入者と運用指図者の選択ができるようになった。

4) 不適切。3)の解説参照。

問38 《正解 2》

退職所得の金額は、以下の計算式となる。

（退職一時金 − 退職所得控除額）× 2分の1 ＝ 退職所得

退職所得控除額は、企業型年金の加入期間25年で計算するので以下のとおりである（計算式は問29の4)参照）。

　{70万円×(25年 − 20年)} ＋ 800万円 ＝ 1,150万円

したがって、退職所得の金額は、以下のとおりとなる。

（1,450万円 − 1,150万円）× 2分の1 ＝ 150万円

問39 《正解 2》

① 35歳から60歳到達までの25年間の事業主掛金の運用結果の額

35歳から毎年の事業主掛金36万円を年率2％で25年間運用した場合の運用結果の資産残高を年金終価係数を用いて計算する。

360,000万円 × 32.6709（年率2％、25年の年金終価係数）＝ 11,761,524円

② 40歳から60歳到達までの20年間の加入者掛金の運用結果の額

他の企業年金がない場合の企業型年金の掛金拠出限度額は年額66万円である。マッチング拠出を実施している場合の加入者掛金には次のルールがある。

・事業主掛金と加入者掛金の合計額は企業型年金の拠出限度額以内
・加入者掛金は事業主掛金を超えることができない

以上のルールにより、Eさんの加入者掛金（最大額）は「66万円 − 36万円 ＝ 30万円」となる。

40歳から毎年の加入者掛金30万円を年率2％で25年間運用した場合の運用結果の資産残高を年金終価係数を用いて計算する。

300,000万円 × 24.7833（年率2％、20年の年金終価係数）＝ 7,434,990円

③ 60歳時点の運用結果の額（最大限確保できる資産残高）

①＋② ＝ 11,761,524円 ＋ 7,434,990円 ＝ 19,196,514円 ≒ 1,919万円

問40 《正解 2》

　毎年の拠出で一定利率の運用をした場合の資産額を求めるには年金終価係数を用いる。2人合計で毎年120万円を拠出、年率3％で運用することによって2,000万円を確保する場合、以下の式が成り立てばよい。

　120万円×3％の年金終価係数 ≧ 2,000万円

　これを満たす年金終価係数は、

　2,000万円 ÷ 120万円 = 16.66……

となる。年金終価係数表から、該当する年金終価係数は13年と14年の間にあることがわかる。

　120万円×16.0863（年率3％、13年の年金終価係数）= 19,303,560円
　120万円×17.5989（年率3％、14年の年金終価係数）= <u>21,118,680円</u>
　したがって、2)の14年が2,000万円を超える年数となる。

問41 《正解 2》

　一定期間、定率の運用をしながら定額の年金を受け取るための原資を求めるには年金現価係数を用いる。Gさんが60歳から5年間、年率1％で運用しながら毎年350万円を受け取る場合、60歳時点で必要となる原資がいくらになるかを年金現価係数を用いて計算すると以下のようになる。

　350万円×4.9020（年率1％、5年の年金現価係数）= <u>1,715万7,000円</u>
　したがって、2)の1,716万円が最も近い金額となる。

問42 《正解 3》

　原資を追加拠出なしにそのまま一定期間、一定利率で運用した結果の資産額を求めるには終価係数を用いる。また、原資を一定期間、一定利率で運用しながら受け取る毎年の年金額を求めるには、年金現価係数の逆数を用いる。本問は「終価係数」と「年金現価係数の逆数」を組み合わせた問題である。

　まず、60歳時点での老後資金4,000万円を5年間、運用利回り年率1％で運用した場合の65歳時点の資産額を終価係数を用いて計算する。

4,000万円 × 1.0510（年率1％、5年の終価係数）= 4,204万円

次に、65歳から15年間、運用利回り1％で運用しながら受け取る毎年の年金受取額を年金現価係数の逆数を用いて計算する。

4,204万円 ÷ 14.0037（年率1％、15年の年金現価係数）≒ 3,002,064円

したがって、3）の300万円が最も近い金額となる。

問43 《正解 2》

AとBの2資産から構成されているポートフォリオのリスク（標準偏差）は、以下の式で求められる。

$$\sqrt{(Aのリスク^2 \times Aの組入比率^2) + (Bのリスク^2 \times Bの組入比率^2) + 2 \times 相関係数 \times Aのリスク \times Bのリスク \times Aの組入比率 \times Bの組入比率}$$

ここで、設問の数字を当てはめると

$$= \sqrt{(8.0^2 \times 0.8^2) + (10.0^2 \times 0.2^2) + 2 \times 相関係数 \times 8.0 \times 10.0 \times 0.8 \times 0.2}$$

$$= \sqrt{44.96 + (25.6 \times 相関係数)} = 6.1（％）$$

ここから、分散（標準偏差を2乗したもの）の計算式に変えると以下のようになる。

$$44.96 + (25.6 \times 相関係数) = 6.1^2$$

よって、相関係数は以下のように求められる。

相関係数 =（37.21 − 44.96）÷ 25.6 = −0.302…… ≒ −0.30

問44 《正解 4》

シャープ・レシオは、以下の式で計算式によって求められる。

$$シャープ・レシオ = \frac{ファンドのリターン − リスクフリーレート}{ファンドのリスク（標準偏差）}$$

ここから、設問の各シャープ・レシオは以下のように計算できる。数値が高いほどパフォーマンス評価は高くなる。

1) $\dfrac{2.5\% − 1.1\%}{8.0\%}$ = 0.175…… ≒ 0.18％

2) $\dfrac{5.5\% - 1.1\%}{10.0\%} = 0.44\%$

3) $\dfrac{3.1\% - 1.1\%}{6.1\%} = 0.327\cdots \fallingdotseq 0.33\%$

4) $\dfrac{4.3\% - 1.1\%}{5.9\%} = 0.542\cdots \fallingdotseq 0.54\%$

問45 《正解 2》

㋐ 適切

㋑ 不適切。「トラッキングエラーの2乗」ではなくトラッキングエラーで除して求める。インフォメーション・レシオは、以下の式で計算式によって求められる。

インフォメーション・レシオ $= \dfrac{\text{ファンドのリターン} - \text{ベンチマークのリターン}}{\text{ファンドのトラッキングエラー}}$

㋒ 不適切。問44の解説のシャープ・レシオの計算式からわかるように「ファンドのリターン－リスクフリーレート」であるから、シャープ・レシオはファンドのリターンがリスクフリーレートを下回ればマイナスとなる(標準偏差は常にプラス)。同様に超過リターンがマイナス(つまりファンドのリターンがベンチマークのリターンを下回る)であればインフォメーション・レシオもマイナスとなる。

㋓ 適切。シャープ・レシオはリスクフリーレート(預金などの安全資産の利回り)に対する運用する資産のパフォーマンス(利回り)を示すものである。一方、インフォメーション・レシオはベンチマーク(東証株価指数など目標に設定した運用商品や指数の運用実績)に対する運用する資産のパフォーマンス(利回り)を示すものである。このように両者は別々のパフォーマンス評価を対象としているので、評価結果が異なるのが一般的である。例えば、A投資信託とB投資信託を比較する場合、シャープ・レシオではA投資信託が優れていても、インフォメーション・レシオではB投資信託のほうが優れているということもある。

＜日商・金財＞
DCプランナー認定試験（2級）

第23回　2017年9月10日（日）実施

　以下に掲載しているのは、平成29(2017)年9月10日に行われた「第23回DCプランナー認定試験（2級）」の問題である。解答と解説はこの問題のあと、353〜372ページに掲載しているので参照されたい。

　なお、各問題の冒頭についているアルファベットは、出題範囲の各分野を表している。分野のA、B、C、Dは以下のとおり。

分野A：わが国の年金制度・退職給付制度
分野B：確定拠出年金制度
分野C：投資に関する知識
分野D：ライフプランニングとリタイアメントプランニング

■以下の認定試験問題の全文は「日本商工会議所掲載許可済 ─ 禁無断転載」
■次回（第24回）の認定試験日は2018年9月9日(日)

基 礎 編

次の各問(《問1》～《問30》)について答を1つ選び、その番号を解答用紙にマークしなさい。

A 《問1》 国民年金の保険料に関する次の記述のうち、不適切なものはどれか。

1) 平成29年度の国民年金の保険料は月額16,490円であるが、保険料は前納することができ、前納した場合は、前納期間に応じて保険料の割引がある。
2) 保険料の納期限が過ぎた場合、原則として、納期限から2年を経過した未納保険料については、時効により納めることができなくなるが、平成27年10月1日から平成30年9月30日までの3年間に限り、過去5年分まで遡って国民年金の保険料を納付することができる。
3) 保険料の全額免除の適用を受けた期間は、老齢基礎年金を受給するための受給資格期間には含まれるが、老齢基礎年金の年金額には反映されない。
4) 国民年金の第1号被保険者で一定の学校に在籍する学生については、被保険者(学生)本人の所得が一定額以下の場合、在学中の国民年金の保険料の納付が猶予される学生納付特例制度がある。

A 《問2》 老齢基礎年金および付加年金に関する次の記述のうち、不適切なものはどれか。

1) 老齢基礎年金を受給するためには、従前、原則として25年の受給資格期間を満たす必要があったが、平成29年8月以降は受給資格期間が10年に短縮された。
2) 18歳から60歳になるまでの42年間、厚生年金保険の被保険者として保険料を納付した者が65歳から受給を開始したときの老齢基礎年金の年金額は、779,300円(平成29年度価額)である。

3) 65歳到達時に老齢基礎年金の受給資格期間を満たしている者が、68歳到達日に老齢基礎年金の繰下げ支給の申出をした場合の老齢基礎年金の増額率は、18.0％となる。
4) 付加年金は、老齢基礎年金の繰上げ支給の請求を行った場合、老齢基礎年金と同様に繰上げ支給となり、老齢基礎年金の繰上げによる減額率と同率で年金額が減額される。

A 《問3》 厚生年金保険の被保険者等に関する次の記述のうち、不適切なものはどれか。
1) 厚生年金保険では、常時5人以上の従業員を使用する法人の事業所は強制適用事業所となり、常時4人以下の従業員を使用する法人の事業所は任意適用事業所となる。
2) 厚生年金保険の適用事業所に常時使用される70歳未満の者は、原則として厚生年金保険の被保険者となる。
3) 厚生年金保険の適用事業所である法人の代表取締役等であって、法人から労務の対償として報酬を受けている70歳未満の者は、原則として厚生年金保険の被保険者となる。
4) 厚生年金保険の適用事業所に常時使用される70歳未満の者のうち、短時間労働者（パートタイマーなど）に係る厚生年金保険の適用については、平成28年10月以降、厚生年金保険の被保険者資格取得の基準が変更され、対象者が拡大された。

A 《問4》 老齢厚生年金に関する次の記述のうち、適切なものはどれか。なお、各選択肢において、ほかに必要とされる要件等はすべて満たしているものとする。
1) 昭和36年5月生まれのAさん（男性）は、原則として、60歳から報酬比例部分のみの特別支給の老齢厚生年金を受け取ることができる。
2) 厚生年金保険の被保険者期間が20年以上あるBさんが65歳から老齢厚生年金を受給する場合において、Bさんと生計維持関係にある妻が所

定の要件を満たしていれば、Bさんの老齢厚生年金には、妻が65歳になるまでの間、配偶者の加給年金額が加算される。
3) 老齢厚生年金の繰下げ支給の申出をしたCさんに加給年金額の対象となる妻がいる場合、加給年金額は老齢厚生年金の繰下げによる増額率と同率で増額される。
4) Dさんが66歳に達する前に、老齢基礎年金および老齢厚生年金の裁定請求をしていなかった場合、原則として、繰下げ支給の申出をすることができるが、その場合は老齢基礎年金と老齢厚生年金を同時に繰り下げる必要がある。

A 《問5》 遺族基礎年金および遺族厚生年金に関する次の記述のうち、適切なものはどれか。
1) 子のある配偶者に支給される遺族基礎年金の額（平成29年度価額）は、「779,300円＋子の加算」で算出され、子の加算は、第1子から第3子までは1人につき、224,300円が加算される。
2) 遺族基礎年金を受給することができる遺族の範囲は「子のある配偶者」および「子」であり、妻が死亡した場合に遺族となった「子のある夫」は、所定の要件を満たせば、遺族基礎年金を受給することができる。
3) 遺族厚生年金の額は、原則として、死亡した被保険者等の厚生年金保険の被保険者記録を基礎として計算した老齢厚生年金の報酬比例部分の額の3分の2相当額である。
4) 夫が厚生年金保険の被保険者期間中に死亡し、40歳以上65歳未満の妻が遺族厚生年金の受給権のみを取得した場合、死亡した夫の厚生年金保険の被保険者期間が20年未満であれば、その妻に支給される遺族厚生年金に中高齢寡婦加算額は加算されない。

A《問6》 国民年金基金に関する次の記述のうち、不適切なものはどれか。
1) 国民年金基金への加入は口数制となっており、1口目は保証期間のある終身年金A型、保証期間のない終身年金B型の2種類のいずれかから選択する。
2) 国民年金基金に加入した場合、国民年金の付加保険料を納付することはできないが、確定拠出年金の個人型年金に加入することはできる。
3) 国民年金基金の掛金の額は、加入者が選択した給付の型や口数、加入時の年齢、男女の別で決まる。
4) 国民年金基金の加入員が国民年金の第2号被保険者となった場合は、加入員資格を喪失するため、国民年金基金から脱退一時金が支給される。

A《問7》 確定給付企業年金に関する次の記述のうち、適切なものはどれか。
1) 規約において、20年を超える加入者期間を老齢給付金の給付を受けるための要件として定めてはならない。
2) 年金として支給する老齢給付金は、終身または10年以上にわたり、年1回以上定期的に支給するものである必要がある。
3) 規約において定めた場合には、老齢給付金のほかに、遺族給付金を支給することができるが、障害給付金を支給することはできない。
4) 確定給付企業年金においては、規約で定めるところにより加入者も掛金を拠出することができ、その掛金は、所得税法上、小規模企業共済等掛金控除の対象となる。

A《問8》 中小企業退職金共済制度に関する次の記述のうち、不適切なものはどれか。
1) 中小企業退職金共済制度に加入するためには、常時雇用する従業員の数や資本金の額など、業種に応じた基準を満たす必要がある。
2) 中小企業退職金共済制度において、中小企業者は、期間を定めて雇用される者や試用期間中の者などを除き、すべての従業員について退職金共済契約を締結するようにしなければならない。

3) 新しく中小企業退職金共済制度に加入する中小企業者には、掛金月額の2分の1（従業員ごと上限5,000円）を加入後4カ月目から1年間、国が助成する制度がある。
4) 被共済者（従業員）が退職したときは、退職金が勤労者退職金共済機構から中小企業者を経由して従業員に支給される。

A 《問9》 小規模企業共済制度に関する次の記述のうち、不適切なものはどれか。

1) 毎月の掛金は1,000円から70,000円の範囲内で、500円刻みで選択することができ、その全額が小規模企業共済等掛金控除の対象となる。
2) 掛金月額の減額は、事業経営の著しい悪化など、掛金の払込みを継続することが著しく困難であると認められる場合に限られている。
3) 共済契約を解約した場合、掛金納付月数が所定の期間を超えなければ、解約手当金の額は掛金合計額を下回る。
4) 共済金（死亡事由以外）は、所定の要件を満たせば、分割で受け取ることができ、分割して受け取った共済金は公的年金等控除が適用される雑所得として扱われる。

B 《問10》 確定拠出年金の企業型年金における受給権および給付に関する次の㋐～㋒の記述のうち、適切なものはいくつあるか。

> ㋐ 年金としての老齢給付金（終身年金を除く）の支給予定期間は、10年以上20年以下でなければならない。
> ㋑ 通算加入者等期間とは、企業型年金加入者であった者が60歳に達した日の前日が属する月以前の、企業型年金加入者期間および個人型年金加入者期間を合算した期間であり、企業型年金運用指図者期間および個人型年金運用指図者期間は含まれない。
> ㋒ 6年以上8年未満の通算加入者等期間を有する者は、62歳から老齢給付金の支給を請求することができる。

1) 1つ　　2) 2つ　　3) 3つ　　4) 0（なし）

B《問11》　確定拠出年金の個人型年金における加入者資格等に関する次の㋐～㋒の記述のうち、適切なものはいくつあるか。

> ㋐　平成29年1月から、新しく加入対象となった公務員の掛金の拠出限度額は、月額12,000円である。
> ㋑　個人型年金加入者が60歳に達したときは、該当するに至った日に個人型年金加入者の資格を喪失する。
> ㋒　確定拠出年金の企業型年金に加入している会社員は、企業型年金規約で確定拠出年金の個人型年金の同時加入が認められている場合のみ、個人型年金に加入することができる。

1) 1つ　　2) 2つ　　3) 3つ　　4) 0（なし）

B《問12》　確定拠出年金の個人型年金における受給権および給付に関する次の記述のうち、不適切なものはどれか。なお、いずれの選択肢においても、個人型年金に個人別管理資産があるものとする。

1) 個人型年金加入者であった者が60歳到達時に老齢給付金を受給するためには、通算加入者等期間が10年以上である必要がある。
2) 個人型年金における老齢給付金は、原則として年金として支給されるが、その全部または一部を一時金として支給することも可能である。
3) 個人型年金は、国民年金の保険料納付が免除されている等の所定の要件をすべて満たさなければ、脱退一時金を請求することはできない。
4) 障害給付金は、初診日から起算して1年6カ月を経過した日から60歳到達日前日（60歳の誕生日の2日前）までの期間において、請求することができる。

B《問13》 確定拠出年金の企業型年金の導入に関する次の記述のうち、不適切なものはどれか。
1) 企業型年金を実施しようとするときは、企業型年金規約を作成し、当該規約について厚生労働大臣の承認を受けなければならない。
2) 企業型年金規約を作成するにあたっては、使用される厚生年金保険の被保険者の過半数で組織する労働組合があるときはその労働組合の同意を、使用される厚生年金保険の被保険者の過半数で組織する労働組合がないときは当該厚生年金保険の被保険者の過半数を代表する者の同意を得なければならない。
3) 企業型年金の導入にあたり、既存の企業年金制度等からの移換がない場合には、企業型年金規約に当該他の制度の資産の移換に関する事項を規定する必要はない。
4) 企業型年金加入者掛金（マッチング拠出）を導入する場合は、加入者掛金を拠出できるように企業型年金規約に定める必要があり、加入者掛金の額は加入者全員について同額としなければならない。

B《問14》 確定拠出年金のポータビリティに関する次の記述のうち、不適切なものはどれか。なお、各選択肢において、記載していない事項は考慮しないものとする。
1) 確定拠出年金の企業型年金加入者が会社を中途退職し、自営業者（国民年金の第1号被保険者）となった場合、個人型年金加入者となるか、個人型年金運用指図者となるかを選択することができる。
2) 確定拠出年金の企業型年金加入者が会社を中途退職し、専業主婦（国民年金の第3号被保険者）となった場合、個人型年金運用指図者になることができるが、個人型年金加入者になることはできない。
3) 確定拠出年金の企業型年金加入者が会社を中途退職し、企業型年金を実施している会社に転職した場合は、転職前の企業型年金から転職後の企業型年金に個人別管理資産を移換する。
4) 国民年金の第1号被保険者である確定拠出年金の個人型年金加入者が

企業型年金を実施している会社に就職し、その会社の企業型年金加入者となった場合は、個人型年金から就職先の企業型年金に個人別管理資産を移換する。

B 《問15》 確定拠出年金の企業型年金における企業側のメリットおよびデメリットに関する次の㋐〜㋒の記述のうち、適切なものはいくつあるか。

> ㋐ 確定給付型年金から確定拠出年金の企業型年金に全面移行することにより、運用実績の低迷に伴う年金財政の悪化による影響を回避でき、退職給付会計における退職給付債務の認識が不要となる。
> ㋑ 確定拠出年金の運営では、毎年の財政決算や複雑な数理計算が必要となる。
> ㋒ 確定拠出年金は、原則として、受給開始年齢に達するまで給付を受けることができないため、この点について、企業は従業員が正確に理解するように十分な説明を行うことが必要となる。

1) 1つ　　2) 2つ　　3) 3つ　　4) 0 (なし)

B 《問16》 確定拠出年金の企業型年金における運営管理機関の役割等に関する次の記述のうち、適切なものはどれか。
1) 記録関連運営管理機関は、加入者等が行った運用の指図を取りまとめて資産管理機関に通知する役割を担い、資産管理機関は、当該通知に従って、それぞれの運用の方法について契約の締結、変更または解除その他の必要な措置を行わなければならない。
2) 運営管理業務には、運用関連業務と記録関連業務があるが、両業務とも1つの運営管理機関が行わなければならない。
3) 運営管理機関は、加入者等に対して、提示した運用の方法のうち、特定のものについて指図を行うことを勧める行為をしてはならないが、指図を行わないことを勧める行為は禁止されていない。

4) 運営管理機関は、加入者等から運用の方法について質問または照会を受けた場合に当該加入者等に対して、特定の金融商品への運用の指図を行うことが好ましいと推奨することは禁止されていない。

《問17》 確定拠出年金における企業型運用関連運営管理機関等による運用の方法（商品）に係る情報提供に関する次の記述のうち、不適切なものはどれか。

1) 運用の方法に係る情報提供の1つとして、損失の可能性に関する事項を提供する必要があるが、利益の見込みに関する事項を提供してはならない。
2) 運用の方法に係る情報提供の1つとして、加入者等が金融商品を選択し、または変更した場合に必要となる手数料等の内容と負担方法に関する情報を提供する必要がある。
3) 運用の方法に係る情報提供の1つとして、金融商品の販売等に関する法律に規定する重要事項に関する情報を提供する必要がある。
4) 運用の方法に係る情報提供の1つとして、運用の方法を加入者等に提示した日の属する月の前月の末日から起算して過去10年間（10年間に満たない場合は当該期間）における利益または損失の実績に関する情報を提供する必要がある。

《問18》 確定拠出年金の掛金および給付に係る課税上の取扱いに関する次の㋐～㋒の記述のうち、適切なものはいくつあるか。

> ㋐ 確定拠出年金の企業型年金の事業主掛金は、その全額を損金（または必要経費）の額に算入することができる。
> ㋑ 確定拠出年金の個人型年金に係る脱退一時金は、一時所得として総合課税の対象となる。
> ㋒ 障害給付金は、所得税が課されない。

1) 1つ　　2) 2つ　　3) 3つ　　4) 0（なし）

C 《問 19》 金融商品投資におけるリターンやリスクに関する次の㋐～㋒の記述のうち、適切なものはいくつあるか。

> ㋐ リスクとリターンはトレードオフの関係にあるため、リスクの高い運用は、リスクの低い運用と比較して、高い運用成績が常に得られる。
> ㋑ リスクとは、ポートフォリオが想定よりも低いリターンとなることだけではなく、想定よりも高いリターンになることも含む。
> ㋒ リターンの分布が正規分布に従う場合、理論上、将来の実現リターンは約95％の確率で「期待収益率±1標準偏差」の範囲内に収まる。

1) 1つ　　2) 2つ　　3) 3つ　　4) 0（なし）

C 《問 20》 金融商品投資における相関係数に関する次の記述のうち、不適切なものはどれか。

1) 金融商品Aと金融商品Bの相関係数は、金融商品Aと金融商品Bの共分散を、金融商品Aのリスク（標準偏差）と金融商品Bのリスク（標準偏差）を乗じたもので除することにより算出される。
2) 金融商品Aの価格が上昇するときに金融商品Bの価格が下落する傾向にある場合、金融商品Aと金融商品Bは負の相関関係にあり、金融商品Aと金融商品Bの相関係数はマイナスの値となる。
3) 金融商品Aと金融商品Bの相関係数が－1である場合、金融商品Aと金融商品Bにより構成されるポートフォリオのリスク（標準偏差）は、その組入比率を調整することにより、0（ゼロ）にすることができる。
4) 金融商品Aと金融商品Bの相関係数が0（ゼロ）である場合、金融商品Aのリターンと金融商品Bのリターンは完全相関となる。

《問21》 ドルコスト平均法を利用して投資信託を100万円ずつ購入した場合、各回の購入単価(基準価額)が以下のとおりであるときの平均購入単価として、次のうち適切なものはどれか。なお、手数料等は考慮せず、計算結果は円未満を四捨五入すること。

購入時期	第1回	第2回	第3回	第4回
購入単価	5,000円	6,250円	10,000円	8,000円

1) 5,556円　　2) 6,522円　　3) 6,838円　　4) 7,313円

《問22》 株式投資信託の運用スタイル等に関する次の記述のうち、不適切なものはどれか。

1) アクティブ運用とは、あらかじめ定めたベンチマークを上回る運用成績を目指す運用手法である。
2) インデックス型投資信託は、日経平均株価やJPX日経インデックス400などの株式指数等と連動するように運用され、一般に、運用管理費用がアクティブ運用を行う投資信託に比べて低い。
3) グロース運用は、一般に、PER(株価収益率)やPBR(株価純資産倍率)等の指標を用いて、株価が割安な水準にあると判断される銘柄を選定して運用するスタイルである。
4) ベア型ファンドは、一般に、ベンチマークのリターンが負の場合に正のリターンとなるように運用されるファンドである。

C《問23》 債券の格付に関する次の㋐～㋒の記述のうち、適切なものはいくつあるか。

> ㋐ 債券の信用格付では、一般に、ダブルB格相当以下の債券は「投機的格付」とされる。
> ㋑ 残存期間や表面利率等の他の条件が同一であれば、一般に、格付の高い債券ほど利回りが高い。
> ㋒ 外貨建てMMFの投資対象は、高い信用格付が付された公社債やコマーシャルペーパー等の短期金融商品が中心となっている。

1) 1つ　　2) 2つ　　3) 3つ　　4) 0（なし）

C《問24》 投資信託の種類と特徴に関する次の㋐～㋒の記述のうち、適切なものはいくつあるか。

> ㋐ 公社債投資信託は、確定拠出年金における「元本を確保する運用方法」に該当する。
> ㋑ 債券のみで運用する証券投資信託において、償還までの期間が長い債券を多く組み入れた証券投資信託は、償還までの期間が短い債券を多く組み入れた証券投資信託に比べて、一般に、金利変動リスクが大きい。
> ㋒ 不動産投資信託（REIT）は、多くの投資家から集めた資金で、オフィスビル、商業施設等を購入し、その賃貸収入や売買益を投資家に分配する商品であるため、価格が変動せず、安全な金融商品である。

1) 1つ　　2) 2つ　　3) 3つ　　4) 0（なし）

C 《問 25》 株価指数に関する次の㋐～㋒の記述のうち、適切なものはいくつあるか。

> ㋐ 日経平均株価は、東京証券取引所市場第一部に上場する代表的な225銘柄から構成される修正平均型の株価指数である。
> ㋑ 東証株価指数（TOPIX）は、東京証券取引所市場第一部に上場している内国普通株式全銘柄を対象とする株価指数であり、時価総額の大きい大型株の値動きの影響が大きくなるという特徴がある。
> ㋒ ナスダック総合指数は、ニューヨーク証券取引所に上場している全銘柄で構成される修正平均型の株価指数である。

1) 1つ　　2) 2つ　　3) 3つ　　4) 0（なし）

C 《問 26》 アセットアロケーションとリスク許容度等に関する次の記述のうち、不適切なものはどれか。
1) アセットアロケーションとは、運用資産を株式、債券、短期金融商品などの資産分類（アセットクラス）に配分することである。
2) 外貨建て金融商品への投資においては、外国為替レートの変動リスク、政治的リスクなどに留意すべきである。
3) リスク回避的な投資家にとって、最適ポートフォリオとは、効率的（有効）フロンティア上のポートフォリオのうち効用が最大となるものをいう。
4) 最適なアセットアロケーションは、投資家の年齢と保有資産の2つの要素のみによって決定される。

D 《問 27》 一般的なリタイアメントプランニングに関する次の記述のうち、不適切なものはどれか。
1) 公益財団法人生命保険文化センターの平成28年度生活保障に関する調査によると、夫婦2人で老後生活を送るうえで必要と考えられている最低日常生活費は平均34.9万円（月額）となっており、公的年金の給付の

みでは不足することがわかる。
2) 厚生労働省の第22回生命表（完全生命表）によると、男性の平均寿命は80.75歳（年）、女性の平均寿命は86.99歳（年）となっており、女性のほうが、老後の生活資金の準備について、必要性がより高いと判断される。
3) 妻が年下であるケースの場合、夫が先に死亡してから10年以上の期間を妻が単身で過ごす可能性が高いため、その場合の遺族厚生年金等の概算額を把握し、老後の生活資金が賄えるか否かを検討することも重要である。
4) 給与所得者のリタイアメントプランを作成する際は、老後資金について「拠出＋運用」の期間、「運用のみ」の期間、「運用＋取崩し」の期間に分けて考えることが重要である。

D《問28》 ライフプランニングに関する次の記述のうち、不適切なものはどれか。
1) 給与所得者のライフプランニングを行う前提として、可処分所得を把握することは重要であり、通常、可処分所得は年間の収入金額から社会保険料、所得税・住民税等の税金を差し引いた金額を使用する。
2) キャッシュフロー表の作成においては、子どもの入学・卒業、住宅取得等のライフイベントごとの予算額を具体化し、その価額を将来価値で計上する。
3) キャッシュフロー表の作成にあたっては、収入や支出の項目ごとに今後の上昇率や変動率を設定するが、経済環境・本人の運用能力等を勘案し、現実的な数値を設定することが望ましい。
4) 個人の資産、負債および純資産残高の状況を示すバランスシートの作成において、自宅等の不動産、株式・投資信託等の金融資産の価額は、購入時の価額で計上する。

《問29》 株式会社X社に39年4カ月勤務したAさん（60歳）は、X社を定年退職するにあたり、退職金として3,000万円を受け取った。Aさんが受け取った退職金に係る退職所得の金額として、次のうち適切なものはどれか。なお、Aさんは、これ以外に退職手当等の収入はなく、障害者になったことが退職の直接の原因ではないものとする。
1) 200万円
2) 400万円
3) 800万円
4) 870万円

《問30》 公的年金に係る税金に関する次の記述のうち、不適切なものはどれか。
1) 公的年金等を受給する者が65歳未満の場合、公的年金等の収入金額の合計額が70万円以下であれば、公的年金等に係る雑所得の金額は算出されない。
2) 公的年金等を受給する者が65歳以上の場合、公的年金等の収入金額の合計額が120万円以下であれば、公的年金等に係る雑所得の金額は算出されない。
3) 公的年金等の支払者に対して「公的年金等の受給者の扶養親族等申告書」を提出している場合、公的年金等に係る源泉徴収税率（所得税および復興特別所得税の合計）は20.315％である。
4) 公的年金等の収入金額が400万円以下である場合、その年分の公的年金等に係る雑所得以外の所得金額が20万円以下であるときは、原則として所得税の確定申告の必要はない。

◇第23回試験問題

応 用 編

【第1問】～【第5問】の各問（《問31》～《問45》）について答を1つ選び、その番号を解答用紙にマークしなさい。

【第1問】次の設例に基づいて、下記の各問（《問31》～《問33》）に答えなさい。

―――――――《設　例》―――――――

　X株式会社（以下、「X社」という）に勤務するAさん（58歳）は、平成30年12月に定年を迎える。X社では、継続雇用制度を利用して65歳まで勤務することができるが、Aさんは定年後も働き続けるか否か、悩んでいる。

　Aさんは、老後の生活設計を考えるために、何歳からどのくらいの年金額を受け取ることができるのか知りたいと思うようになった。また、60歳以後もX社に継続勤務した場合の公的年金の仕組みについても理解を深めたいと思っている。

【60歳以後にX社に勤務した場合の雇用形態・条件】
・週5日、1日7時間（週35時間）勤務、社会保険・雇用保険に加入
・賃金月額は60歳到達時の80％で賞与なし
・基本月額と総報酬月額相当額の合計額は45万円

〈Aさん夫婦に関する資料〉
(1) Aさん（昭和33年12月14日生まれ・58歳・会社員）
・公的年金加入歴：下図のとおり（60歳定年時までの見込みを含む）
・全国健康保険協会管掌健康保険、雇用保険に加入中

20歳	22歳		60歳
国民年金 未加入期間（28月）	厚　生　年　金　保　険		
	264 月		188 月
	平成15年3月以前の 平均標準報酬月額30万円		平成15年4月以後の 平均標準報酬額50万円

340

(2) 妻Bさん(昭和41年6月20日生まれ・51歳・専業主婦)
・公的年金加入歴：18歳からAさんと結婚するまでの12年間(144月)は、厚生年金保険に加入。結婚後は、国民年金に第3号被保険者として加入している。
・全国健康保険協会管掌健康保険の被扶養者である。
※妻Bさんは、現在および将来においても、Aさんと同居し、生計維持関係にあるものとする。
※Aさんおよび妻Bさんは、現在および将来においても、公的年金制度における障害等級に該当する障害の状態にないものとする。
※上記以外の条件は考慮せず、各問に従うこと。

A 《問31》 Aさんが65歳までに受給することができる公的年金制度からの老齢給付等に関する次の記述のうち、適切なものはどれか。

1) 昭和33年12月生まれのAさんは、原則として、63歳から報酬比例部分のみの特別支給の老齢厚生年金を受け取ることができる。
2) Aさんに支給される報酬比例部分のみの特別支給の老齢厚生年金には、加給年金額が加算される。
3) Aさんが、報酬比例部分のみの特別支給の老齢厚生年金の受給権取得後も、引き続き厚生年金保険の被保険者としてX社に勤務した場合、老齢厚生年金は、基本月額と総報酬月額相当額の合計額が46万円以下であるため、在職老齢年金の仕組みによる支給停止はない。
4) Aさんが60歳以後も引き続き雇用保険の一般被保険者としてX社に勤務した場合、Aさんの賃金額は、60歳到達時の賃金月額の85％相当額を下回るため、Aさんは高年齢雇用継続基本給付金を受給することができる。

A 《問32》 Aさんが、60歳で定年退職し、継続雇用制度を利用せず、再就職もしなかった場合に、原則として、Aさんが65歳から受給することができる老齢厚生年金の年金額として、適切なものは次のうちどれか。《設例》の〈Aさん夫婦に関する資料〉および下記の〈資料〉に基づき計算すること。また、年金額は平成29年度価額に基づいて計算し、年金額の端数処理は円未満を四捨五入すること。

〈資料〉

○老齢厚生年金の計算式(本来水準の額)
i) 報酬比例部分の額(円未満四捨五入) = ⓐ + ⓑ
 ⓐ平成15年3月以前の期間分

 $$平均標準報酬月額 \times \frac{7.125}{1,000} \times 平成15年3月以前の被保険者期間の月数$$

 ⓑ平成15年4月以後の期間分

 $$平均標準報酬額 \times \frac{5.481}{1,000} \times 平成15年4月以後の被保険者期間の月数$$

ii) 経過的加算額(円未満四捨五入) = 1,625円 × 被保険者期間の月数

 $$- 779,300円 \times \frac{昭和36年4月以後で20歳以上60歳未満の厚生年金保険の被保険者期間の月数}{480}$$

iii) 加給年金額 = 389,800円(要件を満たしている場合のみ加算すること)

1) 1,079,514円
2) 1,080,173円
3) 1,469,314円
4) 1,469,973円

A 《問33》 妻Bさんに係る老齢給付等に関する次の記述のうち、不適切なものはどれか。

1) Aさんが60歳で定年退職し、厚生年金保険の被保険者として勤務しなかった場合、妻Bさんは、国民年金の第1号被保険者として保険料を納付しなければならない。
2) 昭和41年6月生まれの妻Bさんには、特別支給の老齢厚生年金の支給はなく、原則として、65歳から老齢厚生年金を受給することになる。
3) 妻Bさんが65歳から老齢基礎年金を受給する場合、老齢基礎年金の額に振替加算額が加算される。
4) 妻Bさんが老齢基礎年金の繰上げ支給を請求する場合は、その請求と同時に老齢厚生年金の繰上げ支給の請求をしなければならない。

【第2問】 次の設例に基づいて、下記の各問(《問34》~《問36》)に答えなさい。

《設 例》

個人事業主のAさん(40歳)は、妻Bさん(40歳)とともに、飲食店を営んでいる。Aさん夫妻は、老後の生活資金の準備として、確定拠出年金の個人型年金や国民年金基金への加入、国民年金の付加保険料について検討している。

〈Aさんの家族構成等〉

Aさん(40歳) ： 個人事業主。20歳から国民年金に第1号被保険者として加入しており、保険料の免除期間や未納期間はない。

妻Bさん(40歳)： 18歳から23歳まで厚生年金保険に加入。23歳でAさんと結婚した後は、国民年金に第1号被保険者として加入し、保険料を納付している。Aさんと同様、保険料の免除期間や未納期間はない。

※ Aさんおよび妻Bさんは、現在および将来においても、公的年金制度における障害等級に該当する障害の状態にないものとする。
※ 上記以外の条件は考慮せず、各問に従うこと。

A《問34》 国民年金基金への加入および国民年金の付加保険料に関する次の記述のうち、不適切なものはどれか。

1) 国民年金基金は、国民年金の第1号被保険者を対象に、老齢基礎年金に上乗せする年金を支給する任意加入の年金制度であり、その拠出限度額は月額68,000円である。

2) 国民年金基金の終身年金A型およびB型から支給される老齢給付の支給開始年齢は65歳であり、老齢基礎年金の繰上げ支給の請求をした場合は国民年金基金から支給される老齢給付の全額が繰上げ請求時から減額支給される。

3) Aさんは、国民年金の定額保険料に加えて、月額400円の付加保険料を納付することで、老齢基礎年金の受給時に付加年金を受給することができる。
4) 仮に、Aさんが付加保険料を180月納付し、65歳から老齢基礎年金を受け取る場合、老齢基礎年金の額に付加年金として36,000円が上乗せされる。

B 《問35》 確定拠出年金の個人型年金への加入等に関する次の記述のうち、適切なものはどれか。
1) 国民年金の第1号被保険者が国民年金基金と確定拠出年金の個人型年金に同時に加入する場合、拠出することができる掛金は、それぞれ月額68,000円が上限となる。
2) Aさんが国民年金の付加保険料を納付するとともに、確定拠出年金の個人型年金に加入する場合、Aさんが確定拠出年金の個人型年金に拠出できる掛金の限度額は、月額68,000円となる。
3) 確定拠出年金の個人型年金に加入した場合、国民年金基金連合会に対して、加入時に2,777円、毎月の掛金拠出時に月額103円の手数料を支払うほか、運営管理機関等が定める手数料を負担する必要がある。
4) 確定拠出年金の個人型年金は、定期預金などの元本確保型商品で運用することができず、将来の年金受取額が運用実績により左右されるというリスクがあるが、掛金の全額が小規模企業共済等掛金控除の対象となる等、税制上の優遇措置がある。

D 《問36》 Aさん夫妻は、60歳時点で確保できた原資を、60歳から65歳までの5年間運用し、65歳から10年間にわたり毎年年初に100万円ずつ年金として受け取ることを考えている。この場合、Aさん夫妻が60歳時点で最低限確保しなければならない原資の額として、次のうち適切なものはどれか。なお、全期間について年率1％で運用するものとし、答は万円未満切上げによる

こととする。また、税金・手数料等は考慮しないものとする。
1) 906万円
2) 911万円
3) 952万円
4) 957万円

【第3問】 次の設例に基づいて、下記の各問(《問37》～《問39》)に答えなさい。

――――《設 例》――――

厚生年金保険の適用事業所であるX社は、退職給付制度として退職一時金制度を導入しているが、企業年金制度は導入していない。このほど、従業員の福利厚生施策の一環として、確定拠出年金の企業型年金の導入を検討している。

B《問37》 X社が、企業型年金規約において、企業型年金加入者とすることについての一定の資格を定める場合に関する次の記述のうち、不適切なものはどれか。

1) 営業職・研究職・事務職など、給与や退職金等の労働条件が他の職に属する従業員の労働条件とは別に規定されている場合に、特定の職種に属する従業員のみを企業型年金加入者とすることは、法令上認められている。
2) 一定の勤続期間以上の従業員のみを企業型年金加入者とすることは、法令上認められている。
3) 確定拠出年金の開始時に50歳以上の従業員は、運用する期間が短く、60歳以降の定年退職時に給付を受けられないという不都合が生じるおそれがあることから、50歳未満の従業員のみを企業型年金加入者とすることは、法令上認められている。

4) 従業員のうち、加入者となることを希望した者のみを企業型年金加入者とすることは法令上認められており、自分の意思で加入しなかった従業員について、確定拠出年金への掛金の拠出に代わる相当な措置を講じる必要はない。

B《問 38》 確定拠出年金の企業型年金の掛金の拠出に関する次の記述のうち、不適切なものはどれか。
1) 厚生年金基金、確定給付企業年金を実施していない場合、確定拠出年金の企業型年金の拠出限度額は月額 55,000 円となるが、企業型年金規約において確定拠出年金の個人型年金の加入者になることが認められている場合は月額 35,000 円が限度額となる。
2) 事業主の掛金拠出に加えて、加入者の掛金拠出を規約で定める場合、各企業型年金加入者に係る事業主掛金の額と加入者掛金の額の合計額は、企業型年金の掛金の拠出限度額を超えてはならない。
3) 事業主の掛金拠出に加えて、加入者の掛金拠出を規約で定める場合、当該加入者掛金は、事業主掛金の額を超える額を拠出することができる。
4) 加入者掛金を拠出するかどうかについては、各企業型年金加入者が自らの意思により決定することができるものとしなければならない。

B《問 39》 企業型年金規約に定める内容等に関する次の記述のうち、不適切なものはどれか。
1) 企業型年金規約に定めることができる事業主掛金の算定方法は、「定額方式」「定率方式」「定額方式と定率方式の組合せ」の3つの方法のうち、いずれかによらなければならない。
2) 勤続3年未満で企業型年金加入者の資格を喪失した者について、その者の個人別管理資産のうち、当該企業型年金に係る事業主掛金に相当する部分の全部または一部を事業主に返還するよう規約で定めることができる。
3) 老齢給付金は年金として支給するのが原則であるが、企業型年金規約

において、その全部または一部を一時金として支給することを定めることができる。
4) 障害給付金は年金として支給するのが原則であり、企業型年金規約において、その全部または一部を一時金として支給することを定めることはできない。

【第4問】 次の設例に基づいて、下記の各問（《問40》〜《問42》）に答えなさい。

―《設　例》―

Aさん（35歳）の勤める会社では、これまで企業年金制度がなかったが、このほど確定拠出年金の企業型年金が導入された。Aさんに係る事業主掛金の額は月額4万円となっている。Aさんは、現在、老後資金の準備について関心を持つようになっており、確定拠出年金における運用についても少し勉強しなければならないと考えているところである。

B《問40》 確定拠出年金における運用に関する次の記述のうち、不適切なものはどれか。
1) 運用関連運営管理機関等は、運用方法（商品）を提示するにあたって、加入者等にその運用方法（商品）を選定した理由を示さなければならない。
2) 企業型年金規約においては、企業型年金加入者等による運用の指図は、少なくとも6カ月に1回行うことができるように定める必要がある。
3) 現行では、運用関連運営管理機関等は、元本確保型の運用方法（商品）を1つ以上含め、リスク・リターン特性の異なる3つ以上の運用方法（商品）を選定し、企業型年金加入者等に提示しなければならない。
4) 「確定拠出年金法等の一部を改正する法律」の公布日（平成28年6月

3日）より2年以内の政令に定める日までに、元本確保型商品の提示義務は廃止される予定となっている。

B 《問41》 「確定拠出年金法等の一部を改正する法律」（平成28年6月3日公布）による確定拠出年金の企業型年金の資産運用の改善に係る改正内容に関する次の記述のうち、適切なものはどれか。

1) 現行、配慮義務となっている継続投資教育について、導入時投資教育と同様に努力義務とすることにより、投資教育の継続実施を促している。
2) 現行、運用商品提供数には一定の制限が設けられているが、企業型年金加入者等がより良い商品選択をできるように、運用商品提供数の上限が撤廃される。
3) 現行、運用商品を除外する際は商品選択者の3分の2以上の同意が必要であるが、運用商品の入替頻度を抑制するために、商品選択者全員の同意がなければ運用商品の除外ができないように規定が変更された。
4) 運用商品を選択しない者が一定数いることを踏まえ、企業型年金加入者等が運用指図を行わず、一定期間経過した場合は、あらかじめ指定された運用商品（デフォルト商品）を自動的に購入することが義務付けられた。

B 《問42》 Aさんが、35歳から60歳になるまで企業型年金に25年間加入した場合において、以下の条件に基づいたときに、60歳時点で最大限確保できる企業型年金の個人別管理資産の額として、適切なものは次のうちどれか。なお、Aさんの勤務する会社は、確定拠出年金の企業型年金のみを実施しており、確定給付型年金に係る制度は実施していないものとする。

・35歳から45歳に達するまでの10年間：事業主掛金のみ　年額48万円
・45歳から60歳に達するまでの15年間：事業主掛金　　　年額48万円
　　　　　　　　　　　　　　　　　　加入者掛金　　　年額＊万円
　（加入者掛金の額についての「＊」印は、問題の性質上明らかにできないことを意味しているが、加入者掛金は、法定の拠出限度額の範囲内で最大額を拠出するものとする）
・掛金は、事業主掛金、加入者掛金ともに、計算上、年初に1回拠出するものとする。
・事業主掛金、加入者掛金ともに、全期間を通じて年率3%で運用するものとする。
・答は、万円未満切捨てとすること。

1）　1,802万円
2）　2,147万円
3）　2,262万円
4）　2,722万円

【第5問】 次の設例に基づいて、下記の各問(《問43》～《問45》)に答えなさい。

《設 例》

Aさんは、勤務先の会社が導入している確定拠出年金の企業型年金における運用資産の選択肢として、①A投資信託、②B投資信託、③ポートフォリオX、④ポートフォリオYを検討している。なお、ポートフォリオXとポートフォリオYは、いずれもA投資信託とB投資信託により構成されているが、その組入比率が異なっている。

A投資信託、B投資信託、ポートフォリオXおよびポートフォリオYのそれぞれの年率の期待リターンとリスク(標準偏差)は、次のとおりである。

	期待リターン	リスク(標準偏差)
①A投資信託	3.5%	7.0%
②B投資信託	5.5%	10.0%
③ポートフォリオX	4.7%	6.1%
④ポートフォリオY	4.3%	5.2%

《問43》 ポートフォリオXにおけるA投資信託とB投資信託の組入比率として、次のうち適切なものはどれか。
1) A投資信託40%、B投資信託60%
2) A投資信託45%、B投資信託55%
3) A投資信託50%、B投資信託50%
4) A投資信託60%、B投資信託40%

《問44》 ポートフォリオYにおけるA投資信託とB投資信託の組入比率が、A投資信託60%、B投資信託40%の場合、A投資信託とB投資信託の相関係数の値として、次のうち適切なものはどれか。なお、答は小数点以下第3位を四捨五入すること。
1) 0.20   2) 0.39   3) - 0.20   4) - 0.39

C 《問45》 リスクフリーレートの年平均値が1.0%であるとした場合、運用対象①〜④のパフォーマンスをシャープ・レシオにより比較したときに、パフォーマンス評価が最も高いものはどれか。なお、シャープ・レシオの算出にあたっては、設例における各運用対象の期待リターンを年平均値のリターンとして計算することとし、また、小数点以下第3位の四捨五入によるものとする。

1) 運用対象①〔A投資信託〕
2) 運用対象②〔B投資信託〕
3) 運用対象③〔ポートフォリオX〕
4) 運用対象④〔ポートフォリオY〕

第23回DCプランナー認定試験2級の解答と解説

※正解と配点、分野は主催者の発表によるもの、解説は年金問題研究会が独自に作成したものである。

■正解と配点、分野一覧

＜基礎編＞（配点60点）

問題番号	問1	問2	問3	問4	問5	問6	問7	問8	問9	問10	問11	問12	問13	問14	問15
正解	3	3	1	2	2	4	1	4	2	1	3	4	4	2	2
配点	2	2	2	2	2	2	2	2	2	2	2	2	2	2	2
分野	A	A	A	A	A	A	A	A	B	B	B	B	B	B	B

問題番号	問16	問17	問18	問19	問20	問21	問22	問23	問24	問25	問26	問27	問28	問29	問30
正解	1	1	3	1	4	3	3	2	1	2	4	1	4	2	3
配点	2	2	2	2	2	2	2	2	2	2	2	2	2	2	2
分野	B	B	B	C	C	C	C	C	C	C	C	D	D	D	D

＜応用編＞（配点40点）

	第1問			第2問			第3問			第4問			第5問		
問題番号	問31	問32	問33	問34	問35	問36	問37	問38	問39	問40	問41	問42	問43	問44	問45
正解	1	4	3	2	3	2	4	3	4	2	1	2	1	3	4
配点	3	3	2	3	3	2	3	2	3	2	3	2	3	3	3
分野	A	A	A	B	B	D	B	B	B	B	B	B	C	C	C

分野A：わが国の年金制度・退職給付制度
分野B：確定拠出年金制度
分野C：投資に関する知識
分野D：ライフプランニングとリタイアメントプランニング

◇第23回試験・解答と解説

◆解答のポイントと解説
〈基礎編〉

問1 《正解 3》

1) 適切。前納の種類には2年前納、1年前納、6カ月前納、早割(納付期限より1カ月早い当月末口座振替)の4種類がある。

2) 適切。2年を経過して時効となった保険料を納付できる救済措置が実施され、後納制度と呼ばれる。後納制度は平成24年10月1日から27年9月30日までの3年間実施された過去10年分まで遡って納付できる措置と、本問の平成27年10月1日から平成30年9月30日までの3年間実施の過去5年分まで遡って納付できる措置(5年後納)の2つがある。(国年法附則(平23)2条、同(平26)10条)

3) 不適切。保険料免除(全額免除、一部免除)の場合、受給資格期間に含まれるとともに、老齢基礎年金の年金額に反映される(国年法26条)。全額免除の場合の年金額への反映は、平成21年4月以降の期間については2分の1、平成21年3月までの期間については3分の1が支給される。なお、保険料の納付を要しない制度でも学生納付特例制度と保険料納付猶予制度については受給資格期間には含まれるが年金額には反映されない。

4) 適切。学生納付特例期間については、10年以内(例えば、平成29年4月分は平成39年4月末まで)であれば保険料を遡って納めること(追納)ができる。なお、通常の免除では本人および世帯主、配偶者の所得が対象となるが学生納付特例制度の場合は本人の所得だけが基準となる。

問2 《正解 3》

1) 適切

2) 適切。厚生年金保険被保険者の老齢基礎年金は、20歳から60歳になるまでの40年間が支給対象となる。つまり20歳前および60歳以降の期間は老齢厚生年金に反映されるが、老齢基礎年金には反映しない。なお、20歳以上60歳未満の期間が480カ月(40年)に満たない場合は、

480カ月に達するまで20歳前および60歳以降の厚生年金保険の被保険者期間は定額部分として老齢基礎年金相当額(計算式はやや異なる)が老齢厚生年金額に加算される。そのため実質的には480カ月以上の厚生年金被保険者期間があれば老齢基礎年金の満額の受給額が確保される。
3) 不適切。老齢基礎年金の繰下げ支給の申出は66歳以降に可能で、増額率は1カ月につき0.7%である。68歳到達日に申出をした場合、0.7×36カ月＝25.2%の増額率となる。(国年法28条、同法施行令4条の5)
4) 適切(国年法附則9条の2第4項・6項)

問3《正解 1》

1) 不適切。法人の場合、1人でも強制適用事業所になる。(厚年法6条2項)
2) 適切(厚年法9条、27条)
3) 適切。代表取締役でも報酬を受けていれば法人から使用されているとみなされる。
4) 適切。週20時間以上の勤務、1年以上の勤務の見込み、月8万8,000円以上の賃金、501人以上の事業所、学生ではないなどの要件を満たせば、厚生年金保険の被保険者資格取得の対象になる。(厚年法12条5項)

問4《正解 2》

1) 不適切。昭和36年4月2日生まれ以降の男性は65歳前の特別支給の老齢厚生年金が受給できなくなり、65歳からの老齢厚生年金の受給になる。(厚年法8条の2)
2) 適切。なお、公的年金の生計維持関係では妻の年収850万円未満であることが条件になる。(厚年法44条5項、厚年法施行令3条の5)
3) 不適切。加給年金額は繰下げによる増額はない。また、繰下げ支給の申出をすると加給年金額も支給停止になる。
4) 不適切。老齢基礎年金、老齢厚生年金は、同時に繰り下げる必要はなく、それぞれ別に繰下げ支給の申出をすることができる。

問5 《正解 2》
1) 不適切。第3子以降の加算は1人につき74,800円である。
2) 適切。平成26年4月より父子家庭も遺族基礎年金を受給できることになった。(国年法37条の2)
3) 不適切。「3分の2」相当額ではなく4分の3相当額である。(厚年法60条1項1号)
4) 不適切。被保険者期間中(在職中)の死亡の場合は、被保険者期間に関係なく中高齢寡婦加算額は加算される。中高齢寡婦加算とは、夫が死亡したときに40歳以上で子のない妻(夫の死亡時に40歳未満でも40歳時点で遺族基礎年金を受給できる妻も含む)が受ける遺族厚生年金に、40歳から65歳になるまでの間、一定額加算される給付のこと(ただし遺族基礎年金受給中は支給停止)。長期要件(老齢厚生年金の受給権者または受給資格期間を満たしている人が死亡したとき)の事由による遺族厚生年金の場合は、死亡した夫の厚生年金保険の被保険者期間が20年以上の場合に限る。(厚年法62条)。

問6 《正解 4》
1) 適切
2) 適切。なお、個人型年金の掛金限度額は月額68,000円から国民年金基金の掛金額を差し引いた額(1,000円単位で可能な額)となる。
3) 適切。なお、確定年金(Ⅰ型、Ⅱ型、Ⅲ型、Ⅳ型、Ⅴ型)の掛金は男女同額である。
4) 不適切。国民年金基金からの脱退となるが、脱退一時金の支給はない。加入期間に支払った掛金に応じた年金が支給開始年齢から支給される。

問7 《正解 1》
1) 適切(確給法36条4項)
2) 不適切。「10年以上」ではなく、5年以上である。(確給法33条)
3) 不適切。障害給付金も支給することができる。(確給法29条2項)

4) 不適切。「小規模企業共済等掛金控除」ではなく、生命保険料控除である。(確給法55条2項、所得税法76条5項4号、6項5号)

問8《正解 4》

1) 適切。従業員数または資本金の額のどちらかを満たしていればよい。(中小企業退職金共済法〈以下、中退共法〉2条1項)
2) 適切(中退共法3条3項)
3) 適切。また、既存の加入者の月額18,000円以下の掛金を増額する場合は、増額分の3分の1を増額月から1年間助成する制度もある。本問の新規加入の助成制度と併せて覚えておきたい。(中退共法施行規則45条、46条)
4) 不適切。退職金は勤労者退職金共済機構から直接従業員に支給される。つまり、中小企業者(会社)にいったん支払われるということはない。(中退共法10条1項)

問9《正解 2》

1) 適切(小規模企業共済法〈以下、小規共法〉4条)。なお、中退共の掛金は月額5,000円から30,000円(10,000円までは1,000円刻み、それ以上は2,000円刻み)、特退共の掛金は月額1,000円から30,000円(1,000円刻み)と併せて覚えておきたい。
2) 不適切。掛金の増額・減額は自由にできる。法改正により、平成28(2016)年4月から減額要件は不要になった。(小規共法8条)
3) 適切。掛金納付月数が240カ月(20年)未満の場合は解約手当金の額が掛金合計額を下回る。なお、解約手当金以外の共済金A、共済金B、準共済金については掛金合計額を下回ることはない。(小規共法9条、12条)
4) 適切。共済金の分割受取り(年金受給)の要件は、①死亡事由でない、②60歳以上である、③共済金額(全体の額)が300万円以上となっている。分割受取りは年6回支給(奇数月)で、期間は10年または15年である。

なお、準共済金、解約手当金は一括受取り（一時金）しかできない。一括受取りは退職所得控除、分割受取りは公的年金等控除が適用される。ただし、解約手当金は一時所得、死亡退職金はみなし相続財産の扱いになる。

問10《正解 1》

⑦　不適切。「10年以上20年以下」ではなく<u>5年以上20年以下</u>である。（施行規則4条1項1号ニ）

④　不適切。通算加入者等期間には、企業型年金運用指図者期間および個人型年金運用指図者期間も含まれる。（法33条2項）

⑦　適切（法33条1項）

問11《正解 3》

⑦　適切。なお、平成30年1月からは年単位の拠出限度額管理になる。（施行令36条1項4号）

④　適切。なお、死亡のときの資格喪失は翌日、また、保険料免除者となったときの資格喪失は免除開始月の初日である。それ以外はすべて当日（該当するに至った日）に資格喪失となる。（法62条3項1号）

⑦　適切（法62条1項2号）。なお、企業型年金導入企業でも、選択制により企業型年金に加入していない従業員は個人型年金に加入できる。この場合の掛金拠出限度額は他の企業年金がある場合は月額12,000円、ない場合は月額23,000円となる。（Q&A224）。

問12《正解 4》

1)　適切（法73条、法33条1項）　　2)　適切（法73条、法35条）

3)　適切。個人型年金は、国民年金保険料免除者（障害事由を除く）でなければ脱退一時金が請求できないことがポイントである。（法附則3条）

4)　不適切。「60歳到達日前日」ではなく、<u>70歳到達日前日</u>である。なお、公的年金の障害年金は原則65歳到達日の前日が基準になることと併せて覚えておきたい。（法73条、法37条1項）

問 13 《正解 4》

1) 適切(法 3 条 1 項)　　2) 適切(法 3 条 1 項)
3) 適切(法令解釈第 1-5)
4) 不適切。加入者掛金の額は複数の具体的な額から加入者が選択できるようにしなければならない。なお、平成 30 年 5 月 1 日施行の簡易企業型年金の場合は同額とすることもできる。(法 3 条 3 項 7 の 2 号、法令解釈第 1-3（3）)

問 14 《正解 2》

1) 適切(法 82 条)
2) 不適切。法改正により、平成 29 年 1 月から専業主婦は個人型年金加入者になることもできるようになった。(法 62 条 1 項 3 号)
3) 適切。なお、転職後の会社で個人型年金に加入できる場合であっても転職前の企業型年金の個人別管理資産を個人型年金に移換することはできない。個人型年金は新規加入で開始することになる。(法 80 条)
4) 適切(法 80 条)。なお、個人型年金に同時加入できる場合は、申し出て個人型年金をそのまま継続することもできる。

問 15 《正解 2》

㋐　適切
㋑　不適切。確定拠出年金は、退職給付債務が発生しないため確定給付型の企業年金のような財政決算や複雑な数理計算は不要である。
㋒　適切

問 16 《正解 1》

1) 適切(法 25 条)
2) 不適切。運用関連業務と記録関連業務は別々の運営管理機関で行うことができる。(法 7 条、施行令 7 条 1 項 2 号)
3) 不適切。指図を行うことを勧める行為・指図を行わないことを勧める

行為は、ともに禁止されている。(法100条6号、法令解釈第9-2 (4)①)
4) 不適切。好ましいとしても特定の運用方法の推奨に該当するので禁止されている。(法100条6号、法令解釈第9-2 (4)③ア)

問17《正解 1》
1) 不適切。損失の可能性に関する事項とともに利益の見込みに関する事項も提供する必要がある。(法24条、施行規則20条1項1号イ)
2) 適切(法24条、施行規則20条1項4号)
3) 適切(法24条、施行規則20条1項6号)
4) 適切(法24条、施行規則20条1項2号)

問18《正解 3》
㋐ 適切(法人税法施行令135条、所得税法施行令64条)
㋑ 適切(所得税法施行令183条2項2号ホ、4項2号ヘ)
㋒ 適切(法32条2項)

問19《正解 1》
㋐ 不適切。トレードオフとは二律背反のことで、一方を追求すれば他方が犠牲になるという意味である。つまり、高いリターンを追求すれば(リスクの高い運用)、リスク(リターンのブレ)も大きくなるので、リターンを高めることとリスク回避は両立しない。リスクの高い運用はリスクの低い運用と比較して高い運用成績が期待できる一方、リスクの低い運用よりも低い運用成績になるおそれもある。
㋑ 適切。投資でいうリスクとはリターンのブレ(幅)を意味するので、低いリターンで損失が出ることだけを指すのではない。
㋒ 不適切。将来の実現リターン(収益率)の確率は以下のとおりである。
期待収益率±1標準偏差……約68%(約3分の2)
期待収益率±2標準偏差……約95%

問20 《正解 4》

1) 適切。2資産の相関係数は、以下の式で算出される。

$$相関係数 = \frac{金融商品Aと金融商品Bの共分散}{金融商品Aのリスク \times 金融商品Bのリスク}$$

2) 適切。上昇でも下落でも、<u>同じ動き</u>をする場合は<u>正の相関関係</u>にある。正の相関関係では<u>相関係数はプラスの値</u>となる。また、一方が上昇したときにもう一方が下落するという<u>反対の動き</u>をする場合は<u>負の相関関係</u>にある。負の相関関係では<u>相関係数はマイナスの値</u>となる。

  0＜相関係数≦1……正の相関
  －1≦相関係数＜0……負の相関
    相関係数＝0……相関なし

3) 適切。金融商品Aと金融商品Bに50％ずつ投資するポートフォリオを作ると、それぞれの影響は均等になる。よって、相関係数が－1であれば、AとBのリターンの動きが相反し、ポートフォリオのリスクを0にすることが可能になる。

4) 不適切。相関係数が0のときは、金融商品Aと金融商品Bのリターンには相関が見られなくなる。なお、完全相関とは相関係数が「1」もしくは「－1」のことをいう。

問21 《正解 3》

ドルコスト平均法は、価格が変動する金融商品を定期的に一定金額(同額)で購入する投資方法で、定期的な定量購入より平均購入単価を下げる効果が期待できる。平均購入単価の計算方法は以下のとおりである。

第1回の購入数 = 100万円 ÷ 5,000円 = 200口
第2回の購入数 = 100万円 ÷ 6,250円 = 160口
第3回の購入数 = 100万円 ÷ 10,000円 = 100口
第4回の購入数 = 100万円 ÷ 8,000円 = 125口
よって、購入総数 = 200口 + 160口 + 100口 + 125口 = 585口
購入総額 = 100万円 × 4回 = 400万円

よって、平均購入単価 = 400万円 ÷ 585口 = 6,837.60…… = 6,838円

問22 《正解 3》

1) 適切
2) 適切。運用管理費用とは「信託報酬」のことで、投資信託を保有している間の管理手数料である。一定率で毎日の純資産（投資信託の総額）から差し引かれる。
3) 不適切。設問の内容は、バリュー運用と呼ばれる運用スタイルのことである。グロース運用（成長株運用）とは、企業の成長性を重視した株式を選定して運用するスタイルである。バリュー運用とグロース運用はセットで覚えておきたい。
4) 適切。"ベア（熊）"とは下落相場のことで熊が爪を振り下ろして攻撃する姿に由来。一方、上昇相場は"ブル（雄牛）"と呼ばれ、雄牛が角を上に突き上げて攻撃する姿に由来。ブル型ファンドは、一般にベンチマークのリターンが正の場合に正のリターンとなるように運用される。ベア型ファンド、ブル型ファンドとも先物を利用してリターンを得る仕組みである。ベンチマークとベア型は逆方向、ブル型は同方向に動く。

問23 《正解 2》

(ア) 適切
(イ) 不適切。格付の高い債券はデフォルト（債務不履行）リスクが低いので、低い利回りで発行できる。
(ウ) 適切

問24 《正解 1》

(ア) 不適切。国債や地方債は元本確保型商品だが、社債は元本確保型商品ではないので公社債投資信託は元本確保型商品にはならない。
(イ) 適切。償還期間が長いほど金利変動の可能性も高くなる。
(ウ) 不適切。市場価格、不動産価格、賃料、稼働率などによって価格は変

動する。

問25 《正解 2》

㋐ 適切。なお、値がさ株(株価の高い銘柄の株式)の影響を受けやすい特徴がある。大型株(時価総額の大きい銘柄の株式)の影響を受けやすい東証株価指数と併せて覚えておきたい。

㋑ 適切

㋒ 不適切。米国のNASDAQ(店頭株式市場)に上場している全銘柄で構成される修正平均型(時価総額加重平均)の株価指数である。ハイテク関連株が多いことで知られる。

問26 《正解 4》

1) 適切 2) 適切 3) 適切

4) 不適切。投資家の年齢と保有資産以外にも、リスク許容度、収入、運用目的、投資金額、投資期間などさまざまな要素によって最適なアセットアロケーションは異なってくる。

問27 《正解 1》

1) 不適切。公益財団法人生命保険文化センターが行った平成28年度生活保障に関する調査によると、最低日常生活費は平均22.0万円(月額)である。設問の平均34.9万円(月額)とはゆとりある老後生活費である。生命保険文化センターの調査はDCプランナー試験に限らず老後生活費の目安(特にゆとりある老後生活費の指標)としてよく取り上げられるので最新の調査に目を通しておくとよい。

2) 適切。なお、厚生労働省では「完全生命表」「簡易生命表」の2種類を作成・公表しており、「完全生命表」は国勢調査による人口(確定数)と人口動態統計(確定数)による死亡数、出生数をもとに5年に1度作成し、「簡易生命表」は、人口推計による人口と人口動態統計月報年計(概数)による死亡数、出生数をもとに毎年作成している。

3) 適切。なお、60歳時点での平均余命は男性23.67年、女性28.91年(厚生労働省「簡易生命表」平成28年)である。そのため、妻が年下である場合、夫の死後、10年以上単身で過ごすことを考慮した生活資金の確保を検討することが必要である。
4) 適切。定年後を見据え、老後資金を設問のような期間に分けて考えることが重要である。また、作成時に前提とした状況や条件等は、経済状況や健康状態の変化などで変動することがありうるため、定期的に見直す必要がある。

問28《正解 4》

1) 適切。なお、給与所得者で、可処分所得からさらに生命保険料、損害保険料等が給与から控除されている場合には、手取り収入と可処分所得が同じにならないので注意が必要である。
2) 適切。将来の収支予測に欠かせないため、上昇率や変動率を考慮した数値を計上することが望ましい。
3) 適切。キャッシュフロー表は資金収支(実際に使える額)の把握に利用するため、現実的な数値を設定することが望ましい。
4) 不適切。バランスシートを作成する際、「購入時の価額」(取得価格)ではなく作成時の時価で計上する必要がある。不動産や金融資産等において、購入時から価額が変動している場合、正しい資産状況の把握が困難となるためである。

問29《正解 2》

退職所得の求め方は以下のとおりである。

(退職一時金 − 退職所得控除額)× 2分の1 = 退職所得

勤続年数	退職所得控除額
20年以下	40万円×勤続年数(最低保障80万円)
20年超	{70万円×(勤続年数 − 20年)} + 800万円

(注)勤続1年未満の端数は切り上げ

Aさんは39年4カ月勤務しているので、勤続年数を40年として計算する。

退職所得控除額は、{70万円×(40年－20年)}＋800万円＝2,200万円となるので、退職所得は以下のように計算できる。

(3,000万円－2,200万円)×2分の1＝400万円

したがって、2)が正解。

問30《正解 3》

1) 適切。なお、公的年金等に対する課税の仕組みと計算は下表のとおり。

	公的年金等の収入金額(A)	公的年金等控除額(B)
65歳未満	130万円未満	70万円
	130万円以上410万円未満	(A)×0.25＋37万5,000円
	410万円以上770万円未満	(A)×0.15＋78万5,000円
	770万円以上	(A)×0.05＋155万5,000円
65歳以上	330万円未満	120万円
	330万円以上410万円未満	(A)×0.25＋37万5,000円
	410万円以上770万円未満	(A)×0.15＋78万5,000円
	770万円以上	(A)×0.05＋155万5,000円

2) 適切。

3) 不適切。「20.315％」ではなく<u>5.105％</u>である。なお扶養親族等申告書(公的年金等の受給者の扶養親族等申告書)を提出していない場合は、10.21％となる。公的年金等の源泉徴収税額は以下の計算式で求められる。

〈扶養親族等申告書を提出している場合〉

(年金支給額－社会保険料－<u>各種控除額</u>)×<u>5.105％</u>（源泉徴収税率）

※各種控除額は基礎控除、公的年金等控除、配偶者控除、扶養控除などの合計額

〈扶養親族等申告書を提出していない場合〉

〔年金支給額－社会保険料－<u>{(年金支給額－社会保険料)×25％}</u>〕×<u>10.21％</u>（源泉徴収税率）

※各種控除額の代わりに社会保険料控除後の年金支給額の一律25％の控除になる

4) 適切。なお、この場合であっても、医療費控除などによる所得税の還付を受けるための確定申告をすることはできる。

〈応用編〉

問31 《正解 1》

1) 適切。生年月日が昭和32年4月2日～昭和34年4月1日の男性は、<u>63歳</u>より特別支給の老齢厚生年金の報酬比例部分が支給され、65歳より老齢厚生年金と老齢基礎年金が支給される。（厚年法附則8条の2）

2) 不適切。加給年金額は65歳からの老齢厚生年金に加算されるが、65歳前の特別支給の老齢厚生年金に定額部分が支給される場合には定額部分支給開始時から加算される。昭和24年4月2日生まれ以降の男性には、特別支給の老齢厚生年金の定額部分は支給されない。そのため、Aさんの加給年金額は65歳からの老齢厚生年金への加算になる。（厚年法44条、同法附則9条）

3) 不適切。60歳台前半の在職老齢年金は、基本月額と総報酬月額相当額の合計が28万円までは年金が全額支給される（厚年法附則11条1項）。46万円以下で年金が全額支給となるのは60歳台後半の在職老齢年金に適用される支給停止の仕組みである（厚年法46条）。

4) 不適切。高年齢雇用継続基本給付金は60歳以後の賃金（みなし賃金を含む）が60歳到達時の<u>75％未満</u>となっている場合に支給される。Aさんは60歳到達時の賃金の80％であるため高年齢雇用継続基本給付金は受給できない。（雇用保険法61条）

問32 《正解 4》

資料の計算式に基づいて計算すると4)が適切となる。

ⅰ）報酬比例部分の額

　　ⓐ 300,000円 × 7.125 ／ 1,000 × 264月 = 564,300円

　　ⓑ 500,000円 × 5.481 ／ 1,000 × 188月 = 515,214円

　　ⓐ + ⓑ = 1,079,514円 ……………………………………①

ⅱ）経過的加算額

　　（1,625円 × 452月） − （779,300 × 452月 ／ 480） = 659円………②

ⅲ）加給年金額 = 389,800円 ……………………………………③

①+②+③ = 1,469,973 円

問 33 《正解 3》

1) 適切。60 歳で A さんが定年退職すると妻 B さんは国民年金の種別が第 3 号被保険者から第 1 号被保険者に変更となる。そのため妻 B さんは 60 歳になるまで、国民年金第 1 号被保険者として保険料を納付しなければならない。（国年法 7 条）

2) 適切。生年月日が昭和 41 年 4 月 2 日以降の女性（男性は昭和 36 年 4 月 2 日以降）には 65 歳前の支給はなくなり、65 歳から老齢厚生年金が支給される。（厚年法附則 8 条の 2）

3) 不適切。振替加算額が加算されるのは生年月日が昭和 41 年 4 月 1 日までの人である。妻 B さんは昭和 41 年 4 月 2 日生まれ以降であるため、振替加算額は加算されない。（国年法昭 60 附則 14 条）

4) 適切。65 歳前の特別支給の老齢厚生年金が支給されなくなる人（生年月日が男性は昭和 36 年 4 月 2 日以降、女性は昭和 41 年 4 月 2 日以降）が繰上げ支給を請求する場合は、老齢基礎年金と老齢厚生年金を同時に行わなければならない。（厚年法附則 7 条の 3 第 2 項）

問 34 《正解 2》

1) 適切（国民年金基金令 34 条）

2) 不適切。国民年金基金の給付の一部は国民年金の付加年金を含んでいるので付加年金部分だけが繰上げ支給により老齢基礎年金と同じ減額率で減額支給される。付加年金部分以外は 65 歳からの支給開始となる。（国民年金基金令 24 条 2 項）

3) 適切（国年法 43 条、87 条の 2）

4) 適切。付加年金額は、「200 円×付加保険料納付済期間の月数」である。本問の場合、「200 円× 180 月 = 36,000 円」となる。（国年法 44 条）

問 35 《正解 3》

1) 不適切。国民年金第1号被保険者の掛金限度額は、個人型年金と国民年金基金の掛金の合計で月額 68,000 円である。
2) 不適切。付加保険料は月額 400 円なので、個人型年金の拠出限度額月額 68,000 円から 400 円を差し引くと月額 67,600 円となる。しかし、個人型年金の掛金拠出は 5,000 円以上 1,000 円単位でしか設定できないので、付加保険料を納付する場合の個人型年金の掛金拠出限度額は月額 67,000 円となる。
3) 適切
4) 不適切。個人型年金でも元本確保型商品で運用することができる。

問 36 《正解 2》

まず、A さん夫妻が 65 歳から 10 年間、毎年 100 万円を受け取る場合、65 歳時点で必要となる金額がいくらになるかを年金現価係数を用いて計算する。

100 万円 × 9.5660（年率 1 %、10 年の年金現価係数）= 956.6 万円

次に、65 歳時点で 956.6 万円になるために、60 歳時点で必要となる金額がいくらになるかを現価係数を用いて計算する。

956.6 万円 × 0.9515（年率 1 %、5 年の現価係数）
= 910.2049 万円 ≒ 911 万円

問 37 《正解 4》

1) 適切（法令解釈第 1-1 (1)①）
2) 適切。なお、一定の勤続期間未満も可。（法令解釈第 1-1 (1)②）
3) 適切。年齢による区分は合理的理由がある場合に限られるとされているので、50 歳未満より低い年齢（40 歳未満など）で区分することは認められない可能性が高いと考えられる。（法令解釈第 1-1 (1)③）
4) 不適切。法令上認められている一定の資格設定のうち、いわゆる選択制のケースである。自分の意思で加入しなかった従業員については、確

定給付企業年金または退職手当制度(退職金前払い制度を含む)が適用されていることが必要である。(法令解釈第 1-1 (1)④、(2)イ)

問 38 《正解 3》

1) 適切。この場合、個人型年金の掛金拠出限度額は、全体の拠出限度額から企業型年金の拠出限度額を差し引いた 20,000 円となる。
2) 適切。いわゆるマッチング拠出のケースであるが、以下の 2 つのルールを同時に満たす必要がある。本問は①のルールである。
   ① 事業主掛金と加入者掛金の合計は確定拠出年金の拠出限度額以内
   ② 加入者掛金は事業主掛金を超えることができない
3) 不適切。2)の②のルールである。
4) 適切。なお、マッチング拠出で加入者掛金を拠出しないことを選んでも、個人型年金に加入することはできない。つまり、加入者掛金か個人型年金加入かを選択することはできない。ただし、企業型年金が選択制(希望する者のみ加入)の場合、企業型年金に加入しなければ同時加入とならないので個人型年金に加入することができる。

《参考》確定拠出年金の掛金拠出限度額

加入者の種類			掛金拠出限度額(月額)		
			総枠	個別枠	
				企業型	個人型
企業型加入者	企業型年金のみ		55,000 円	55,000 円	不可
				35,000 円	20,000 円
	企業型年金＋企業年金等 (確定給付企業年金等)		27,500 円	15,500 円	12,000 円
				27,500 円	不可
個人型のみ	会社員等	企業年金等のみ	12,000 円	——	12,000 円
		企業型年金、 企業年金等なし	23,000 円	——	23,000 円
		公務員	12,000 円	——	12,000 円
	専業主婦		23,000 円	——	23,000 円
	自営業者等		68,000 円	——	68,000 円

問39《正解 4》

1) 適切(法3条3項7号、4条1項3号、法令解釈第1-2)
2) 適切。なお、運用益は返還させられない。(法3条3項10号)
3) 適切(法3条3項9号、35条)
4) 不適切。一時金として支給することを企業型年金規約で定めることはできる。(法38条)

問40《正解 2》

1) 適切(施行令12条)
2) 不適切。「6カ月に1回」ではなく3カ月に1回である。(法4条1項5号)
3) 適切。なお、法改正により平成30年5月からは元本確保型の運用方法の提示義務はなくなった。また、簡易企業型年金の場合は2つ以上の運用方法の提示でよくなった。(施行令16条)
4) 適切。政令に定める日(施行日)は平成30年5月1日となった。

問41《正解 1》

1) 適切(法22条2項)
2) 不適切。運用商品提供数に上限はなかったが、平成30年5月1日からは上限35本の制限が設けられた。(法23条1項、施行令15条の2)
3) 不適切。運用商品の除外規定は「全員の同意が必要」から3分の2以上の同意が必要に緩和された。(法26条)
4) 不適切。指定運用商品の自動購入は義務付けられてはいない。(法23条の2、法令解釈第4-2)

問42《正解 2》

定額の原資を毎年拠出しながら一定期間、一定利率で運用した結果の資産額を求めるには年金終価係数を用いる。

まず、事業主掛金年額48万円を25年間、運用利回り年率3%で運用

した場合の60歳時点の資産額は、以下のとおりである。

48万円×37.5530（年率3％、25年の年金終価係数）＝1,802.544万円（①）

次に、45歳からはマッチング拠出による加入者掛金を拠出しているが、Aさんの会社の企業型年金の法定拠出限度額は年額66万円（企業型年金のみを実施しており他の企業年金がない場合の拠出限度額）。そのため、Aさんの加入者掛金の限度額は「66万円－48万円＝18万円（年額）」となる。ここで、マッチング拠出の加入者掛金のルールをクリアしていることを確認しておく〈問38の2）の解説参照〉。以上から、加入者掛金年額18万円を15年間、運用利回り年率3％で運用した場合の60歳時点の資産額は、以下のとおりである。

18万円×19.1569（年率3％、15年の年金終価係数）＝344.8242万円（②）

したがって、Aさんの60歳時点の資産額は、以下のとおりである。

①＋②＝2,147.3682万円 ≒ 2,147万円

問43《正解 1》

AとBの2資産から構成されているポートフォリオの期待リターンは、Aの組入比率をW、Bの組入比率をZとすると以下のような式となり、設問の数字を当てはめてポートフォリオXは次のように計算できる。

（Aの期待リターン×Aの組入比率）＋（Bの期待リターン×Bの組入比率）＝（3.5％×W）＋（5.5％×Z）＝4.7％ ……………………………①

また、ポートフォリオXはAとBから構成されているので、

W＋Z＝1（組入比率の合計は必ず1〈つまり100％〉になる）…②

①と②の連立方程式を解くと組入比率はそれぞれ以下のとおりである。

W（Aの組入比率）＝0.4＝40％　　Z（Bの組入比率）＝0.6＝60％

問44《正解 3》

AとBの2資産から構成されているポートフォリオのリスク（標準偏差）は、以下の式で求められる。

$$\sqrt{(\text{A のリスク}^2 \times \text{A の組入比率}^2) + (\text{B のリスク}^2 \times \text{B の組入比率}^2) + 2 \times \text{相関係数} \times \text{A のリスク} \times \text{B のリスク} \times \text{A の組入比率} \times \text{B の組入比率}}$$

ここで、設問の数字を当てはめると

$= \sqrt{(7.0^2 \times 0.6^2) + (10.0^2 \times 0.4^2) + 2 \times \text{相関係数} \times 7.0 \times 10.0 \times 0.6 \times 0.4}$

$= \sqrt{33.64 + (33.6 \times \text{相関係数})} = 5.2$（%）

ここから、分散(標準偏差を2乗したもの)の計算式に変えると以下のようになる。

$33.64 + (33.6 \times \text{相関係数}) = 5.2^2$

よって、相関係数は以下のように求められる。

相関係数 $= (27.04 - 33.64) \div 33.6 = -0.196\cdots\cdots \fallingdotseq -0.20$

問45《正解 4》

シャープ・レシオは、以下の式で計算式によって求められる。

$$\text{シャープ・レシオ} = \frac{\text{ファンドのリターン} - \text{リスクフリーレート}}{\text{ファンドのリスク（標準偏差）}}$$

ここから、設問の各シャープ・レシオは以下のように計算できる。数値が高いほどパフォーマンス評価は高くなる。

1) $\dfrac{3.5\% - 1.0\%}{7.0\%} = 0.357\cdots\cdots \fallingdotseq 0.36\%$

2) $\dfrac{5.5\% - 1.0\%}{10.0\%} = 0.45\%$

3) $\dfrac{4.7\% - 1.0\%}{6.1\%} = 0.606\cdots\cdots \fallingdotseq 0.61\%$

4) $\dfrac{4.3\% - 1.0\%}{5.2\%} = 0.634\cdots\cdots \fallingdotseq 0.63\%$

係 数 表

※問題を解くにあたって必要な場合に使用すること

[1] 終価係数表

		運用利率（%）				
		1 %	2 %	3 %	4 %	5 %
期間（年）	1	1.0100	1.0200	1.0300	1.0400	1.0500
	2	1.0201	1.0404	1.0609	1.0816	1.1025
	3	1.0303	1.0612	1.0927	1.1249	1.1576
	4	1.0406	1.0824	1.1255	1.1699	1.2155
	5	1.0510	1.1041	1.1593	1.2167	1.2763
	6	1.0615	1.1262	1.1941	1.2653	1.3401
	7	1.0721	1.1487	1.2299	1.3159	1.4071
	8	1.0829	1.1717	1.2668	1.3686	1.4775
	9	1.0937	1.1951	1.3048	1.4233	1.5513
	10	1.1046	1.2190	1.3439	1.4802	1.6289
	11	1.1157	1.2434	1.3842	1.5395	1.7103
	12	1.1268	1.2682	1.4258	1.6010	1.7959
	13	1.1381	1.2936	1.4685	1.6651	1.8856
	14	1.1495	1.3195	1.5126	1.7317	1.9799
	15	1.1610	1.3459	1.5580	1.8009	2.0789
	20	1.2202	1.4859	1.8061	2.1911	2.6533
	25	1.2824	1.6406	2.0938	2.6658	3.3864
	30	1.3478	1.8114	2.4273	3.2434	4.3219

[2] 現価係数表

		運用利率（%）				
		1 %	2 %	3 %	4 %	5 %
期間（年）	1	0.9901	0.9804	0.9709	0.9615	0.9524
	2	0.9803	0.9612	0.9426	0.9246	0.9070
	3	0.9706	0.9423	0.9151	0.8890	0.8638
	4	0.9610	0.9238	0.8885	0.8548	0.8227
	5	0.9515	0.9057	0.8626	0.8219	0.7835
	6	0.9420	0.8880	0.8375	0.7903	0.7462
	7	0.9327	0.8706	0.8131	0.7599	0.7107
	8	0.9235	0.8535	0.7894	0.7307	0.6768
	9	0.9143	0.8368	0.7664	0.7026	0.6446
	10	0.9053	0.8203	0.7441	0.6756	0.6139
	11	0.8963	0.8043	0.7224	0.6496	0.5847
	12	0.8874	0.7885	0.7014	0.6246	0.5568
	13	0.8787	0.7730	0.6810	0.6006	0.5303
	14	0.8700	0.7579	0.6611	0.5775	0.5051
	15	0.8613	0.7430	0.6419	0.5553	0.4810
	20	0.8195	0.6730	0.5537	0.4564	0.3769
	25	0.7798	0.6095	0.4776	0.3751	0.2953
	30	0.7419	0.5521	0.4120	0.3083	0.2314

[3] 年金終価係数表(期首払い)

期間(年)		運用利率(%)				
		1%	2%	3%	4%	5%
	1	1.0100	1.0200	1.0300	1.0400	1.0500
	2	2.0301	2.0604	2.0909	2.1216	2.1525
	3	3.0604	3.1216	3.1836	3.2465	3.3101
	4	4.1010	4.2040	4.3091	4.4163	4.5256
	5	5.1520	5.3081	5.4684	5.6330	5.8019
	6	6.2135	6.4343	6.6625	6.8983	7.1420
	7	7.2857	7.5830	7.8923	8.2142	8.5491
	8	8.3685	8.7546	9.1591	9.5828	10.0266
	9	9.4622	9.9497	10.4639	11.0061	11.5779
	10	10.5668	11.1687	11.8078	12.4864	13.2068
	11	11.6825	12.4121	13.1920	14.0258	14.9171
	12	12.8093	13.6803	14.6178	15.6268	16.7130
	13	13.9474	14.9739	16.0863	17.2919	18.5986
	14	15.0969	16.2934	17.5989	19.0236	20.5786
	15	16.2579	17.6393	19.1569	20.8245	22.6575
	20	22.2392	24.7833	27.6765	30.9692	34.7193
	25	28.5256	32.6709	37.5530	43.3117	50.1135
	30	35.1327	41.3794	49.0027	58.3283	69.7608
	35	42.0769	50.9944	62.2759	76.5983	94.8363

[4] 年金現価係数表(期首払い)

期間(年)		運用利率(%)				
		1%	2%	3%	4%	5%
	1	1.0000	1.0000	1.0000	1.0000	1.0000
	2	1.9901	1.9804	1.9709	1.9615	1.9524
	3	2.9704	2.9416	2.9135	2.8861	2.8594
	4	3.9410	3.8839	3.8286	3.7751	3.7232
	5	4.9020	4.8077	4.7171	4.6299	4.5460
	6	5.8534	5.7135	5.5797	5.4518	5.3295
	7	6.7955	6.6014	6.4172	6.2421	6.0757
	8	7.7282	7.4720	7.2303	7.0021	6.7864
	9	8.6517	8.3255	8.0197	7.7327	7.4632
	10	9.5660	9.1622	8.7861	8.4353	8.1078
	11	10.4713	9.9826	9.5302	9.1109	8.7217
	12	11.3676	10.7868	10.2526	9.7605	9.3064
	13	12.2551	11.5753	10.9540	10.3851	9.8633
	14	13.1337	12.3484	11.6350	10.9856	10.3936
	15	14.0037	13.1062	12.2961	11.5631	10.8986
	20	18.2260	16.6785	15.3238	14.1339	13.0853
	25	22.2434	19.9139	17.9355	16.2470	14.7986
	30	26.0658	22.8444	20.1885	17.9837	16.1411
	35	29.7027	25.4986	22.1318	19.4112	17.1929

＜執筆者紹介＞

秋津　和人（あきつ・かずと）
　年金問題研究会代表、日本年金学会会員。1級DCプランナー。大手家庭用品メーカー、出版社を経て独立、誰にでもわかりやすい年金の理解を広める活動を行っている。主な編著書として『いくらもらえるあなたの年金』（啓明書房）、『こんなに使える！個人型確定拠出年金』（日本法令）、『これならわかる日本版401k』（ソフトバンク パブリッシング）などがある。「年金そこが知りたい」（読売新聞）、「教えて年金」「年金質問箱」（毎日新聞）など新聞連載の実績もある。

東海林　正昭（しょうじ・まさあき）
　特定社会保険労務士（社会保険労務士法人 東海林・旭事務所会長）、年金問題研究会主任研究員、日本年金学会会員、年金ライフ社チーフコンサルタント、商工会議所年金教育センター登録講師、年金コンサルタント。企業勤務を経て独立。社労士業務、コンサルティング業務をはじめとして、執筆、講演などでも幅広く活躍している。新聞・雑誌の執筆では、読売新聞「マネー」「定年Ｑ＆Ａ」「年金そこが知りたい」欄、日本経済新聞「社会保障ミステリー」欄などに連載実績がある。月刊『ビジネスガイド』（日本法令）、『スタッフアドバイザー』（税務研究会）、『銀行実務』（銀行研修社）などにも執筆。著書としては、『年金実践事務手引』（共著／日本法令）などがある。

旭　邦篤（あさひ・くにあつ）
　特定社会保険労務士（社会保険労務士法人 東海林・旭事務所代表社員）、青山学院大学大学院法学研究科修士課程修了（ビジネスロー修士）、第一種衛生管理者。大手電機メーカー、証券会社を経て現職。社労士業務、コンサルティング業務を中心に、就業規則作成・改訂のほか、問題社員への対応等の労務管理、さらに年金相談まで幅広く行っており、『プレジデント』（プレジデント社）などに執筆、読売新聞にもコメント実績がある。

問題集の執筆分担は以下のとおり。
基礎編：分野Ａ（東海林正昭、秋津和人）、分野Ｂ（秋津和人）、分野Ｃ（秋津和人）
　　　　分野Ｄ（旭　邦篤）
応用編：東海林正昭、秋津和人、旭　邦篤

〔編著者紹介〕
年金問題研究会
　公的年金・企業年金など年金制度全般にわたり、仕組みや制度のあり方を研究し、年金制度の健全な発展を促進することを目的としている。代表・秋津和人。研究会の編著書として、『こんなに使える！個人型確定拠出年金』『確定拠出年金と確定給付企業年金の基礎の基礎』（以上、日本法令）、『確定拠出年金がよくわかる本』（金融ブックス）、『図解でわかる日本版 401(k) プラン』『めざせ！DC プランナー』（以上、日本能率協会マネジメントセンター）、『いくらもらえるあなたの年金』（啓明書房）、『これならわかる日本版 401k』（ソフトバンク パブリッシング）などがある。

　研究会では、DC 1 級受験者のために DC プランナー認定試験 1 級の約 2 カ月前(11 月)に直前対策セミナーを開催している。また、『DC プランナー 1 級合格対策問題集』（直近過去問解答・解説付き）も発売している。詳しくは下記の当会 HP をご覧いただきたい。
http://web.parknet.co.jp/kpu/nenkin

〔2018 年度版〕
DC プランナー 2 級 合格対策問題集

2018 年 6 月 15 日　第 1 版　第 1 刷発行

編著者 ——— 年金問題研究会
発行者 ——— 川栄 和夫
発行所 ——— 経営企画出版
　　　　　　〒 169-0075　東京都新宿区高田馬場 2-12-10
　　　　　　　　　　　　阿部ビル 2 階 2 号
　　　　　　電話 03-3204-5745　　FAX 03-3204-5743
　　　　　　http://web.parknet.co.jp/kpu/
本文組版 ——— メディア・ワークス
印刷・製本 ——— モリモト印刷(株)

©NenkinMondai Kenkyukai 2018 Printed in Japan
落丁・乱丁本の場合はお取り替えいたします。
ISBN978-4-904757-21-5